T0038405

La historia secreta

La historia secreta

AMLO y el Cártel de Sinaloa

ANABEL HERNÁNDEZ

Grijalbo

La historia secreta
AMLO y el Cártel de Sinaloa

Primera edición: mayo, 2024

ISBN: 979-88-909818-2-0

Impreso en Colombia – *Printed in Colombia*

24 25 26 27 28   10 9 8 7 6 5 4 3 2 1

Gracias a cada una de las personas que aceptó romper el silencio, aun poniendo en riesgo su vida, trabajo o libertad para que esta historia no fuera más un secreto.

Gracias a ti por no ser indiferente y encender la luz donde otros quieren que haya sombra.

Índice

Presentación

El primer indicio fue casual, pequeño, ¿sabes?, como cuando un paleontólogo, durante una excavación, descubre el fósil de un diente. Estaba buscando un Tiranosaurio rex, pero lo que terminó encontrando fue un depredador aún más peligroso.

En los inicios de 2019, mientras escribía el libro *El traidor. El diario secreto del hijo del Mayo*, investigué la empresa Estancia Infantil Niño Feliz, creada por la familia del líder del Cártel de Sinaloa, Ismael Zambada García, alias *el Mayo*, la cual estaba señalada por el gobierno de Estados Unidos como parte de una red de lavado de dinero. Obtuve documentos que confirmaban que tenía contratos vigentes con el gobierno de Andrés Manuel López Obrador y recibía millones de pesos de dinero público. ¿Significaba eso algo más?

Lo que fui encontrando a lo largo de los siguientes cinco años me dio una respuesta definitiva.

Tras la publicación del libro *Los señores del narco* en 2010, personas afines al movimiento político de López Obrador comenzaron a acercarse a mí. Me invitaban a presentar el libro en diversos lugares. Mi objetivo era denunciar el sistema criminal imperante en México, esperando que esto abriera los ojos y conciencias, y así la sociedad en su conjunto, y no solo un individuo, pudiera cambiar lo que parecía ser un destino fatal. Mientras tanto, los Círculos de Reflexión de Morena pensaron que las revelaciones de mis investigaciones periodísticas de alguna manera favorecían a su movimiento.

Uno de los eventos más concurridos lo presidió Rafael Barajas, alias *el Fisgón*, un caricaturista mordaz y brillante que había apoyado a AMLO desde el proceso de desafuero en 2005 y durante las movilizaciones contra lo que él llamó "fraude electoral" en 2006. Su bienvenida fue más que cálida en aquella presentación del 2011 en el foro del parque de la colonia Postal:

"Antes que nada quiero decir que estoy muy orgulloso de compartir esta mesa con Anabel, a mí me parece que es una de las gentes ejemplares de este país, lo que ha hecho no solamente es fantástico, no solamente implica muchísimo valor, implica una gran inteligencia, un gran orden, una gran estructura y un gran rigor investigativo",[1] afirmó el Fisgón en los Círculos de Reflexión que organizaba Morena para la formación de sus cuadros. Rafael es uno de los fundadores y patriarcas de la organización, y actualmente es encargado de formación política del partido oficial.

"Yo quiero empezar con esto, creo que el libro *Los señores del narco* debería ser lectura obligada de todos los mexicanos... Debemos empezar a empujarlo masivamente para que se venda, ¡para que sepamos dónde estamos parados!".

En el libro expliqué la cadena de complicidades que durante décadas tuvieron muchos presidentes emanados del PRI con el crimen organizado. Además, detallé cómo el entonces secretario de Seguridad Pública Federal en funciones, Genaro García Luna,

[1] El Buzonero, "Los Señores del Narco: Anabel Hernández y 'El Fisgón' 1 de 3", 8 de noviembre de 2011, disponible en https://www.youtube.com/watch?v=W6X2-XH-5BQ.

junto con un extenso grupo de policías corruptos, estaba al servicio del Cártel de Sinaloa a cambio de jugosos sobornos. Tras años de investigación, descubrí que la llamada "Guerra contra el narcotráfico" de Felipe Calderón era una farsa, ya que durante su sexenio se había utilizado a la Policía Federal y a las Fuerzas Armadas para combatir a los enemigos del Cártel de Sinaloa, mientras la cúpula de la organización era protegida.

Mis investigaciones y declaraciones fueron utilizadas por Morena sin mi consentimiento como propaganda. De la presentación con el Fisgón, los Círculos de Reflexión hicieron cientos de DVD con el título "El Fisgón y Anabel Hernández". Conservo uno de ellos. Asistí a esos eventos organizados por ellos, así como a los organizados por otros en universidades, librerías y cualquier lugar donde me invitaron, ya fuera que llegaran 10 personas o más de 2 mil, como ocurrió en presentaciones en Estados Unidos. Una de las más utilizadas por Morena y grupos afines al actual mandatario fue una del Buzón Ciudadano, realizada el 14 de mayo de 2012, en el marco de la segunda campaña presidencial de López Obrador. Al final, una persona del público me preguntó sobre la corrupción del entonces candidato. Respondí lo que en ese momento sabía:

> En la campaña presidencial de 2006 circularon muchos rumores en la prensa, muchísimos. Yo, como buen sabueso, fui detrás de todos. Una fuente muy confiable me comentó que Andrés Manuel López Obrador acababa de comprar una mega residencia en Bosques de las Lomas, una de las zonas más caras de la Ciudad de México, y esta fuente conocía al notario y sabía quién había sido. Yo, como periodista curiosa, pensé: "esa sería la historia de mi vida", porque si yo pudiera demostrar que este tipo que se hace

> pasar como muy honesto... es corrupto, es un farsante, ¡sería la historia que cualquier periodista querría contar!, porque yo soy apolítica, a mí no me importa si es del PAN, del PRI o lo que sea, si es corrupto, ¡yo voy!
>
> Me pasé muchas semanas investigando. Fui al registro público de la propiedad. Fui a Bosques de las Lomas... No fue verdad. He seguido los rumores de las fortunas, del enriquecimiento de Andrés Manuel López Obrador. Yo no digo que yo sea infalible, por supuesto. No puedo decir "porque yo no lo encontré, no es cierto". Pero sí te puedo afirmar que yo, que presumo de ser una periodista experta en investigar temas de corrupción, que le encontré las toallas a Fox (*toallagate*), que le encontré los contratos a Manuel Bribiesca Sahagún (hijastro de Fox), que exhibí a Juan Camilo Mouriño (secretario de Gobernación de Calderón), que le he encontrado las propiedades al secretario de seguridad pública federal Genaro García Luna, que se supone nadie debería saber dónde vive, te puedo decir que a Andrés Manuel López Obrador, yo, Anabel Hernández, no le he encontrado nada que tenga que ver con enriquecimiento ilícito.

Eso que dije en mayo de 2012 se editó mañosamente como propaganda para que AMLO ganara credibilidad. Como si yo le estuviese dando un aval. No fue así. Mi respuesta fue sincera y honesta. Si tuviera que retroceder en el tiempo y encontrarme nuevamente en esa situación, con los mismos elementos que tenía entonces, respondería de la misma manera.

Esa es mi integridad y objetividad como periodista, y es la prueba más clara de que no tengo una predisposición negativa sobre AMLO. Solo con una rigurosa investigación puedo hacer señalamientos como los que en su momento hice de Vicente Fox,

Martha Sahagún y sus hijos, el exgobernador de Tamaulipas Tomás Yarrington, García Luna, su brazo derecho Luis Cárdenas Palomino, Enrique Peña Nieto, el extitular de la Agencia de Investigación Criminal Tomás Zeron y el capitán José Martínez Crespo, quien participó en el ataque contra los normalistas de Ayotzinapa y su desaparición, entre una muy larga lista de servidores públicos de todos los partidos políticos y sus allegados a quienes he investigado. He revelado los hechos sin censura, incluso si eso puso en riesgo mi vida.

Durante los años siguientes, recibí invitaciones para presentar mis libros en la Escuela de Cuadros y en el Observatorio Ciudadano. Mis investigaciones eran aplaudidas, pero no lograron adoctrinarme, ya que para mí, ser periodista independiente tiene mayor relevancia que ser militante o comparsa.

Después, otros morenistas trataron de cooptarme intelectualmente. Epigmenio Ibarra, a través de Saúl Alvidrez, un estudiante idealista de Chihuahua, insistentemente me invitó en 2013 a ser parte del Consejo Consultivo de Revolución 3.0, un medio que después se convirtió en propagandista de Morena y AMLO. Era un cargo honorífico, sin pago de por medio.

Aún conservo el correo en el que Marcos Czacki me invitó a la primera sesión del Consejo Consultivo que se llevaría a cabo en la Condesa, Ciudad de México. Por ahí estuvo Epigmenio, hoy uno de los propagandistas más recalcitrantes de Morena. Solo fui un par de veces máximo, cuando entendí la especie de doctrina que se gestaba ahí. No es ese el espacio para un periodista.

También me buscó John Ackerman, esposo de Irma Eréndira Sandoval, quien en este sexenio fue secretaria de la Función Pública. Conservo sus emails. Me invitó a sumarme a distintas iniciativas relacionadas con el movimiento de AMLO; una era crear un grupo consultivo para López Obrador. El encuentro fue en casa de Ackerman en Coyoacán, ahí estaba Irma Eréndira y un grupo de intelectuales. Al final, me sentí fuera de lugar. No se puede ser independiente sin mantener una sana distancia.

El 1 de julio de 2018, en su tercer intento, López Obrador logró ganar la presidencia de la República. Viajé desde Europa para estar ese día en México. Quería ver ese momento con mis propios ojos. Con mi madre y mi hermana fuimos esa noche al zócalo. Aún recuerdo la verbena popular y la emoción de personas de todas las clases sociales gritando "¡sí se pudo!". Me conmovió y abracé muy fuerte a mi madre. Quién sabe, podría ser la posibilidad de regresar a México luego de mi involuntario exilio tras los atentados en mi contra por parte del grupo de García Luna, en represalia a mis investigaciones.

Así que cuando el 1 de diciembre inició el gobierno de AMLO, no era adepta ni estaba a la defensiva. Era una periodista que, como tal, debía atenerse a los hechos. Si tuviera que describir lo que había en mi alma de mexicana, es que anhelaba que todo el sueño prometido por López Obrador aquella noche emotiva pudiera convertirse en realidad. Porque así yo podría regresar a casa, y finalmente millones de víctimas de los cárteles de la droga y de los traidores que, debiendo proteger a la población, pactaron con ellos, podrían encontrar consuelo en la justicia.

No era mi intención escribir un libro sobre Andrés Manuel López Obrador. Comencé a investigarlo cuando me percaté de que había un conjunto de hechos que jamás habría imaginado que pudieran ocurrir. El presidente, elegido por millones de mexicanos para cambiar la historia de México, romper el sistema criminal y comenzar a dar terapia intensiva a un país contaminado por el cáncer del narcotráfico, alargaba los brazos hacia los criminales y los beneficiaba públicamente, como la escandalosa liberación de Ovidio Guzmán Loera, quien, junto con sus cuatro siniestros hermanos, hijos de Joaquín Guzmán Loera, lidera la facción más poderosa del Cártel de Sinaloa. López Obrador saludó en un inexplicable gesto de legitimación a Consuelo Loera, la matriarca de un clan de narcotraficantes, entre ellos el Chapo, que desde hace más de 30 años destruye nuestro país y es responsable de miles de muertos y desaparecidos.

A esto se sumaban los beneficios económicos documentados al Mayo Zambada. La exigencia sin precedentes de liberar al general Salvador Cienfuegos, detenido en Estados Unidos acusado de haber colaborado con una escisión del Cártel de Sinaloa. Asimismo, policías corruptos del círculo de García Luna y de Cárdenas Palomino fueron colocados en diferentes áreas de procuración de justicia y seguridad pública en el nuevo gobierno. Sin contar con los miembros de Morena o legisladores que se sabía que tenían relación con el crimen organizado.

"¡¿Qué está sucediendo?!", me pregunté con un hueco en el estómago. Lo dije públicamente desde entonces. Había una anomalía y el común denominador era el Cártel de Sinaloa. Después de investigar durante años a esa organización criminal y a funcionarios públicos y políticos cooptados por ellos, sabía muy bien que todas esas acciones no eran casualidad, era una conducta estructurada y dirigida de López Obrador. ¿Qué había detrás de esto?

Mi investigación focalizada comenzó en el frío otoño de 2020 en Nueva York, cuando escuché por primera vez de un oficial del Departamento de Justicia, sentada en la sala de juntas de una fiscalía, que en 2010 una investigación hasta entonces secreta había descubierto el financiamiento del Cártel de Sinaloa a la campaña de López Obrador en 2006. Conocí ahí los primeros detalles de lo que había ocurrido.

Era como si me hubieran lanzado al mar Ártico. Durante días sentí una profunda inquietud y desconfianza, pero, por otro lado, estaban esos elementos que inicialmente me habían inquietado: la posible revelación del secreto mejor guardado del Cártel de Sinaloa y de AMLO. Solo había una forma de salir de dudas: investigar por mi cuenta y confirmar o desechar esa información.

Comencé a investigar y a adentrarme en las entrañas de esa parte oscura que ha acompañado la carrera política de Andrés Manuel López Obrador desde que fue jefe de gobierno de la Ciudad de México.

En paralelo a mis investigaciones para el libro *Emma y las otras señoras del narco* y *Las señoras del narco. Amar en el infierno*, realicé esta indagatoria. Hablar con muchos de los entrevistados sobre temas absolutamente diversos evitaba predisponer a la fuente sobre la información.

La investigación que presento está basada en decenas de testimonios recabados desde 2020 hasta principios de 2024, en diferentes países y años. Utilicé documentos judiciales y documentos internos de la investigación realizada por la Fiscalía del Distrito Sur de Nueva York y la Agencia de Administración para el Control de Drogas (DEA) en 2010-2011 sobre el financiamiento de la campaña presidencial de 2006, así como expedientes de la Procuraduría General de la República en México.

Recabé el testimonio de 20 personas clave con diversos perfiles. Algunos son del círculo cercano de AMLO que lo han acompañado en su carrera política desde la jefatura de gobierno de la Ciudad de México hasta el presente. Otros son operadores financieros de su primera candidatura presidencial y miembros de sus equipos de campaña en 2006, 2012 y 2018.

Me reuní con funcionarios del gobierno de Estados Unidos que investigaron los hechos de 2006 y que compartieron información, así como con un agente de la DEA que aceptó hablar abiertamente sobre sus hallazgos relacionados con ese año. Además, entrevisté a Nicolás Mollinedo Bastar, el hombre que me dijo haber sido la sombra y la persona de mayor confianza del hoy presidente de México de 2000 a 2014. Sus afirmaciones han sido importantes para confirmar puntos cruciales de los hechos.

Entrevisté a cinco exmiembros del Cártel de Sinaloa, pertenecientes a diversas fases de la evolución de la organización. Me encontré con ellos en distintas ciudades y en diferentes años, de manera separada. Algunos están en prisión, mientras que la gran mayoría ya han cumplido sus condenas o se han entregado a la justicia de Estados Unidos, convirtiéndose en testigos colaboradores del Departamento de Justicia de ese país en diversas investigaciones en curso. No obtienen ningún beneficio al revelarme los hechos de los que fueron testigos; por el contrario, al hacerlo arriesgan sus vidas o su libertad. El gobierno de Estados Unidos no quería que esto se ventilara, al menos no en este momento, para no afectar las relaciones bilaterales con México.

Las versiones de los entrevistados coincidieron, se concatenaron y se complementaron entre sí, todas apuntando en una misma dirección: en las tres campañas presidenciales de Andrés Manuel López Obrador (2006, 2012 y 2018) hubo apoyo económico u operativo del Cártel de Sinaloa, con el conocimiento del ahora presidente, quien incluso habría estado presente en al menos una entrega de dinero.

La reconfirmación que puso punto final a mi indagatoria ocurrió a finales de 2023 y principios de 2024; por eso, ahora puedo publicar los resultados. El *timing* para revelar mis investigaciones nunca ha sido elegido al azar; siempre esperé a tener elementos sólidos. No hay razón válida para posponer la divulgación de información sobre autoridades implicadas en el crimen organizado, especialmente cuando en México estas complicidades resultan en la muerte, desaparición o sufrimiento de cientos de personas diariamente.

Todo sugiere que, en realidad, AMLO no era el hombre que venía a romper el sistema criminal, sino más bien su Caballo de Troya, un artilugio en gran parte respaldado por el Cártel de Sinaloa, introducido en una nación con las defensas bajas. La población, cansada de la corrupción, la pobreza, la desigualdad y los vínculos históricos de la clase política con el crimen organizado, necesitaba creer en alguien como López Obrador, un político maestro en el arte de la propaganda y en decir lo que la gente quiere escuchar, utilizando un lenguaje sencillo que cala hondo.

Muchos han confiado en que es el "salvador" que proclama ser, cuando en realidad ha sido uno más de los instrumentos para que el Cártel de Sinaloa, la organización de tráfico de drogas más importante del mundo, culmine su plan de conquista de nuestra nación.

La sociedad mexicana necesita respuestas sobre lo que ha sucedido en este sexenio. ¿Por qué abrazar a los criminales y mostrar prepotencia y abandono hacia sus víctimas? ¿Por qué saludar a la matriarca del clan de los Guzmán, pero no recibir a las madres buscadoras de las víctimas del Chapo y compañía? ¿Por qué AMLO elogió en público la conducta violenta del Cártel de Sinaloa en las elecciones de 2021? ¿Por qué los Chapitos vieron florecer su imperio en este sexenio? ¿Por qué para AMLO los narcos son "pueblo", colocándolos al mismo nivel que los ciudadanos de bien?

Las consecuencias de las decisiones tomadas por López Obrador durante su gobierno en materia de crimen organizado se cuentan por decenas de miles de muertos o desaparecidos en México y Estados Unidos, gracias al empoderamiento que ha dado al Cártel de Sinaloa en particular, y a su omisión para combatir a otras organizaciones criminales en general.

En Estados Unidos, durante sus seis años de gobierno, han muerto por sobredosis 489 mil personas. Una montaña de cadáveres, de los cuales 336 mil fueron asesinados por fentanilo, principalmente producido y traficado por el Cártel de Sinaloa. Mientras que en México, al menos 174 mil personas han sido asesinadas y 114 mil desaparecidas a causa de la violencia e ingobernabilidad desatada por los cárteles de la droga. Durante este siglo, ningún presidente de México había dejado tras de sí tal estela de muerte y desolación.

No hay ningún sentimiento de triunfo ni satisfacción por lo que he encontrado. Ojalá los hechos aquí narrados jamás hubieran existido; de ser así, este libro nunca hubiera sido escrito. Ojalá México realmente hubiera cambiado con la llegada de AMLO al poder. Ojalá la Cuarta Transformación fuera una realidad y estuviéramos narrando cómo el sistema criminal fue combatido y desmantelado; y que narcotraficantes como los Chapitos y el Mayo estuvieran en la cárcel en México pagando por sus crímenes y se les confiscaran sus bienes.

Ojalá el mortal fentanilo no se estuviera propagando ya por las calles de México. Ojalá no hubiera lugares como el barrio de

Kensington en Filadelfia, hasta donde llega el hedor de las complicidades del presidente con el Cártel de Sinaloa.

En este tipo de situaciones, solo hay dos vías: romper el espejo para no vernos y condenarnos a cometer los mismos errores una y otra vez, o enfrentarnos y mirarnos en su abismo para poder salir de él.

Después de lo que he conocido y confirmado, no soy libre para escapar en el silencio; tengo la obligación de compartirlo y permitir que la sociedad sea libre de decidir. Así como durante años los ideólogos de Morena alabaron mis trabajos de investigación, también lo hizo Andrés Manuel López Obrador tras la captura de García Luna en Estados Unidos.

"Esta periodista, Anabel Hernández, ha hecho trabajos muy buenos de investigación arriesgando su vida y ha sido ninguneada, hasta mal vista, porque ese periodismo no se hacía o se hacía y se veía como algo marginal", dijo el 11 de diciembre de 2019 en Palacio Nacional.

"Esta periodista, Anabel Hernández, ha hecho trabajos de investigación de primer orden, es una mujer profesional en el periodismo y valiente, es una mujer excepcional", afirmó el presidente el 5 de mayo de 2020 en su conferencia de prensa matutina.

"Es muy importante la colaboración de Anabel Hernández, de periodistas, y es muy importante para que se siga denunciando y se siga haciendo público, si no se actúa y si se ve que hay desviaciones, si se observa que no se está aplicando la ley", dijo AMLO el 10 de agosto de 2020. Y añadió:

"En el caso especial de Anabel, que ha arriesgado hasta su vida, sigue ayudando, sigue informando, sigue denunciando; y ojalá otros periodistas... porque hablando en plata... son muy pocos los que denuncian, la mayoría se queda callado porque conocieron a estos personajes, tuvieron incluso hasta relación con ellos, hay periodistas famosos actualmente que los defienden, y no es el caso de Anabel…"

Yo sigo siendo esa periodista y por eso revelo aquí *La historia secreta*.

1

Zombieland

La fecha en el calendario marca el 3 de febrero de 2024. Es casi mediodía y un viento helado hace recordar que el invierno no se ha ido, pese al engañoso cielo azul y los rayos de sol que bañan con una suave lluvia dorada las calles de Filadelfia, la ciudad más grande de Pensilvania.

A 10 minutos de distancia del centro de Fili, como la llaman cariñosamente sus habitantes, en la zona noreste, al llegar a la intersección de avenida Allegheny y Kensington, la belleza del juego de luz y la bóveda celeste contrasta con un inesperado paisaje apocalíptico. Si me hubiera dormido en el taxi que me transportó hasta aquí habría pensado que estaba dentro de un mal sueño, un agujero negro y sin fondo, lúgubre, donde la raza humana ha sido reducida a peor que cenizas.

Aquí residen a los que llaman "muertos vivientes".

Recorrer las calles del barrio de Kensington, ubicado en las inmediaciones del río Delaware, es como entrar a un campo de guerra. No hay casquillos ni esquirlas, las armas de exterminio son cientos de jeringas tiradas por doquier y rastros de papel aluminio. Se ve y se respira la decadencia. El llamado "sueño americano" aquí se ha convertido en una infernal pesadilla. Cualquier cosa que haya leído antes sobre lo que ocurre en este lugar no se compara con lo que ven mis ojos.

En la banqueta de la avenida Allegheny, casi esquina con G Street, a la orilla de una de las edificaciones de dos pisos con fachadas de ladrillos que distinguen la zona, hay un bulto. Es un hombre que pese a su aspecto descuidado no pasa de los 30 años. Está plegado sobre sí mismo, como una bisagra cerrada. Su pecho toca sus piernas estiradas con la extraña flexibilidad de una goma de mascar. Aunque tiene la cabeza cubierta con una gorra se alcanza a ver parte de su rostro sucio. Viste jeans con la inmundicia acumulada de varias semanas y una sudadera que en mejores tiempos debió ser blanca. Lo más inquietante de su aspecto es su brazo izquierdo. Está casi al descubierto, con la manga de la sudadera arremangada hasta el codo; en ese punto cuelgan los extremos de una liga gruesa azul que la hace de torniquete al brazo a punto de desprendérsele del cuerpo. La piel gangrenada le llega hasta la muñeca. Parece como si alguien lo hubiera lanzado a una guerra desde el cielo, sin paracaídas ni fusil, y abandonado a su suerte en el campo de batalla.

Lo observo con una inquietud que me aumenta el pulso cardiaco. No es posible saber si está despierto o dormido. Él es solo uno de los cientos de habitantes callejeros de Kensington, mundialmente conocido como *Zombieland*, atrapados en la profunda pesadilla causada por el fentanilo que invade la sexta ciudad más poblada de Estados Unidos. Sus compañeros me observan en estado de seminconsciencia. Están en trance.

* * *

Ubicada entre Washington D. C., la sede de los poderes de Estados Unidos, y la cosmopolita Nueva York, Filadelfia tiene una población de 1.56 millones de habitantes, de acuerdo con las cifras oficiales del último censo de población de 2022. En el siglo XVIII fue la capital de la colonia inglesa y la sede donde el Congreso Continental de las Trece Colonias declaró oficialmente el 4 de julio de 1776 su independencia de Gran Bretaña. Los llamados padres de la patria: Thomas Jefferson, Benjamin Franklin, Roger Sherman, John Adams y Roger Livingston, redactores de la histórica declaratoria, jamás hubieran imaginado que dos siglos y medio después el lugar donde nació la primera potencia del mundo estaría sometido por un nuevo enemigo.

Ahora esta tierra ha sido invadida por nuevos colonizadores, los señores de la droga mexicanos que han desatado una mortal pandemia de fentanilo que cabalga como caballo desbocado por todo el país dejando decenas de miles de muertos y "muertos vivientes" a su paso.

Los narcos mexicanos lograron que Filadelfia pasara de ser el epicentro de la independencia a la llamada "zona cero" de la mayor crisis de consumo de drogas y sobredosis que la Unión Americana haya enfrentado en su historia.

Los traficantes fabrican el peligroso opiáceo sintético mezclado con cocaína, heroína y mariguana, y lo venden muchas veces sin que el consumidor sepa que está adulterado, de esta forma crean mayor adicción en su clientela. También lo distribuyen falsificando las famosas píldoras azules M30, de oxicodona, con profusa demanda en el mercado de fármacos legales por ser un fuerte analgésico. Y así muchos de los consumidores las adquieren pensando que son originales.

El principal problema, según los expertos, es que los narcotraficantes mexicanos producen su fentanilo en laboratorios clandestinos donde la urgencia es sacar el producto al mercado del modo más rápido y a menor costo para obtener mayores ganancias. No tienen un estándar ni control de calidad y con una cantidad minúscula en exceso —apenas dos miligramos— la dosis se vuelve mortal.

Para colmo, ahora los criminales han incursionado en una nueva vertiente del negocio mezclando el fentanilo con un poderoso sedante de uso veterinario llamado xylazine, o xilacina en español, que mata a los consumidores o los pone literalmente en un estado de involución como ocurre en el barrio de Kensington.

* * *

En los últimos seis años esta zona de Filadelfia ha sido motivo de interés y morbo. Los miembros de esta apocalíptica concentración humana son llamados por los medios de comunicación *zombies de Kensignton*. El histórico barrio, que a finales del siglo XIX era considerado una zona industrial estratégica para Estados Unidos, fue bautizado a finales de 2018 por el *New York Times* como el "Walmart de la heroína".[1]

—Yo no vendría de noche ni aunque me pagaran —me advirtió con determinación John, un afable taxista que me transportaba del centro de Filadelfia a la "zona cero"—. Cuando los vendedores que les surten de drogas no son pagados es cuando ves que alguien llega y les dispara en la noche, en la calle y se van como si nada. ¡Algunas veces te enteras de que hubo seis personas baleadas en un solo día! Todos los días la gente es ase-

[1] Jennifer Percy, "Trapped by the 'Walmart of Heroin'", en *The New York Times Magazine*, 10 de octubre de 2018, disponible en https://www.nytimes.com/2018/10/10/magazine/kensington-heroin-opioid-philadelphia.html.

sinada como perros, no les preocupa. Si no pagas lo que el vendedor de drogas te ha dado, ellos te matan, tienen que enviar el mensaje [a los otros consumidores].

Hablaba mientras el radio transmitía un partido de futbol. Me explicó que desde hace mucho Kensington era conocido en Filadelfia por ser un barrio de *junkies*, principalmente adictos a la heroína. Pero en los últimos cinco años, de 2019 a 2024, las cosas han estado mucho peor.

—Soy de Taiba. No fumo, no marihuana, no drogas y por eso yo digo: "Gracias, ¡no!". Este país es uno de los peores lugares, usted y yo, soy de África occidental, venimos de un entorno similar. En cuanto al clima, a la cultura, trabajamos duro, pero aquí, especialmente durante la pandemia, ¡Dios mío!".

—¿Fue peor durante la pandemia? —pregunté. De pronto el *lockdown* de 2020 me pareció muy lejano.

—¡Fue mucho peor!, muchas drogas, mucha coca, agujas, ¡inyectándose unos a otros!, haciendo todo tipo de locuras, y los ves cuando terminan, están afuera, a veces tienen que llamar a la policía para que venga a darles…

—¿Naloxona? —dije. Ya me habían dicho del medicamento agentes del gobierno de Estados Unidos que fueron a México en 2023 a dar un curso de capacitación a policías estatales mexicanas para contrarrestar los efectos del fentanilo.

—Sí, uno de ellos —*zombies*, como los llaman— un día se desmayó en la carretera. Tuvimos que llamar a la policía —dijo mientras hacía con una mano la mímica de que están reviviendo a alguien mientras con la otra sujetaba el volante—. A veces la gente viene y me pregunta si puedo llevarlos a Kensington. He estado en este negocio durante 35 años, sé lo que pasa ahí. Dicen "tengo que ir a buscar a mi hermana, quiero darle dinero a mi hermana" —narra imitando la voz de aquel cliente—. ¡Van a comprar drogas! "¡Hombre, no tienes que mentirme! ¡Dime qué quieres hacer! ¡Yo sé lo que quieres! Dime exactamente qué es", les digo. En cuanto salen del coche ves que se las ponen en la mano [la droga].

—Entonces ahí venden la droga abiertamente? ¿No se esconden?

—Sí, hay muchos vecindarios donde los ves parados en la calle. Eso es todo lo que hacen. La noche es aún peor, cuando oscurece es cuando empiezan a dispararse, empiezan a robarse drogas entre ellos.

—¿Recuerda cuándo empezó esto?

—Ha estado sucediendo durante años, he vivido aquí durante 40 años, ha estado sucediendo, pero no tan mal. Algunos vendían dentro de su casa y se mantenían alejados, pero ahora salen, matan, la venden, ¡hacen lo que sea!, ganan más que usted y yo que tenemos trabajos regulares, entonces ¿por qué no hacerlo?

—¿Por qué cree que con el covid empeoró?

—Como no hacían nada más que fumar drogas, recibían dinero gratis del gobierno y lo único que hacían era comprar drogas.

Me explicó que en Kensington el control de la venta de las sustancias ilícitas lo tienen principalmente los hispanos.

"Mexicanos, hispanos, puertorriqueños, dominicanos, negros, pero los jefes, los que están arriba no viven en el suburbio, se la traen [la droga], se la dejan a ellos y se van. La última vez, una señora como usted, limpia, vivía en Delaware, otro estado. Bueno, vino a cobrar el dinero, mucho dinero. Llamó a un taxi. Entonces fue y recogió todo el dinero que le daban [producto de la venta ilegal de drogas], y en cuanto bajó, tomó el dinero, y ya en camino se escuchaba a la policía '*¡move, move, move!*'", narra mientras imita el gesto de los agentes. “A ella la atraparon con todo el dinero”.

Cuando llegamos a mi destino me advirtió: “No salga, no es un área segura porque no sabe cuándo podría volar una bala, no querrá estar cerca”. Abrí la puerta del auto. “Pase por allí, haga lo que tenga que hacer, pero no deje que la vean”, me dijo como último consejo cuando me vio encender la cámara de video del teléfono mientras bajaba del taxi.

* * *

En Kesington hay una fuerte presencia policiaca. Una camioneta Van con placas del gobierno municipal 9964J está a unos pasos de la estación de metro Allegheny, las patrullas están balizadas con el escudo “Philadelphia Police, honor, integrity, service”. Muchas otras unidades hacen constantes rondines, pero eso no parece tener impacto en la nociva dinámica que se desarrolla aquí.

Bajo la línea del metro elevado Market-Frankford, a un costado de la camioneta de policía, hombres y mujeres de todas las razas viven contaminados por la pandemia de fentanilo y han convertido las calles en su comuna. Viven entre montañas de basura acumulada en lotes baldíos y banquetas. Conviven entre ropa y zapatos tirados, animales muertos, restos de comida, platos y vasos de plástico, y excremento. El aire está invadido por el intenso olor de amoniaco de los orines. Hay jeringas y sus envolturas regadas por doquier en la banqueta, como confeti después del carnaval.

A lo largo de las cortinas metálicas cerradas del edificio Flomar y de la tienda de ropa Rainbow se ha establecido uno de los campamentos. Están aglomeradas unas 40 personas en casas de campaña y camas improvisadas. Cajas de plástico, muebles, maletas, cobijas, sacos de dormir, carritos de supermercado y sillas de ruedas usadas como remolques para guardar las escasas pertenencias.

Entre los desechos están tiradas en el piso personas con la ropa desfajada y sin zapatos. Es imposible definir si están dormidos o despiertos, conscientes o inconscientes. Vivos, muertos, o muertos en vida... que es peor.

Algunos caminan plegados como si tuvieran la espalda rota. Sus gestos y expresiones están transfigurados. La fumarola que crea el aliento cálido que sale de sus bocas al contraste con la baja temperatura les da un aspecto aún más decadente. En sus ojos no hay brillo, es como si el palpitar de la vida no estuviera ya en ellos, solo movimientos autómatas.

La desolación cae como peso muerto en el alma. Los pocos transeúntes ajenos al grupo tienen que caminar en el arroyo vehicular para evitarlos. Aun en trance pueden ser violentos entre sí y con quien se les ponga enfrente.

Pasando ante el Dominican Beauty Salon se ve otro anglosajón con tenis beige, pantalón de camuflaje tipo militar, chamarra oscura gruesa y una sudadera gris cuya capucha le cubre la cabeza. De su espalda cuelga una *backpack* transparente donde probablemente se encuentren los objetos más preciados que le quedan. Camina lento, con las rodillas un poco dobladas. Va dando pasos como si caminara sobre una esponjosa nube.

De lo alto de una barda de más de dos metros que circunda un terreno baldío se asoma la rueda blanca de un triciclo infantil montado ahí. Él no repara en la bizarra imagen, ni en ninguna otra cosa, porque va con los ojos cerrados.

Metros más adelante, a unos pasos de Mother Of Mercy House, yace tirado en medio de la banqueta un hombre blanco, aseado, de pantalón y chamarra invernal negros, con gorra y tenis blancos impecables. No tiene más de 40 años. Observa pasmado, casi en estado catatónico, no a la divina providencia, sino a la jeringa que está tirada a su lado, la que lo ha llevado al viaje del que no tiene certeza si habrá retorno.

Del portón de la vivienda frente a la cual yace, sale una familia hispana. La niña de entre 7 y 10 años, habituada a que eso es parte de la cotidianidad, no se inmuta al verlo, lo esquiva para cruzar la banqueta y subir al auto con su madre. De acuerdo con los registros de la ciudad, la mayoría de los ocupantes de las viviendas en Kensington son blancos, hispanos y asiáticos.

* * *

Por ser el primer sábado del mes, varias organizaciones religiosas vienen a dar auxilio y confort a las víctimas del fentanilo. Los Hare Krishna hacen presencia en la esquina del Esperanza Health Center. Con un stand donde reparten comida vegetariana, té caliente y naloxona, el medicamento que puede salvar la vida a quien tiene sobredosis de fentanilo.

"Estamos aquí compartiendo la comida que cocinamos nosotros mismos para las personas de esta área. Las personas tienen adicción a las drogas, viven en las calles y estamos haciendo todo lo que podemos para compartir nuestra comida, ojalá que les inspire algo para que mejoren su vida", me comenta Laria, una de las voluntarias.

Para ella el origen del problema es claro:

> Educación, falta de trabajo, y también la salud mental. La droga aquí es muy accesible, es muy fácil comprarla, puedes intercambiar cosas por droga. ¡No te imaginas lo que son capaces de hacer las personas por droga! Y aquí es muy fácil de obtener. El fentanilo es muy difuso. La mayoría de las personas son de esta región, pero a veces hay familias de otros países que viven aquí y los niños están expuestos a esta situación, a esta cultura [de drogadicción], pero ellos no entienden porque son niños, así que lo ven normal... A veces hay mujeres embarazadas que consumen drogas, ese es otro problema.

Respecto al sobrenombre de *los zombies de Kensington* tiene una clara opinión:

> No es una buena manera de pensar porque se trata de un problema sistémico... Hay gente que piensa así porque estás desde afuera mirando hacia adentro, juzgando, y eso no ayuda. Son una comunidad, aunque no lo parezca, se llaman entre ellos "hermana" y "hermano", se ayudan si alguien necesita algo, tienen esa conexión de comunidad, hay fraternidad entre ellos.

En la esquina de la calle E Orleans se encuentra otro reparto de comida caliente de una iglesia pentecostal. Una mujer ataviada con el hábito de monja comenta con voz amable:

> Hay muchos adictos aquí, estamos ayudando a la comunidad, dando sopita, guantes, bufandas... Nosotros venimos de vez en cuando, pero hay muchas iglesias y personas que se encargan de esto. Yo vivo por aquí —dice mirando el entorno—, es una situación muy fea, porque uno sale y ve a los adictos inyectándose, y eso es

triste, es triste. No siempre fue así, hace como cinco o seis años fue creciendo.

El pastor de origen mexicano, Humberto Díaz, es un decano en la materia. No solo porque él mismo estuvo perdido en las drogas en 1986, cuando vivía en Reading, Pensilvania, sino porque lleva mucho tiempo realizando una ardua tarea en la zona tratando de salvar almas y vidas. "En 1986 estaba como están ellos… En la droga y en la inmundicia… Me acuerdo de que cuando estaba tirado así, la gente decía que mi vida valía menos que una cajetilla de cigarros, la cajetilla en ese entonces valía un dólar con 80 centavos. Decían: 'Tú no sirves para nada, ya no vales nada'."

Para él fue un poder divino el que lo liberó y del mismo modo intenta salvar a otros. Lástima que los traficantes de fentanilo, previniendo los milagros, encadenan a sus víctimas al añadir el opiáceo sintético a todo tipo de drogas, engañando al consumidor. Bastan unas cuantas dosis para quedar enganchado de por vida.

> Aquí hay gente cuyos padres son millonarios. ¡La gente no lo cree, pero muchos tienen padres millonarios! Conozco algunos propietarios de granjas de mora azul, de muchas fincas y terrenos, cuyos hijos son adictos a las drogas… Conozco muchos hombres que son ricos y no quieren saber de sus hijos, ¿por qué?, porque se avergüenzan de decir que tienen un hijo que está perdido. He conocido aquí a personas que ganaban 180 mil dólares al año, y están perdidos en la adicción. ¡Los conozco! Ellos me hablan de su vida y yo los veo cómo están destruidos.

—Dicen que es el fentanilo, pero ¿por qué en este barrio? ¿Por qué en esta comunidad? —le pregunto.

—Aquí se viene a refugiar toda la gente porque aquí es donde llega más droga, hay un acceso más fácil, cuando estás en un lugar expuesto todo el tiempo es fácil caer. Aquí la violencia anda como diablo buscando a quien devorar.

—¿Qué ha hecho el gobierno de la ciudad para ayudar?

—El gobierno de la ciudad lo que hace es voltear la espalda.

—Yo veo mucha policía, ¿esta policía para qué sirve?

—A esa policía ellos no les interesan. Al gobierno, no solo de Estados Unidos, sino del mundo, lo que le interesa es el dinero, la gente que le parece inútil la ignora.

—Si hay tanta policía, ¿por qué hay tanta distribución de droga? —insisto en preguntar.

—¿Qué es lo que pasa? La gente ya sabe lo que hay aquí. Hay tolerancia de la policía hacia la distribución, no solo aquí, en todo el mundo —responde Díaz.

* * *

¿Quiénes son los responsables intelectuales y materiales de la dantesca forma a la que ha sido reducida la raza humana en *Zombieland*? ¿Quiénes son sus cómplices?

El gobierno de Estados Unidos ha identificado al principal responsable de producción y tráfico de fentanilo que invade las calles de ese país: el Cártel de Sinaloa, considerada la organización de tráfico de droga más poderosa del mundo, dividido en dos facciones. Una encabezada por Ismael Zambada García, alias *el Mayo*, quien desde hace más de medio siglo es líder invicto del clan criminal, pues hasta ahora nunca ha pisado la cárcel. La otra la comanda el grupo de los Chapitos, encabezado por Iván Archivaldo, Alfredo, Ovidio y Joaquín Guzmán, hijos del

Chapo Guzmán, quien desde 2001 fue uno de los principales líderes de dicha organización criminal, y llegó a ser considerado por la revista *Forbes* como uno de los hombres más ricos del mundo. Mientras el Chapo cuenta los días que le esperan en la prisión de máxima seguridad ADX Florence, en Colorado —fue condenado a cadena perpetua—, sus vástagos han multiplicado con ferocidad su imperio, teniendo como sede de su reino la ciudad de Culiacán, capital de Sinaloa.

El opiáceo sintético producido y traficado hegemónicamente por esta organización ha causado la proliferación de miles de "muertos vivientes" en las principales ciudades de Estados Unidos: Nueva York, Filadelfia, San Francisco, Washington D. C., Portland, Baltimore, Cleveland, Detroit, Tucson, Memphis, Minneapolis, Anchorage, Chicago, Phoenix, Denver, Oakland, entre otras. Pero además ha dejado tras de sí una brutal masacre.

Las muertes por sobredosis en Estados Unidos desde hace lustros son un grave problema de salud pública por ser el país con más consumidores de drogas en el mundo.[2] Pero lo que han vivido en los últimos cinco años no tiene precedentes.

Entre enero de 2019 y diciembre de 2023 la tasa de mortalidad a causa de esa droga casi se cuatriplicó. En ese periodo han muerto en la Unión Americana 489 mil personas por sobredosis.

[2] De 2006 a 2014 la mortalidad por sobredosis de droga en Estados Unidos no pasaba del rango de los 50 mil, de acuerdo con los datos oficiales del Centro Nacional de Estadísticas de Salud. Si bien la cifra era ya escandalosa, al menos en esos años la variación se mantenía estable, llegando incluso a disminuir en algunos periodos. En 2015 se rompió el umbral y se llegó a los 52 mil decesos. A partir de ahí los números comenzaron a aumentar gradualmente, pero con preocuparte constancia hasta llegar, en 2018, a los 67 mil muertes. Fuente: Índices de muertes por sobredosis. Tendencia y Estadísticas. https://nida.nih.gov.

Una montaña de cadáveres. De los cuales 336 mil seres humanos fueron asesinados por el fentanilo ilegal, mezclado con heroína, cocaína, metanfetamina, mariguana, en versión pirata de las M30, y más recientemente con la xilacina.

La crisis del fentanilo en Estados Unidos comenzó al mismo tiempo en que del otro lado de la frontera sur, en México, llegó a la presidencia Andrés Manuel López Obrador, el candidato de la coalición Juntos Haremos Historia, integrada por Movimiento de Regeneración Nacional (Morena), el Partido del Trabajo (PT) y el Partido Encuentro Social (PES), ganador de la elección presidencial llevada a cabo el 2 de julio de 2018, tras dos intentos fallidos en los comicios de 2006 y 2012.

El 1 de diciembre de 2018 este político que se dice de izquierda asumió el poder con la promesa —ofrecida a los mexicanos durante más de 12 años de campaña— de que iba a acabar con la corrupción, la impunidad, las masacres y los miles de desaparecidos causados por la guerra entre los cárteles de la droga que se disputan el territorio nacional. Guerra que hasta ahora sin duda va ganando el Cártel de Sinaloa.

Desde que se sentó en la silla presidencial, AMLO impuso como política gubernamental de seguridad pública "abrazos y no balazos" hacia la delincuencia organizada. El desastre ha sido mayúsculo.

Durante sus cinco años de gobierno se han roto todos los vergonzosos récords de muertos y desaparecidos. Si la estela de muerte que recorrió el país con Vicente Fox (2000-2006), Felipe Calderón (2006-2012) y Enrique Peña Nieto (2012-2018) fue infame, lo que ha ocurrido en la administración de López Obrador no tiene punto de comparación, y aún no concluye su gobierno.

Desde el inicio de su mandato hasta el 28 de febrero de 2024, la cifra de homicidios violentos, en medio de la guerra entre los cárteles de la droga, llegó a 176 mil personas, más del triple que en el sexenio de Fox, 54 mil víctimas más que en el de Calderón, 19 mil 700 más que con Peña Nieto.[3]

A la tragedia humanitaria se suman los 114 mil desaparecidos durante la era del autodenominado gobierno de la Cuarta Transformación y las 2 mil 710 fosas clandestinas localizadas por la Comisión Nacional de Búsqueda de diciembre de 2018 a enero de 2023. El dolor que exhala de ellas se esparce como veneno contaminando toda la nación.[4]

* * *

No hay víctimas de primera o de segunda. Los muertos, desaparecidos o "muertos vivientes" a causa de los productores y traficantes de droga es una herida abierta que supura en ambas naciones. El dolor de las familias que en México claman por una justicia —que no ha llegado— ha opacado el de las que están del otro lado de la frontera, el cual no es menor al que hemos sufrido en nuestro país.

[3] Estadísticas oficial de la Secretaría de Seguridad Pública difundidas el 19 de marzo de 2024 en conferencia de prensa por la secretaria Rosa Icela Rodríguez. Las cifras fueron redondeadas para este texto. De 2001 a 2006, en el gobierno de Vicente Fox, fueron ejecutadas 58 mil 577 personas. De 2007 a 2012, en el gobierno de Felipe Calderón, 121 mil 613 personas. De 2013 a 2018, en el gobierno de Enrique Peña Nieto, 157 mil 158 personas. De 2019 al 28 de febrero de 2024, en el gobierno de Andrés Manuel López Obrador, 176 mil 897 personas.

[4] Registro Nacional de Personas Desaparecidas y No Localizadas, información hasta el 10 de marzo de 2024.

Si las víctimas asesinadas en los últimos cinco años a causa del fentanilo en Estados Unidos ocuparan los asientos del monumental Michigan Stadium —el más grande de la Unión Americana y el segundo más grande del mundo—, lo llenarían más de tres veces.[5]

Con horror, lo primero que se podría distinguir en los rostros sin vida es que las dos terceras partes son hombres y el resto mujeres. La mayoría de raza blanca. El segundo grupo mayoritario son afroamericanos, y el tercero, hispanos.[6] La cuarta parte del estadio estaría ocupada por jóvenes que murieron cuando tenían entre 15 y 34 años. La otra cuarta parte por quienes perecieron entre los 35 y los 44 años. Habría un numeroso grupo (21%) cuya edad oscila entre los 45 y 54, y después los fallecidos entre 55 y 64 años.[7]

En medio de las decenas de miles de víctimas están los más de 235 niños de 15 años o menos asesinados por el fentanilo tan solo en 2023.[8] Entre ellos el pequeño de origen dominicano Nicholas Dominici, de piel morena, cabello ensortijado y ojos de lucero, quien estaba por cumplir dos años cuando el 15 de septiembre de 2023 murió por ingesta de fentanilo en la guardería Divino Niño, ubicada en el Bronx, en Nueva York.

* * *

[5] Centro Nacional de Estadísticas de Salud (NCHS, por sus siglas en inglés) y Centros para el Control y la Prevención de Enfermedades (CDC, por sus siglas en inglés).

[6] Centros para el Control y la Prevención de Enfermedades (CDC, por sus siglas en inglés).

[7] Sistema Estatal de Notificación de Sobredosis de Drogas No Intencionales (SUDORS, por sus siglas en inglés).

[8] *Idem.*

Pasadas las 8:00 de la mañana, Zoila y Otoniel llevaron a Nicholas a la guardería como habían hecho durante la última semana. Acababa de ser aceptado luego de una lista de espera.

La guardería, propiedad de Grei Méndez y su esposo Félix Herrera García, les había sido ampliamente recomendada y estaban confiados en que su hijo estaría en buenas manos mientras ellos iban a sus empleos.

A las 2:40 de la tarde, tras la rutinaria siesta después de la comida, el 911 recibió una llamada de Grei. Cuando los servicios de emergencia llegaron a la guardería encontraron a tres niños: dos varones de aproximadamente dos años —uno de ellos Nicholas— y una niña de aproximadamente ocho meses. Estaban los tres inconscientes.[9]

Fueron trasladados de urgencia al hospital. El varón de edad similar que Nicholas presentaba insuficiencia respiratoria aguda y paro cardiopulmonar. Mientras que la bebé respondía en general, pero no reaccionaba al dolor. Los dos sobrevivieron, pero el pequeño Nicholas murió al llegar a la sala de emergencias. El médico forense determinó que sufrieron intoxicación por fentanilo y les fue administrado el naloxone, o naloxona en español,[10] el mismo medicamento salvavidas que se distribuye en el barrio de Kensington.

Un cuarto menor, también de dos años, igualmente fue envenenado. Sus padres pasaron a recogerlo cuando aún no terminaba la hora de la comida y cuando en casa detectaron que su hijo estaba grave lo llevaron al hospital. También logró sobrevivir.[11]

[9] Expediente criminal 1:23-cr-00504-JSR radicado en la Corte Federal del Distrito Sur de Nueva York, del cual la autora tiene copia.

[10] *Idem.*

[11] *Idem.*

Los pequeños fueron envenenados con fentanilo porque los responsables de la guardería presuntamente operaban un centro de distribución y envasado de esa sustancia dentro de la estancia infantil. Ahora la fiscalía federal del Distrito Sur de Nueva York le imputa a Grei, a su esposo Félix y a por lo menos otros dos coacusados los delitos de posesión y distribución de narcóticos ilegales "con resultado de muerte. Se han declarado no culpables".[12]

En el primer cateo realizado a la guardería ese mismo día se descubrió un kilo de fentanilo y herramientas utilizadas para empaquetarlo para su distribución. En una segunda pesquisa las autoridades descubrieron que en el "salón de juegos" destinado a los pequeños había dos compartimentos secretos debajo de las tablas del piso, donde encontraron más implementos utilizados para empaquetar, distribuir y traficar narcóticos y 10 kilogramos de drogas, incluidos fentanilo y heroína.[13]

A través de las pesquisas y pruebas, los investigadores concluyeron que los menores ingirieron fentanilo junto con los alimentos preparados por Grei para el lunch de las 11:30. El pequeño que consumió menos comida contaminada porque sus padres pasaron a recogerlo temprano se envenenó en menor proporción.[14]

Imágenes de las cámaras de seguridad del edificio en el que estaba la guardería, así como registros de llamadas y mensajes, muestran que Herrera García —a quien la fiscalía imputa de ser el "líder de la operación de narcotráfico de la guardería"— había estado en el lugar cinco minutos cerca de la hora del

[12] *Idem.*

[13] *Idem.*

[14] *Idem.*

almuerzo de los niños. Cuando salió de la estancia infantil llevaba alimentos, incluido medio aguacate.[15]

El 19 de septiembre la policía arrestó a Carlisto Acevedo Brito y Grei Méndez, pero su esposo logró escapar. El 15 de septiembre, cuando Grei encontró a los niños inconscientes, antes de comunicarse al 911, le llamó a él. Después de hablar, Félix Herrera salió corriendo con dos bolsas pesadas, se escabulló entre los arbustos detrás de la guardería con su carga y se fue del lugar justo antes de que llegara el personal de emergencia.[16]

* * *

El juez Ona T. Wang emitió la orden de arresto y una alerta roja de la Interpol contra Félix Herrera, pero este logró cruzar por Texas la frontera y llegó a refugiarse a México.

A finales de septiembre de 2023, vestido con una camiseta negra con el logotipo de la marca Puma y una gorra del mismo color, fue arrestado en Sinaloa con fines de extradición mientras viajaba en un autobús rumbo a Culiacán.[17] Ahí mismo donde los Chapitos coordinan su imperio criminal. Ahí han ideado sin escrúpulos la fabricación y tráfico de millones de dosis de fentanilo, como el que se distribuye en lugares como el barrio de Kensington.

[15] *Idem.*

[16] *Idem.*

[17] "Felix Herrera-Garcia, husband of Bronx day care owner, awaiting extradition from Mexico after 1-year-old boy's fentanyl-related death", en CBS News, 27 de septiembre de 2023, disponible en https://www.cbsnews.com/newyork/news/felix-herrera-garcia-husband-of-bronx-day-care-owner-awaiting-extradition-from-mexico-after-1-year-old-boys-fentanyl-related-death/.

En los últimos cinco años, Iván, Alfredo, Ovidio y Joaquín Guzmán han transformado Culiacán, la ciudad famosa por la veneración a Jesús Malverde, el santo patrono de los narcos, en uno de los laboratorios de producción de fentanilo y cristal más grandes de México. Detrás del estrepitoso éxito del Cártel de Sinaloa y los horrores cometidos durante el gobierno de AMLO hay una historia secreta.

2

Génesis

"Son visionarios, pero para hacer el mal."

Así, sin concesiones y con ojos encendidos sentado frente a mí, definió Dámaso López Serrano, alias *el Mini Lic*, al clan conformado por los hermanos Iván Archivaldo, Jesús Alfredo, Ovidio y Joaquín Guzmán, mejor conocidos como los Chapitos. El cónclave era secreto y se daba en la habitación de un hotel en una ciudad de California el 1 de octubre de 2023. Continuó el día siguiente.

Luego de varios meses de intercambiar mensajes con quien fuera dirigente de primer nivel del Cártel de Sinaloa durante más de 10 años; y amigo, socio y luego rival de los hijos del Chapo, finalmente acordamos reunirnos para una larga entrevista.

Tras casi 20 años de investigar al Cártel de Sinaloa era la primera vez que tenía la oportunidad de hablar con un jefe de la nueva generación de narcotraficantes mexicanos que han revolucionado el mercado de las drogas a nivel mundial.

El Mini Lic se convirtió en testigo colaborador del Departamento de Justicia de Estados Unidos luego de haberse entregado él mismo a la justicia americana en julio de 2017 para salvar su vida. Actualmente es pieza fundamental en los procesos judiciales abiertos en al menos cuatro cortes federales contra los

Chapitos. Su condición de colaborador del gobierno estadounidense exigía la máxima discreción en el encuentro, por eso nos reunimos en la habitación que reservé para la ocasión.

Cuando en 2019 el mundialmente famoso Joaquín Guzmán Loera fue sentenciado a cadena perpetua en la Corte de Distrito Este de Nueva York, parecía ser el fin de su negra leyenda y de su estirpe. El testimonio del Mini Lic es esencial para conocer y entender cómo, pese a eso, los hijos del Chapo han logrado construir su propio imperio en tiempo récord hasta convertirse en "la facción más poderosa" de esa organización, según definición de los fiscales de cortes federales en Estados Unidos.[1] En algunos sectores incluso son más potentes que el Mayo Zambada.

Nacido el 27 de noviembre de 1987, contemporáneo de los hijos del Chapo Guzmán, Dámaso López Serrano se presentó al encuentro con una apariencia más de yuppie que de narco. Iba vestido de manera sobria con jeans y camisa a cuadros de Purificación García. Nadie que lo hubiera visto caminando por la calle habría podido sospechar que, desde muy corta edad, llegó a convertirse en un dirigente importante del Cártel de Sinaloa, capaz de sentarse en la mesa y expresar sus opiniones frente a figuras destacadas como Ismael Zambada, Arturo Beltrán Leyva, Joaquín Guzmán, y su padre, Dámaso López Núñez, quien durante 18 años fue el brazo derecho del Chapo. El Mini Lic representa el prototipo de las nuevas generaciones de narcos yuppies.

Lo que más resalta en su rostro redondo de tez blanca son los expresivos ojos marrón enmarcados por cejas tan densas y

[1] Expediente de acusación criminal número Case 1:23-cr-00180-KPF abierto en la Corte de Distrito Sur de Nueva York contra Iván y Alfredo Guzmán Salazar y 21 coacusados, del cual la autora tiene copia.

oscuras que, si no fuera por el marcado acento sinaloense, bien podría pasar por un libanés. Aunque estaba recién afeitado la espesa barba se marcaba como una sombra en su quijada y mejillas. Aparentaba menos edad que sus casi 37 años, pero conforme me fue contando la turbulenta historia de la que ha sido testigo, en cada punto amargo parecía envejecer un poco.

* * *

El Mini Lic ingresó a las filas del Cártel de Sinaloa en 2005 a la edad de 18 años y ascendió rápidamente a un nivel directivo. Cuando se entregó a las autoridades estadounidenses estaba acusado en la Corte de Distrito Sur de California y la Corte de Distrito Este de Virginia de traficar metanfetaminas, cocaína y heroína desde 2005 hasta 2016.[2]

De acuerdo con lo dicho por la juez Dana M. Sabraw en la audiencia del 10 de enero de 2018 en la que López Serrano se declaró culpable de los cargos, la sentencia que le esperaba era de al menos 10 años de prisión. Sin embargo, le dieron la mitad gracias a su extensa y eficaz cooperación con el Departamento de Justicia. Tras cinco años, el 19 de septiembre de 2022 fue puesto en libertad bajo supervisión. Es en condición de hombre juzgado y libre que me reveló parte de los secretos de cómo los Chapitos crearon su imperio, quiénes son sus principales operadores y quiénes les ayudan a proteger su reino.

Cuando nos encontramos acababan de arrestar en Sinaloa al dominicano Félix Herrera, quien presuntamente convirtió a

[2] Expedientes criminales 16cr1896 y 16cr300 abiertos en la Corte de Distrito Sur de California y la Corte de Distrito Este de Virginia, respectivamente, de los cuales la autora tiene copia.

la guardería Divino Niño, en el Bronx, en la coartada perfecta para su negocio de distribución de fentanilo, lo que le costó la vida al pequeño Nicholas Dominic.

Dámaso, conocedor de las entrañas del monstruo y aún con información al día de lo que ocurre dentro del cártel, mejor que nadie había entendido cómo habían andado las cosas. Si algo aprendió de su amistad y de su guerra con los Chapitos es que no tienen escrúpulos.

"Dicen 'vamos a revolver fentanilo con cocaína para hacer más adictos a la gente'; para que sus clientes digan 'oye, esa cocaína que me diste está muy buena, quiero más y más'. Ordenan a su gente '¡revuelve el cristal con fentanilo!', para que la gente diga '¡ese cristal que me diste es el mejor!'. Entonces, digo, ¡es una maldad!", dijo frunciendo las cejas de azotador y levantó la voz.

"Las pastillas que hacen son falsa medicina, pero ¡parecen medicina!", añade refiriéndose a las píldoras azules M30 pirata que los hermanos Guzmán distribuyen profusamente en Estados Unidos.

"¡Hacerlas, ¿por qué?! Por qué si saben que están matando a la gente, ¿por qué lo siguen haciendo? No le hallo un porqué, o sea, ¿quieres matar por gusto? ¡Ve lo que acaba de pasar! Ves que se acaba de morir un niño en una guardería de Nueva York y que la persona huyó. Un dominicano", dijo haciendo alusión a Herrera.

"¿A dónde huyó? A Culiacán. Lo capturaron en Culiacán. ¿Por qué un dominicano va y se esconde en Culiacán? ¡Es porque la droga, el fentanilo, es proveniente de Culiacán!", dice con énfasis. "¡Más lógica no la puedes tener!"

De acuerdo con el Mini Lic, al huir de Nueva York, Félix Herrera probablemente pensó que le darían protección quienes presuntamente le habían vendido la droga, por eso viajó a Culiacán. Al reino de los Chapitos y uno de los laboratorios de fentanilo más grande de México.

"¡Un niño de un año! ¿Por qué? ¡Lo saben! Ellos [los Chapitos] también tienen hijos, yo los conozco. El hijo de Iván iba con mi hijo a la escuela, eran compañeros de salón", señala recordando los tiempos cuando eran los mejores amigos y socios. Parecía que había sido hace un siglo.

Para el Mini Lic, quien fue testigo directo de la evolución de los Chapitos, es claro que fue una serie de eventos y circunstancias lo que transformó poco a poco a Iván, Alfredo, Ovidio y Joaquín en los monstruos del crimen que son ahora: "Son etapas, como que van sufriendo cosas y cada vez se van haciendo peor y peor y peor".

* * *

El Chapo tenía 36 años cuando fue encarcelado por primera vez en 1993, acusado del homicidio del cardenal Juan Jesús Posadas Ocampo ocurrido en el Aeropuerto Internacional de Guadalajara. Tenía dos parejas oficiales: Alejandrina Salazar, con quien procreó cuatro hijos: Iván, nacido en 1983; Alfredo, de 1986; y sus hermanos Alejandrina y César. Vivían en Guadalajara, Jalisco.

Su otra mujer era Griselda López, con quien tuvo otros cuatro hijos, tres de ellos terminaron involucrados en negocios criminales: Joaquín, nacido en 1986; Edgar, en 1987; Ovidio, en 1990; y su hermana Griselda. Radicaban entre Culiacán y la Ciudad de México.

Las dos familias iban a visitar al Chapo a la cárcel de máxima seguridad en Puente Grande, Jalisco, la cual más que una prisión para él era un parque de recreo. Fue justamente ahí donde la vida del Mini Lic quedó inexorablemente vinculada a la de los Chapitos, como un tren que fue programado para descarrilarse.

Cuando Dámaso López Serrano nació se supone que su padre estaba del lado de los "buenos", por así decirlo. Había trabajado en la policía judicial y había sido agente del Ministerio Público. El Mini Lic tenía 10 años cuando su progenitor fue enviado como subdirector de seguridad a la cárcel de máxima seguridad en Puente Grande, donde conoció al Chapo.

Con la ayuda de sobornos pagados con dinero de su primo Arturo Beltrán Leyva, el Chapo se conducía como dueño del penal. Dámaso López Núñez pronto se corrompió, lo mismo que decenas de custodios y sus superiores en el penal, incluso funcionarios de la Secretaría de Gobernación.

El esquema de corrupción interno y externo hizo posible la fuga de Guzmán Loera en enero de 2001. Y aunque el padre del Mini Lic alcanzó a renunciar semanas antes para evadir responsabilidades, en cuanto el Chapo estuvo libre y fugitivo se convirtió en su brazo derecho bajo el sobrenombre de *el Licenciado.* Es de ahí que su hijo adoptó en el crimen el apodo de *el Mini Lic.*

Fue cuando Guzmán Loera regresó a Sinaloa, para retomar el camino de su carrera criminal, que sus hijos y el hijo del Licenciado comenzaron a frecuentarse. Todos rondaban la misma edad.

* * *

—Desde antes de que yo trabajara ya conocía a los Chapitos, ya los miraba frecuentemente, convivía con ellos de vez en cuando.

Los conozco desde antes de 2004. Yo tenía aproximadamente 16 años —dijo el Mini Lic como si entrara a una máquina del tiempo.

—Y en aquella época ¿cómo eran? ¿Cómo era usted y cómo eran los Chapitos? —le pregunté.

—Todo era, pues obviamente, muy diferente —dijo con un profundo suspiro—. Los Chapitos apenas sabían, tenían unos años de haber llegado a asentarse en Culiacán porque ellos vienen de Guadalajara. Mi relación con ellos, todo, fue por mi papá, porque pues mi papá trabajaba con su papá. Mi papá sí tenía una muy buena relación con ellos. Yo los conocí a través de él.

En principio con quienes el Mini Lic comenzó a convivir más fue con Iván, alias *el Chapito*, el hoy líder del clan criminal de hermanos, y con Alfredo, alias *Alfredillo*, incondicional de su hermano mayor. En su juventud Iván era muy fiestero.

—Salía a los antros, a la feria ganadera, muy noviero. Antes, cuando recién llegó a Culiacán, la persona que lo introdujo al ambiente fue un amigo mío, hijo del Mayo, el Mayito Gordo, él fue el que le presentó a la mayoría de personas en Culiacán.[3]

—¿Cuál era el carácter de Iván entonces?

—Alegre, risueño.

—¿Era agresivo? ¿Violento?

[3] Ismael Zambada Imperial, alias *el Mayito Gordo*, es uno de los más de 10 hijos procreados por el Mayo Zambada. Intentó seguir sus pasos en el mundo criminal pero no fue tan astuto como el padre y fue detenido en Sinaloa en noviembre de 2014 y extraditado a Estados Unidos en 2019. Lo requería una corte federal en San Diego por narcotráfico y asociación delictuosa. Lo liberaron rápidamente, en 2022, tras una benévola sentencia y porque le tomaron en cuenta los años de cárcel en México. Vive en Estados Unidos.

—En ese entonces no. Al menos yo lo miré en fiestas, y en una fiesta vas a divertirte. Sí lo miré con pistola. Tímido no era, era un poco prepotente, creyéndose especial. Alfredo era más joven y era más reservado, más tímido, siempre siguiendo y respetando a su hermano.

En diciembre de 2003 un accidente automovilístico en Culiacán cambió la vida de Iván.

> Ocurrió en Culiacán saliendo de un antro. Iba tomado, estaba jugando arrancones contra otro automóvil y en un puente se estrelló con la parte trasera de una camioneta de redilas, iba a alta velocidad. Él quedó prensado, casi se muere, y su acompañante murió, un hombre. Su papá ya estaba prófugo, se preocupó mucho y de inmediato hizo los arreglos para que lo llevaran en avión a Guadalajara. Allá le dieron atención médica y le tuvieron que poner placas y clavos en la pierna. Casi pierde la pierna.

El hijo del Chapo fue sometido a diversas cirugías, quedó rengueando notablemente de la pierna dañada, y aún no estaba del todo curada cuando en abril de 2004 cometió su primer homicidio. Asesinó a sangre fría a la joven canadiense Kristen Paige y a su acompañante, el mexicano César Augusto Pulido, tan solo porque ella lo rechazó en el bar Bali Bar, en Zapopan.

—Sucede que Iván va a un bar y se produce un altercado con un muchacho que acompañaba a una mujer canadiense. Discuten porque Iván intenta llegar a algo con la muchacha y su acompañante la defiende. Se hacen de palabras y, al salir del bar, la discusión se hace más grande. Parecía que iban a llegar a los golpes, pero tanto Iván como su acompañante sacan armas, disparan a los jóvenes, que mueren —reconstruyó el Mini Lic el evento.

—¿Esto que me está contando lo sabe porque se enteró directamente? ¿Se lo contó su papá? ¿Se lo contó Iván? —pregunté.

—Del homicidio me lo contó más detallado una persona que acompañaba a Iván. Iván también me lo comentó, pero pues como no fue un acto de bondad, solo lo tocó por encimita. Dijo que no iba a dejar que lo golpearan, entonces tenía que defenderse.

Iván fue detenido en 2004 acusado de homicidio. Extrañamente primero fue encarcelado por poco tiempo en el Reclusorio Sur de la Ciudad de México, cuando el jefe de gobierno de la capital era Andrés Manuel López Obrador. El director de Prevención y Readaptación Social del Distrito Federal era Hazael Ruiz. Durante su gestión hubo varias fugas, como la del narcotraficante guatemalteco Roberto Herrera García, alias *el Profe*, quien se escapó como si nada del Reclusorio Sur en mayo de 2005. El secretario de Seguridad Pública era Joel Ortega y el subsecretario Gabriel Regino, quien estaba en el cargo por instrucción de AMLO desde 2002. Esa dependencia era la encargada de dar apoyo a Ruiz en caso de escape de reos o problemas fuera de los penales.

Ese mismo mes Iván fue trasladado al penal de máxima seguridad en Almoloya, Estado de México —ahora conocido popularmente como El Altiplano—, por orden de la Subprocuraduría de Investigación Especializada en Delincuencia Organizada (SIEDO) de la Procuraduría General de la República (PGR), que dirigía José Luis Santiago Vasconcelos. El movimiento ocurrió porque tenían información de un plan de fuga del hijo del Chapo. Estar en Almoloya fue una pesadilla.

"Tengo amigos que estuvieron con él, presos en su mismo pasillo y decían que no pasó una noche sin llorar... sollozando en la noche", dijo el Mini Lic, "y fue mucho sufrimiento porque Iván tenía mucho miedo. En esa prisión acababan de matar a su tío, Arturo Guzmán,[4] entonces él temía que lo mataran también los enemigos de su papá, Osiel Cárdenas y los Arellano [Félix]".

A Iván se le estaba literalmente pudriendo la pierna en la prisión: "Estuvieron a punto de cortársela. Él necesitaba una operación y no accedía. El abogado nos dijo que Iván no se quería operar, que tenía miedo, que porque decía que si lo sacaban a operarlo lo iban a matar y que él prefería que le cortaran la pierna". Al final, dice el Mini Lic, fue su padre, el Licenciado, el único que pudo convencerlo de operarse y salvar su pierna.

* * *

Qué ironía, no fue fuera sino dentro de la prisión que el líder de los Chapitos comenzó a involucrarse en el narcotráfico.

"Que yo tenga conocimiento, ya recibía ganancias directas del narcotráfico desde que él estaba preso. Porque su papá le regalaba droga a Alfredo y le decía que era mitad para él y que la otra mitad de la ganancia se la guardara a su hermano Iván", aseguró el Mini Lic, "Eran millones, en droga le regalaba toneladas de mariguana".

Alfredillo movía la mercancía "con los mismos empleados y amistades del cártel, él mandaba todo, los túneles eran de su papa, prácticamente no invertía en nada y era solo ganar".

* * *

[4] Arturo Guzmán Loera, alias *el Pollo*, era hermano menor del Chapo, fue detenido en 2003. El 31 de diciembre de 2004 fue asesinado en la prisión federal de máxima seguridad de Almoloya.

En 1993, cuando fue capturado el Chapo, era un capo de menor nivel que trabajaba para Amado Carrillo Fuentes, *el Señor de los Cielos*, el poderoso líder del Cártel de Juárez, pero siempre trabajando en sociedad con el Cártel de Sinaloa, cuya figura principal era el Mayo Zambada. El homicidio del cardenal Posadas sirvió a Amado como pretexto para deshacerse del Chapo, cuyo carácter extremadamente violento, protagonista y escandaloso llamaba demasiado la atención de las autoridades estadounidenses a un negocio que requería de mayor discreción.

Ciertamente del gobierno de México no se preocupaban, los tenían en el bolsillo a través de millonarios sobornos que llegaban al más alto nivel, pero incluso esos protectores pedían discreción al grupo criminal para no verse forzados a actuar bajo presión de los americanos. Por eso fue Amado quien dio al gobierno de Carlos Salinas de Gortari el paradero del Chapo para capturarlo en Guatemala.

Cuando el Chapo escapó de prisión, en 2001, comenzaba el sexenio de Vicente Fox, el primer presidente emanado del Partido Acción Nacional (PAN). Funcionarios de la nueva administración estaban ya desde antes involucrados en la red de corrupción creada por Guzmán Loera en Puente Grande. Fox había prometido limpiar el gobierno de las "alimañas, tepocatas y víboras prietas" del Partido Revolucionario Institucional (PRI) que habían gobernado por más de 70 años ininterrumpidos. Eso no ocurrió. Lo único que pasó durante su gobierno fue que estas se multiplicaron. Y como reza el cínico refrán: "Si no puedes contra ellos, úneteles". El presidente y sus hermanos duplicaron su patrimonio inexplicablemente; su esposa, Martha Sahagún, y sus hijastros, Manuel y Alberto Sahagún Bribiesca, fruto del primer matrimonio de la primera dama, convirtieron Los Pinos en una oficina de coyotaje, hicieron negocios a través del tráfico de influencias.

Después de fugarse, el Chapo fue cobijado por su querido primo Arturo Beltrán Leyva, alias *el Barbas*, uno de los principales narcotraficantes del Cártel de Sinaloa. Con él había echado a andar su primer sembradío de mariguana en Badiraguato, cuando los dos eran unos adolescentes pobres, casi analfabetas. En aquella tierra dedicarse al cultivo de enervantes era tan natural como respirar. Durante los siete años y medio de prisión el Barbas nunca abandonó a su primo, y para seguir ayudándolo le dio trabajo en su grupo a Arturo Guzmán Loera, y lo cobijó en Acapulco, Guerrero, donde los Beltrán Leyva eran los dueños de la bahía. Ahí recibían toneladas de cocaína que llegaba a las doradas playas provenientes de Sudamérica, y escaló velozmente en la organización. Cuando los primos se reunieron Arturo ya era un hombre poderoso, y lo sería aún más.

Otro que lo recibió con los brazos abiertos fue el Mayo Zambada, el principal líder del Cártel de Sinaloa. Tras la muerte de Amado en 1997 se quedó asociado con su hermano Vicente Carrillo Fuentes, alias *Viceroy*, y junto con el Barbas llenaban el mercado de la Unión Americana con su mercancía ilegal.

Contaban con el apoyo de Genaro García Luna, entonces titular de la Agencia Federal de Investigación (AFI), su brazo derecho Luis Cárdenas Palomino y su cofradía de policías corruptos como Facundo Rosas, Armando Espinoza de Benito, Edgar Millán, Ramón Pequeño, Igor Labastida, Víctor Gerardo Garay Cadena y Domingo González Díaz, entre otros.[5]

[5] El elenco de cómplices de Genaro García Luna fue expuesto por los miembros de la fiscalía federal del Distrito Este de Nueva York, encabe-

También tenían el apoyo de altos miembros de la Secretaría de la Defensa Nacional (Sedena), funcionarios al más alto nivel en la PGR, gobernadores de todos los partidos políticos, alcaldes, diputados y un infinito etcétera.

El Chapo sumó su talento criminal a los esfuerzos de sus socios y amigos. Se sumaron otros como Ignacio Coronel, que operaba en Jalisco; los hermanos Valencia, que controlaban Michoacán; y los hermanos Amezcua, que eran los amos de Colima. Todos ellos conformaron la llamada Federación.

Durante sus años de prisión Guzmán Loera estableció contacto con agentes de la agencia antidrogas estadounidense DEA. Cuando salió mantuvo sus contactos y los nutría de información para ir quitando del paso a enemigos y rivales en el negocio criminal. Comenzó con los Arellano Félix, del Cártel de Tijuana, archienemigos suyos y del Mayo Zambada, y luego con los líderes del Cártel del Golfo y su brazo armado los Zetas.

Gracias a la corrupción del gobierno mexicano y a la contribución de las capturas coordinadas por la DEA, la Federación, principalmente el Cártel de Sinaloa, fue ganando más influencia y poder.

Como muchos hijos de hombres de negocios exitosos —en este caso traficante de drogas—, los Chapitos se montaron en la infraestructura de la agrupación criminal que funcionaba con la perfección de un reloj suizo. Eran como niños deslizándose en tobogán en un parque acuático sin tener que pagar boleto.

---

zados por Saritha Komatireddy durante el juicio contra García Luna llevado a cabo en 2023 en el cual fue declarado culpable por el jurado. La autora estuvo presente en el juicio y cuenta con copia de los documentos judiciales del mismo.

Sin el menor esfuerzo ni riesgo Alfredillo comenzó a ganar millones de dólares, y apartaba la mitad para su hermano Iván.

* * *

El Mini Lic en sus primeros contactos con el mundo criminal no convivió mucho con Edgar, Ovidio ni Joaquín, los hijos de Griselda. "A ellos los conocí después. A ellos los conocí yo creo aproximadamente en 2005. Ellos, sus raíces pertenecen más a Culiacán. Sé que vivieron en la Ciudad de México, pero la mayor parte de su vida estuvieron en Culiacán."

De acuerdo con el testimonio del Mini Lic, había resentimiento de los hermanos Guzmán Salazar hacia los Guzmán López porque cuando el Chapo se fugó en 2001 con quien pasaba más tiempo era con Griselda, quien hacía sentir menos a Iván y Alfredo cuando iban de visita a Sinaloa. "Tenían resentimiento hacia la señora Griselda. Iván y Alfredo me lo dijeron, así, platicando. Iván dijo que, cuando se escapó, el Chapo pasaba más tiempo con Griselda y que ella los trataba de una forma sangrona y siempre poniendo primero a sus hijos, y a ellos los hacía menos. Eso es lo que siempre les dolió. Yo pienso que por eso tal vez les quedó el resentimiento con sus hermanos."

Mientras Iván estuvo en prisión, el Mini Lic entabló una amistad con Edgar, y en 2005 incursionó en el mundo del narcotráfico. Comenzó traficando metanfetaminas, cocaína y heroína a Estados Unidos junto con Nahúm Abraham Sicairos Montalvo.[6]

[6] Acusación criminal número 3:16-cr-01896-DMS abierta en la Corte de Distrito Sur de California contra Dámaso López Serrano, de la cual tiene copia la autora.

* * *

"Yo tenía 13 años cuando descubrí a qué se dedicaba mi papá", me confió el Mini Lic en la entrevista. Era claro por su expresión que no era un tema cómodo para hablar. "Lo veía con muchos teléfonos y radios. En la escuela mis compañeros de clase comenzaron a decirme que sus tíos y sus papás —que eran narcos— conocían a mi papá".

Dijo que en su infancia nunca vivió carencias. Al inicio su familia vivía en la casa de sus abuelos maternos. Después su padre fue capaz de comprar su propia casa y comenzó a trabajar como ministerio público y luego como comandante de policía. Siempre tuvo trabajo y le daba a su familia una vida económicamente estable.

El Mini Lic primero quiso ser piloto y se fue a estudiar la carrera. Gracias a las influencias de su padre obtuvo la cartilla militar liberada. "Ya habían detenido a Iván, mi papá tenía pavor de que algo me pasara". Dejó la escuela de aviación inconclusa y cuando regresó a Culiacán sus padres le hicieron entrar a la universidad y comenzó la carrera de comercio internacional, pero no la concluyó, tenía en mente una sola cosa: entrar al narcotráfico. Según su dicho, en un principio el Licenciado no quiso, y la sola posibilidad generó un fuerte problema con su esposa. Lo mandaron a Canadá para alejarlo del mal ambiente, pero al Mini Lic no le gustó la experiencia. En Culiacán todo era fiesta y había mujeres más guapas.

"Yo lo miraba muy fácil, parecía un trabajo de oficina, pero con mucho dinero. Solo hablabas por teléfono y hacías millones. No tenía noción de todos los problemas. Edgar [Guzmán López] ya trabajaba, yo lo veía con su radio haciendo millones.

Yo pensaba: '¡Está muy fácil, cualquiera puede hacerlo!'. No había la maldad que hay ahorita, los pistoleros solo eran por protección. El cártel tenía controlado todo el gobierno".

En Canadá su novia, quien era porrista, quedó embarazada, y según él "se puso insoportable". En esa misma época conoció en uno de sus viajes a Culiacán a otra muchacha que lo impactó, era la hija de un empresario de Sinaloa que no estaba en la ilegalidad.

Cuando regresaba a Canadá pasaban el día hablando por teléfono, pero regresó a Sinaloa por ella y comenzó a trabajar en el cártel. El Licenciado aceptó que su hijo entrara en el negocio criminal bajo la condición de que estuviera a su lado y bajo sus reglas.

El Mini Lic se convirtió en padre de una niña, pero con quien se casó fue con la hija del empresario. Lo hizo a escondidas, lo que provocó la ira de su suegro, quien denunció al Licenciado con el gobierno. A ella la mandaron a Monterrey a estudiar para chef, y él terminó estableciendo una familia con la hija de un narco, como su padre.

Cuando en 2005 el Mini Lic entró de lleno al tráfico de drogas sabía que el gobierno de Fox les daba protección. "Sí había protección hacia el cártel y los que se escucha que tenían muy buena relación con el gobierno eran los Beltrán Leyva. No puedo decir que sería el principal contacto porque claro que había más, pero que yo escuché, los Beltrán Leyva tenían muy buena relación con personajes del gobierno de todos los niveles… entonces sé que sí, sí había protección, se notaba. Ciertas veces había operativos en contra, pero siempre iba a haber alguien que te avisara horas antes, días antes, minutos antes del operativo."

En aquel tiempo el Chapo y el Mayo incursionaron en las drogas sintéticas. Uno de sus principales proveedores de efedrina, químico indispensable para su producción, era el empresario Zhenli Ye Gon, quien entre otros beneficios obtuvo la naturalización como mexicano con Fox. "Él vendía las cubetas de efedrina, movía mucho dinero. Él le vendía a Polo Ochoa,[7] a los Beltrán, a mi papá, a Chapo", dijo el Mini Lic.

* * *

"En ese entonces los dos hijos que más ayudaban al Chapo eran Alfredo y Edgar, pero Edgar tenía un don con las personas que le caía bien a todo mundo, entonces él se llevaba con todo Culiacán y trabajaba con muchos, y trabajaba muy fuerte. Estaba generando mucho dinero, y todos decían que él era el heredero del Chapo, las personas decían: 'Edgar es el que sigue del Chapo'".

* * *

En 2006 terminó el sexenio de Fox en el marco de la elección presidencial más competida de las últimas décadas. El candidato del PAN, Felipe Calderón, ganó con una pírrica diferencia de 243 mil 934 votos, ni un punto porcentual, a López Obrador, quien dejó la jefatura del gobierno de la Ciudad de México para ser candidato opositor por la llamada Coalición por el Bien de Todos integrada por el Partido de la Revolución Democrática (PRD), Partido del Trabajo (PT) y Convergencia.

[7] Leopoldo, *Polo*, Ochoa Juárez era un importante fabricante de metanfetaminas proveedor del Cártel de Sinaloa. Anabel Hernández, *El traidor. El diario secreto del hijo del Mayo*, México, Grijalbo, 2019, p. 163.

AMLO acusó de fraude, encabezó una protesta social y luego se autoproclamó presidente legítimo. Mientras Calderón llego a la presidencia para continuar la política de su antecesor de exterminar a los enemigos del Cártel de Sinaloa para abrirles el camino y convertirse en la organización de tráfico de drogas hegemónica de México.

Para ello comenzó su llamada "Guerra contra el narco". Como principal responsable del combate ascendió de puesto al corrupto Genaro García Luna como secretario de Seguridad Pública Federal; y puso como secretario de la Defensa Nacional a Guillermo Galván.

En 2018 y 2019 en la Corte de Distrito Este de Nueva York se acusó que Calderón recibió millonarios sobornos por parte del Cártel de Sinaloa,[8] Calderón lo negó. También se acusó a García Luna de haber recibido ingentes pagos del cártel para protegerlos y operar para ellos.[9] Esto confirmaba la ardua investigación que hice durante ese sexenio. Descubrí y revelé en 2010 que el jefe policiaco más poderoso de México estaba en la nómina de esa organización criminal.

* * *

[8] Versión estenográfica oficial de la audiencia de apertura del juicio contra Joaquín Guzmán Loera llevada a cabo el 13 de noviembre de 2018 en la Corte de Distrito Este de Nueva York, de la cual la autora tiene copia. Y Testimonio de Hildebrando Alexánder Cifuentes Villa en la misma corte el 20 de noviembre de 2018, del cual la autora tiene la transcripción.

[9] Testimonio de Jesús Zambada García, hermano del Mayo Zambada, en la Corte de Distrito Este de Nueva York el 19 y 20 de noviembre de 2018, del cual la autora tiene copia.

Iván fue liberado en 2008. El Mini Lic afirmó que sabe que fue por un acto de corrupción, "se pagaron sobornos a distintas autoridades".

El nuevo presidente de México era otro panista, Felipe Calderón, quien declaró la "guerra" a los cárteles de la droga, pero en realidad se trataba de continuar exterminando a los enemigos del Cártel de Sinaloa, al que su gobierno daba protección, principalmente a través de García Luna, quien fue ascendido de puesto y fue nombrado secretario de Seguridad Pública Federal, y del secretario de la Defensa Nacional, Guillermo Galván.

Cuando el Chapito regresó a Culiacán acababa de estallar una guerra intestina dentro de la Federación. Ese año, en enero, por una traición del Chapo y el Mayo, Alfredo Beltrán Leyva, alias *el Mochomo*, quien más que un hermano era un hijo para Arturo, fue detenido por el ejército en Culiacán. El golpe fue certero. El Barbas se había ya convertido en el miembro más rico del Cártel de Sinaloa, era quien tenía las principales conexiones con los colombianos para el tráfico de cocaína. Había adquirido los mejores contactos entre funcionarios corruptos porque era principalmente quien entregaba los jugosos sobornos a nombre de la organización. Y se daba el lujo de tener entre sus "novias" a las mujeres más famosas del mundo del espectáculo. Operaba principalmente en Acapulco, la Ciudad de México y Morelos.

El Chapo y el Mayo habían apostado por invertir más tiempo y esfuerzos en la rama de la producción de drogas sintéticas, era el negocio del futuro, pero en ese momento no dejaba tantas ganancias como la cocaína. Vinieron las envidias y la desconfianza, tuvieron temor de que Arturo Beltrán Leyva y su facción terminaran devorándolos.

Cuando Iván salió de la cárcel el Mini Lic le organizó una fiesta de bienvenida en Culiacán. Ahí estaban sus hermanos Edgar y Alfredillo.

* * *

Había mucha gente armada alrededor del rancho donde hice la fiesta, por dentro, por fuera. Cuando Iván llegó y vio todo eso estaba muy asustado, muy asustado. Decía que no quería estar ahí, y les preguntaba a sus hermanos que por qué tanta gente armada, que a él le daba miedo, que él mejor se quería ir, que le daba miedo que llegara el gobierno y los agarraran a todos y que iba a volver a la prisión. Él tenía mucho miedo. Ahí le dijeron sus hermanos que no, que después su papá le iba a explicar.

Ahí nadie le dijo bien lo que estaba sucediendo en realidad. Y estuvo unas horas solamente y se retiró a descansar porque pues estaba muy muy cansado del viaje de la Ciudad de México a Guadalajara y después de Guadalajara a Culiacán. Nosotros no, nosotros nos quedamos hasta la mañana siguiente.

Iván le contó al Mini Lic que lo primero que quería hacer era casarse con su novia Priscila Esquerra, y quería que el Licenciado fuera el padrino de bodas, en signo de respeto y amistad. Estaban juntos desde hacía muchos años y ella iba a la prisión a la visita conyugal. "Cuando salió se integró completamente. Cuando fue su bienvenida tenía miedo de las armas, pero se le quitó rápido porque a los meses me acuerdo de que fue a un rancho de mi papá, y él y Alfredo llegaron con pecheras y rifles colgados".

Cuando salió de prisión Iván era otro. "Sale con rencor, con odio, porque a mí me lo dijo, que odiaba y quería matar a Vasconcelos porque le hizo la vida dura e imposible en la prisión, que lo presionaba y lo torturaba mucho psicológicamente y quería que le pusiera a su papá, al Chapo. Entonces sale con mucho coraje".

Un mes después de la liberación de Iván, Edgar, el hijo predilecto del Chapo, fue asesinado por sus propios gatilleros por una confusión, en medio de la guerra contra los Beltrán Leyva.

* * *

Edgar Guzmán López, su primo César Ariel Loera y Arturo Meza Cázares fueron atacados el 8 de mayo de 2008 en el estacionamiento de una plaza comercial de Culiacán por un comando. Les dispararon al menos 500 tiros.

> A Edgar le gustaba salir sin avisarles a sus escoltas, te lo digo porque pues yo también lo hacía y Edgar era muy buen amigo mío, lo hacíamos juntos. Entonces ese día salió sin escoltas y sin avisar. Cuando por el radio avisaron "oigan, ¿no hay nadie en esta zona de Culiacán?", en el sector ese, y todos se reportaron por el radio que no. El encargado de la seguridad de Edgar dijo que no, que Edgar estaba en su casa.
>
> Edgar no escuchó el radio y pues nada, Edgar y los que estaban con él pues no supieron. Cuando se volvió a preguntar se dijo "van a trabajar ahí". Cuando se dice van a trabajar es que van a matar a alguien ahí. Edgar nunca supo y todos dijeron "pa' delante". Fue cuando llegan los pistoleros y ejecutan a Edgar y a su primo y a un amigo de él.

Fue en cuestión de minutos que los sicarios del Cártel de Sinaloa se dieron cuenta de que asesinaron al hijo de su jefe.

"A metros de distancia estaba un trabajador de Edgar, los pistoleros también le disparan a él, al momento de dispararle a Edgar, pero alcanzó a correr, él fue el que avisó inmediatamente. Le habló al secretario de mi papá y le dijo que estaban balaceando a Edgar. No sabía que era fuego amigo. Edgar murió al instante."

El Chapo lloró desesperado. "Lo vi en un rancho, en el área de Culiacán, se revolcaba en la tierra llorando, literalmente, se daba vueltas en el suelo, golpeaba con un puño la tierra y disparó armas, tiró con todas las armas que había y lloraba y tomaba Whisky Buchanan's 18, puro, y llorando, llorando, revolcándose como un niño, gritando".

—¿Qué decía? —pregunté.

—Yo no quería estar muy cerca de esa escena. Yo estaba ahí, estaba tratando de no voltear a verlo, pero era inevitable. Lo que gritaba era: "¡Mi príncipe! ¡Mi rey! ¡Mi hijo!" —respondió el Mini Lic con un nudo en la garganta y ojos húmedos—. Él [Edgar] era como un hermano para mí. Fue uno de mis mejores amigos y es de las personas que más me han dolido, era muy importante, muy querido por mí y por mi papá. Fue muy fuerte, muy doloroso.

La entrevista ya había durado horas y por la ventana se veía que comenzaba a caer la tarde.

> Edgar era alguien muy especial, o sea pues, independientemente cualquier hijo te duele, pero él era algo especial. Tenía ese don para las personas, el Chapo estaba muy muy muy orgulloso de él, porque se lo decía a mi papá, yo estuve ahí muchas veces. De hecho, mi papá lo ayudó mucho a Edgar porque a veces el Chapo le encargaba cosas a Edgar que él no sabía cómo solucionar. Siem-

pre iba con mi papá a pedirle un consejo y mi papá le hacía todo, y ya Edgar le decía al Chapo: "Ya, ya quedó resuelto". Para el Chapo, Edgar lo había hecho, pero pues no, había sido mi papá, pero él también lo veía como un hijo. Le decía a Edgar: "Tú queda bien, tú dile a tu papá que tú fuiste". Edgar lo decía: "Para mí, en la sierra mi papá es el Chapo, pero aquí en Culiacán mi papá es el Licenciado".

* * *

Fue la muerte de Edgar la que abrió paso a Iván para convertirse en lo que ahora es.

Inmediatamente el Chapo supo quién había dado la orden de disparar: Vicente Zambada Niebla, el hijo predilecto del Mayo Zambada.

3

Los Chapitos

—La primera reacción del Chapo cuando supo que el ataque había sido ordenado por la familia Zambada fue dar la orden de responder y acabar con todo lo que tuviera que ver con ellos. Se lo dijo a mi papá, le dijo: "Oiga, todo lo que tenga que ver con mi compadre —el Mayo— ¡mátenlo, que salgan todos y lo que le conozcan, casas, oficinas, todo!" Mi papá fue el que lo hizo cambiar de opinión, porque el Chapo en su ira, cegado por el coraje, pues, dio la orden de que quería ya irse a la guerra contra los Zambada, pero mi papá lo calmó y le dijo: "Oiga, usted siempre me ha dicho que hay que pensar con la cabeza fría. Lo entiendo, Edgar para mí era un hijo, yo lo quería así, como un hijo, y a mí me duele. Estoy con usted, pero usted siempre me ha dicho que hay que pensar con la cabeza fría. Nomás le aconsejo y le digo lo que yo veo, si usted quiere hacerlo, ahorita mismo doy la orden".

—¿Y qué pasa?, ¿por qué finalmente no se desata una guerra con el Mayo? ¿Qué pasa con los responsables? ¿Qué pasa con Vicente Zambada?

—Mi papá le dijo: "Si usted quiere, doy la orden y ahorita hacemos lo que haya que hacer, nada más le recuerdo que no vamos a poder. Creo que más de dos meses no vamos a durar, no hay herramientas, no hay gente, no hay dinero".

El Licenciado hizo tomar conciencia al Chapo de que estaban peleando contra los Beltrán Leyva, y contra los Zetas y el Cártel de Juárez, dirigido por el Viceroy, que se había unido con ellos para acabar con Guzmán Loera y Zambada. Era imposible abrir un nuevo frente de batalla.

"Mi papá le dijo: 'Si empezamos a pelear con el Mayo también, no vamos a ganar, no vamos a durar, pero aquí estoy. Si ocupa o tal, empiezo a vender mis propiedades, lo que haya, y a la guerra, vamos y lo que duremos hasta el final'. El Chapo le dijo: 'Es cierto, es cierto, Licenciado, voy a tratar de calmarme y lo veo mañana y platicamos, a ver qué vamos a hacer con esto'", recordó el Mini Lic. "Al otro día hablaron y el Chapo, ya un poco más tranquilo, le dijo: 'Ya lo pensé, es cierto, no vamos a poder hacerlo, pero vamos a guardar esto, después me voy a sacar la espina, después va a venir la mía'. Y así quedó."

* * *

En pocas horas, el Vicentillo fue a presentarse ante el Chapo, conociendo la esencia violenta y vengativa de su compadre, pese a que el Mayo le había ordenado no hacerlo. Él había perdido a su hijo mayor en un accidente automovilístico, así que se puso en sus zapatos. Estaba dispuesto a sacrificarse para salvar a su padre y a su familia, o sabía que no tenía la fuerza para enfrentarse a su padre.

"Vicente fue y le dijo al Chapo que había sido un error y que él había dado la orden. Le dijo: 'Aquí estoy. Haga lo que tenga que hacer conmigo. Yo sé lo que se siente perder un hijo, lo comprendo y lo acepto. Mi papá aceptará lo que usted decida. Con lo que haga, mi papá no se va a meter, yo ya hablé con él'", narra el Mini Lic, quien estuvo presente en aquel momento que estaba por cambiar por completo la historia del cártel. Si aquella guerra hubiera estallado, seguramente ni Guzmán Loera ni Zambada estarían vivos hoy.

"El Chapo le dijo: 'No, pues no hay más qué decir, fue un error. Nomás que no vuelva a ocurrir nada de esto, ocupamos que haya buena coordinación', y desde ese momento se trató de que se coordinaran más los pistoleros de la parte del Mayo con la parte del Chapo, y se dieron más radios para tener frecuencia de unos y de otros".

El Mini Lic reconoce que si bien fue el Vicentillo quien dio la orden de abrir fuego contra Edgar, lo cierto es que lo hizo a partir de información equivocada.

> Todo fue una confusión desde el principio porque el amigo de Edgar, de nombre Arturo Cázares, quería comprar camionetas robadas para regalárselas al Chapo, para apoyar la guerra. Entonces Cázares le dice a Edgar: "Oye, pues le quiero regalar unas camionetas a tu papá, ¿de cuáles ocupa?", y Edgar le dio las especificaciones. Cázares le dice: "Se las voy a pedir a unos que me están diciendo que consiguen, robacarros". Esa noche le dijo a Edgar: "Me van a enseñar unas", y se pusieron de acuerdo para verse. Edgar era una persona que le gustaba siempre estar al frente de todo, ver, estar en el lugar, entonces le dijo: "Vamos a verlas, yo te acompaño, yo las veo".

Los ladrones de autos fueron quienes fijaron la cita en el estacionamiento de la plaza comercial donde Edgar fue acribillado, pero ellos no sabían quiénes eran los compradores y llamaron al equipo del Vicentillo para informarles que había movimientos extraños. La transacción involucraba 15 camionetas y el comprador estaba dispuesto a pagar por ellas un precio más elevado de lo común.

> La gente de Vicente preguntó: "¿Pero para quién?". "No lo sabemos, dicen que son para un tal Arturo", y pensaron que se referían a Arturo Beltrán. Cuando enviaron a alguien a verificar, la gente de Vicente informó por radio: "¿Sabes qué? Hay dos camionetas, tres personas y uno que se parece al Güacho". El Güacho era uno de los principales pistoleros de Arturo Beltrán que nos estaban haciendo la guerra en Culiacán. Siempre usaba una barba similar a la que Edgar llevaba en ese momento.
>
> Entonces dijeron: "Oye, pues a ver. Están diciendo que las camionetas son para un tal Arturo y les dieron el precio elevado, y luego pasa una persona y ve y dice que es el Güacho", entonces pensaron que eran enemigos. Todavía preguntaron por los radios: "¿Nadie tiene gente ahí?" "No." "¿Seguro?" "Sí, todo está bien, cada uno está guardado." Entonces decidieron actuar. Llegaron sin preguntar, llegaron disparando y los mataron.

Lo que el Mini Lic, el Vicentillo, el Chapo y el Mayo ignoraban fue que efectivamente fue Arturo Beltrán Leyva, en una jugada de contrainteligencia, quien generó la confusión esa noche. Tenía infiltrados en el equipo de Zambada y entre los vendedores de coches que contribuyeron a generar toda la confusión. Esto me lo confirmó uno de los miembros del Cártel de los Beltrán Leyva, a quien entrevisté para esta investigación.

* * *

El Chapo nunca perdonó al Vicentillo. En 2009 él y el Mayo salieron victoriosos de la guerra contra Arturo Beltrán Leyva, tras su eliminación el 19 de diciembre en Cuernavaca, Morelos, en un operativo realizado por la Marina. El Chapo había logrado que Edgar Valdez Villarreal, alias *la Barbie*, se volviera en contra del Barbas, con la esperanza de quedarse con su imperio de drogas. A pesar de que el Barbas lo consideraba un hijo, desde 2008 la Barbie le dijo a su grupo más cercano: "Ahora somos Chapos", aunque continuó haciendo creer a Arturo Beltrán Leyva que estaba de su lado. Fue él quien dio el aviso del lugar donde estaría el Barbas, y en ese lugar fue acribillado.[1]

Tras salir fortalecido con ese triunfo, el Chapo hizo un plan para el ajuste de cuentas. Vicente Zambada fue detenido en la Ciudad de México en 2009 por la Secretaría de la Defensa Nacional (Sedena), antes de la muerte del jefe de los Beltrán Leyva, después de sostener una reunión con la DEA, con la cual el Cártel de Sinaloa estaba en constante contacto. Estaba llegando a un acuerdo para que, a cambio de dar información sobre los grupos criminales enemigos, el gobierno de Estados Unidos eliminara los cargos en su contra y él pudiera salir de la organización de tráfico de drogas.[2]

No fue detenido por traición de la DEA, sino porque los Beltrán Leyva, a través de un alto funcionario de la Sedena que tenían en el bolsillo, ordenaron el operativo para su detención. El hijo predilecto del Mayo fue extraditado en 2011, pero el acuerdo

[1] Anabel Hernández, *Emma y las otras señoras del narco*, México, Grijalbo, 2021, p. 149.

[2] Anabel Hernández, *El traidor. El diario secreto del hijo del Mayo*, México, Grijalbo, 2019.

con el gobierno de Estados Unidos no se cumplió exactamente como él quería. Terminó firmando un acuerdo de culpabilidad; su esposa Zynthia Borboa y sus hijos viajaron a Estados Unidos con la protección del gobierno de ese país, como parte de las negociaciones con el Vicentillo para que proporcionara información no solo sobre los enemigos del Cártel de Sinaloa, sino también sobre algunos de los colaboradores y socios más importantes del Chapo y de su propio padre. Fue así como, en 2012, Joaquín Guzmán Loera estuvo cerca de cumplir su venganza.

—El Chapo tenía ubicada una casa de Vicente cerca de Los Ángeles, California, y dijo: "En cuanto salga ¡ahí lo voy a matar!, me voy a cobrar las dos, la de mi hijo y que está hablando de mí" —narró el Mini Lic—. Ya tenía ubicado dónde vivía la esposa de Vicente, Zynthia. Fue aproximadamente en 2012.

—¿Y el Mayo sabía esto? —pregunté.

—No, obviamente nadie lo sabía. Solo mi papá y yo.

Aunque el Chapo aún no vengara la muerte de Edgar, su rencor hacia el Mayo se transfirió a los Chapitos y ese resentimiento, afirmó el Mini Lic, sigue hasta ahora. "En las reuniones donde yo estaba, Iván y Alfredo se referían al Mayo como 'pinche viejo guango, ahora es el viejo pendejo'".

* * *

—¿Y cuál fue la reacción de los hermanos de Edgar por su muerte?

—Yo lo que veo es que Iván, al contrario de que se haya sentido mal o que le haya dolido, no puedo decir que no le dolió —respondió el Mini Lic—, pero esperaba verlo triste, molesto, con coraje o algo así, ¿no?

—¿Y cómo lo vio? —insistí.

—Pues, al contrario, lo vi como que le quitaron un peso de encima, como que pesaba mucho la figura de Edgar en Iván, era como su competencia. A Iván le dolía que se dijera que Edgar era el heredero del Chapo.

El Mini Lic recuerda que, aunque Edgar era su mejor amigo, no fue ni al velorio ni al entierro. Su padre le ordenó irse enseguida a la Ciudad de México. "Yo no dormí por el dolor, al otro día tomé un vuelo a la Ciudad de México como a las seis o siete de la mañana, entonces ya no me tocó estar ahí en el velorio, en el entierro, nada. Después Griselda mandó a sus hijos Joaquín y Ovidio a Canadá. Por la guerra, los padres ya no querían que los hijos estuvieran expuestos."

El Mini Lic aseguró que en esa época también salieron de Sinaloa Iván y su hermano Alfredo. "Creo que también se fueron a Canadá. Mi papá también me decía: '¡Vete a Canadá! ¡Vete a Canadá!', pero yo no me quería ir. Nos mandaban allá porque era más fácil, no se necesitaba visa y allá teníamos gente, teníamos rutas, había estructura y había dinero, entonces lo que se ocupara allá, había dinero inmediatamente, ¡era fácil!".

* * *

En 2009 asistieron a una reunión del Cártel de Sinaloa en un rancho del Mini Lic. Se encontraron él, su padre el Licenciado, el Chapo, Iván, Alfredo y unos narcotraficantes colombianos. "Estaban coordinando un envío e Iván ya opinaba en la mesa, ya proponía hacerlo así o hacerlo de otro modo". Joaquín Guzmán Loera pensó que había encontrado en el Chapito un nuevo heredero. "Yo sé que el Chapo se siente muy orgulloso de Iván porque

Iván tiene muchas cosas del Chapo: lo enamorado, lo bailador. Y eso es lo que le gusta."

Sin embargo, para el Mini Lic, Iván Guzmán Salazar, quien hoy es el líder de los Chapitos, "es el peor de todos" los hermanos. "Él en su ser es malo, cuando lo conoces bien te das cuenta de que no le interesa nada y no le importa nada ni nadie con tal de que él esté bien. Ni su familia. Su madre y sus hermanos sí le importan, no puedo decir sus medios hermanos [Ovidio y Joaquín], porque antes de 2014 no los quería. Yo antes de 2010 lo escuché hablar mal de Ovidio y de Joaquín, decía: 'Esos pendejos no cuentan'."

El rencor hacia Griselda López, así como lo que consideraba una actitud de menosprecio hacia él, Iván lo transfirió hacia sus medios hermanos, y durante un largo periodo los mantuvo al margen. En cambio, el lazo fraternal con Alfredillo se fue haciendo indisoluble.

—¿Qué papel jugaba Alfredo mientras Iván iba ocupando esta posición importante con el padre? —pregunté al Mini Lic.

—Alfredo siguió siendo el mismo que era antes, respetando a su hermano y dándole el lugar de jefe. Yo nunca vi que quisiera disputarle el liderazgo. Siempre que yo estuve presente, Alfredo decía: "Lo que diga mi carnal". Entre ellos se dicen así, "carnal". Son muy unidos para todo.

* * *

Mientras Iván estaba en prisión, Alfredo, a sus escasos 22 años, ya estaba involucrado en operaciones trasnacionales de tráfico de drogas, fungiendo junto a su padre como secretario y representándolo en algunas negociaciones de compra venta de cocaína y heroína hacia Estados Unidos. Tenía lugartenientes propios, como Jorge Mario Valenzuela Verdugo y Guadalupe Fernández. Haciendo sus pininos en el mundo criminal, juntaba su dinero con el de otros narcotraficantes de la estructura de su padre para financiar la obtención de cantidades más grandes de droga y apoyar la importación de cocaína, precursores químicos y otras drogas desde Colombia, Ecuador, Venezuela, Perú, Panamá, Honduras, Costa Rica, Guatemala y México.[3] Con la ventaja de que si la droga era decomisada, los narcotraficantes con los que se asociaba debían pagar a los proveedores, mientras que él no pagaba ni un centavo. Si la mercancía llegaba a su destino, para el joven narcotraficante, quien compartía lo obtenido con su hermano Iván en prisión, todo eran ganancias.

En aquella época en Chicago operaban dos hermanos gemelos, tan idénticos como dos granos de sal: Margarito y Pedro Flores, quienes eran importantes clientes del Cártel de Sinaloa. Actuaban como compradores mayoristas y eran dos de los principales distribuidores de droga en Estados Unidos. Inicialmente, tenían tratos con Arturo Beltrán Leyva, pero tras la fractura y la guerra se aliaron con el Chapo y el Mayo, además de colaborar con la DEA, de la cual se volvieron informantes. Así, Alfredillo se convirtió en el primer hijo de Guzmán Loera bajo el radar del gobierno de Estados Unidos.

Como parte de su colaboración con la DEA para reducir sus condenas en Chicago, los hermanos grabaron múltiples conversaciones de negocios con Alfredo Guzmán Salazar.

[3] Acusación criminal 9-cr-383 abierta contra Alfredo Guzmán Salazar en 2009 en la Corte Federal de Distrito Norte de Illinois, en Chicago, de la cual la autora tiene copia.

—Las de ayer salieron bastante bien [la heroína era de buena calidad] —dijo Pedro Flores por teléfono desde algún lugar de Estados Unidos el 8 de noviembre de 2008.

—¿De cuáles hablas? —respondió Alfredo.

—De 20 [kilos de heroína] —contestó Flores—. Le estaba diciendo a tu viejo [Guzmán Loera] ahora mismo que... para ver si hay oportunidad de mandar otros cinco [kilos de heroína]. No sé si ustedes los tengan, porque voy a depositar el cheque para esos [los 20 kilos de heroína] mañana [...] Checa si tienen otros cinco y me avisas.[4]

En las grabaciones hechas por los gemelos Flores para la DEA quedó constancia de una transacción de 18 kilos de heroína comprada por ellos directamente a Alfredillo. Con base en esta conversación y en el testimonio de los Flores, el gobierno de Estados Unidos abrió el expediente criminal contra quien después se convertiría en el segundo al mando de los Chapitos. Aun teniendo más experiencia en el crimen, Alfredo aceptó el liderazgo de Iván, su hermano mayor.

* * *

A diferencia de su padre, cuyo grado máximo de estudios es el tercero de primaria, Iván y Alfredo tienen al menos estudios de preparatoria. Cada uno con una personalidad distinta, pero con un denominador común: la violencia. "Son bien parecidos, son jóvenes, tienen dinero, tienen poder, saben hablar, no son ignorantes ni mucho menos", dijo el Mini Lic a mi pregunta expresa. "Pero pues tienen su naturaleza violenta. No te puedo decir

[4] *Idem.*

que así son desde siempre porque cuando los conocí no eran así, a lo mejor no tenían el alcance o los medios para hacer ese tipo de cosas pero ahora ya."

Iván puede ser un excelente bailarín como su padre y no parar de danzar al ritmo de la banda por horas y sin respiro, incluso cuando aún rengueaba de la pierna dañada en el accidente automovilístico. Tras varias operaciones, finalmente la extremidad quedó mejor y ahora es casi imperceptible el problema.

"Por lo que me tocó ver a mí, Iván es muy extremo con las mujeres —dijo el Mini Lic—, sí les sabe hablar, les habla muy bonito, pero me tocó algunas veces ver que golpeó a una que otra. Las que considera completamente de su propiedad sí las trata muy severo, es como si fueran un objeto suyo: golpes, cachetadas, jalarlas del cabello, golpearlas contra el coche." Y afirmó que el joven capo no es tan espléndido como muchas pensarían, sino más bien "codo".

Una de las mujeres que ha sufrido su ira es Priscila Esquerra, con quien pensaba casarse. En una ocasión, Iván la vio pasar a bordo de un vehículo con sus amigas Karen y Claudia Félix. Se detuvieron a saludar al Mini Lic, quien viajaba en otro auto. El Chapito comenzó a perseguir a su novia por las calles de Culiacán y disparó en su contra. Logró que detuviera la marcha y la sacó del auto, comenzando a estrellarle la cabeza contra la puerta. El Mini Lic los siguió en su auto y al ver la escena quiso intervenir. "¡¿A ti qué te importa?!", le dijo Priscila, quien se quedó discutiendo con Iván. Al final no hubo boda, ella lo dejó. El Chapito mayor terminó casándose con Zulema Aracely Lindoro, quien padece la violencia doméstica de su esposo.

Otra fue Citlalli Morgan. La lista es larga, pero ninguna se atrevió a presentar denuncia en su contra por temor a que las matara.

"Una vez Iván estaba en el hotel Lucerna de Culiacán", recordó el Mini Lic, mencionando uno de los hoteles más emblemáticos de la ciudad, ubicado en el Desarrollo Urbano Tres Ríos, en la ribera del río Tamazula. "Había consumido hongos alucinógenos conocidos como chocohongos [hongos de chocolate], andaba muy drogado y muy loco."

El Chapito estaba con una mujer en una de las habitaciones cuando comenzó a golpearla. Con él se encontraba uno de sus secretarios y Óscar Noé Medina González, alias *el Panu*, quien hasta ahora es uno de sus principales lugartenientes.

—¡Compadre, cálmese ya! —dijo el Panu al ver cómo su jefe golpeaba brutalmente a la mujer.

—¡Usted no se meta, a la verga! —y continuó dando puñetazos.

La morra, como llaman a las jóvenes en esa región, al intentar defenderse, le jaló la camisa.

—¡Hija de tu puta madre! —dijo el Chapito, desenfundó la pistola y cortó cartucho. Puso el dedo en el gatillo.

—¡Compadre, compadre, no, no, no, nos van a caer, compadre! —dijo el Panu y junto con el secretario logró quitarle la pistola.

—¡Regrésamela, hijo de tu puta madre! —reclamó Iván fuera de sí abalanzándose contra él. En la correteada dentro del cuarto, el secretario ayudó a la muchacha a escapar del lugar.

—Tenga, ahí le va —le dijo el Panu arrojando la pistola hacia Iván, no sin antes quitar el cargador y la bala que había quedado en la recámara del arma. Furioso al ver que su víctima ya no estaba, el Chapito se fajó la pistola.

"Desde entonces, a mi compadre, cuando anda loco, hay que quitarle los cargadores a la pistola. ¡A la verga! Nos va a venir matando a nosotros también", le contó el Panu al Mini Lic después del incidente.

Al otro día, ya sobrio, Iván llamó al Panu para agradecerle su intervención.

—¡Ey!, neta, gracias, ¡me hiciste un paro, güey! Sí la hubiera matado —dijo el Chapito a su amigo.

Se hizo la fama de que cada vez que Iván se emborrachaba con champaña y consumía hongos alucinógenos, se ponía muy mal.

De los cuatro hermanos, es el más ostentoso. "Los relojes más costosos, más exclusivos, autos, Lamborghini, Ferrari, McLaren, Porsche, lo mejor, lo más costoso, a él sí le gusta", dijo el Mini Lic sobre sus caprichos. Sobre Alfredo, hay sus propios asegunes.

* * *

> Cuando está en sus cinco sentidos, es violento normal, pero cuando está tomado es violento en otro nivel, es como alguien loco que no puedes controlar. Una vez estábamos en un cumpleaños de un compadre de Iván en un rancho en Culiacán, y una persona estaba grabando con su celular a los músicos que estaban tocando. Entre los músicos y la persona que estaba grabando estaba la pista de baile, y había varias personas bailando, entre ellos Ovidio con una mujer. Alguien le dijo a Alfredo que estaban tomando video de su hermano Ovidio e inmediatamente mandó que lo sacaran. Alfredo me llamó: "¡Ey, Mini Lic, acompáñame!", y me fui con él.

Era un primo de Alfredo, quien explicó desconcertado que estaba grabando solo a los músicos. "¿Eres dedo o qué? ¿Eres de la DEA o qué?", le reclamó.

Alfredo estaba tomado, eran gritos y una locura. Le dio un golpe con el puño en la cabeza. Lo agarró del cuello contra la pared: "¿Sí sabes que aquí te mato?, tú eres un pendejo y me vale". Yo le dije: "Alfredo, no creo que haya estado grabando, es familiar". "¡No te metas, Mini! —me dijo—, este puto debe ser de la DEA". Cuando lo tenía agarrado del cuello, Alfredo le pegó un cabezazo y comenzó a chorrear de la nariz. Le dijo: "¡Nomás no te mato porque eres mi primo! Pero esto nada más es para que sepas que ni a mi familia se lo voy a perdonar". Y regresaron a la fiesta.

Una vez Alfredo llegó a un departamento mío que tenía en la zona más alta de Culiacán [Colinas de San Miguel], y estaba tomando yo con un piloto mío. Llegó Alfredo con su piloto, ya era la mañana, 6:00 o 7:00 de la mañana. Y llegó igual súper tomado, llegó gritándole a mi piloto, gritándole a mis músicos... había un balcón desde donde se miraba todo Culiacán y fue a poner un vaso y sacó la pistola desde la sala para disparar hacia el vaso. Ahí fue cuando le dije que no, y tuve una ligera discusión.

El Mini Lic le pidió no disparar porque los vecinos iban a llamar al gobierno. "Se enojó, se guardó la pistola y se fue enojado. En cuanto salió del edificio disparó como siete plomazos. Después su piloto le habló al mío y le dijo: '¡No sé cómo no nos matamos!, íbamos a más de 200 kilómetros por hora por las calles de Culiacán saltándonos los semáforos, y disparando por el quemacocos de la camioneta".

El inestable Alfredillo está casado con Elsa Félix Beltrán, hija de Víctor Manuel Félix Félix, exintegrante del Cártel de Sinaloa, quien fue detenido en México en 2011, y desde 2017 está prisionero en Estados Unidos.

* * *

Mientras Iván y su hermano comenzaban su carrera criminal, sus hermanastros Ovidio, alias *el Ratón*, y Joaquín, mejor conocido como *el Güero, el Moreno* o *el Güero Moreno*, tenían sus propias ambiciones. Los dos estudiaron en la universidad, afirmó el Mini Lic.

"En los años en que conocí a Ovidio, era un joven muy sencillo, muy consentido por su mamá y su papá, porque pues es el niño, es el bebé, entonces es *Ratoncito*, así le decía el Chapo, no *Ratón*, siempre *Ratoncito*. Para el Chapo, te lo puedo asegurar, 'sí, claro, Iván es mi orgullo porque es bravo y es el que ahora está en las noticias como yo', pero Ovidio es el consentido."

Antes de describir su personalidad, Dámaso sonríe y toma un sorbo de agua. "¿Cómo podemos describir a Ovidio? Era muy mandilón, o sea, lo dominaba por completo su mujer."

Se refería a Adriana Meza Torres —hija del narcotraficante Raúl Meza Ontiveros, alias *el M6*, lugarteniente y socio del Cártel de Sinaloa—, con quien Ovidio contrajo matrimonio en 2010 cuando apenas tenía 20 años y ella era unos meses más grande que él.[5]

> Pues es que yo los conozco desde que estábamos más jóvenes —dijo el Mini Lic medio riendo—, porque seguimos estando jóvenes, pero yo esa relación, desde que eran novios, la conozco completamente, y pues me tocó ver de primera mano todo. Todos sus pleitos... hubo una época en que Adriana golpeaba a Ovidio [en

[5] Anabel Hernández, *Las señoras del narco. Amar en el infierno*, México, Grijalbo, 2023.

2009, cuando aún eran novios]. Ya no sé si de casados arreglarían sus problemas, ¿verdad? —volvió a reír—, no lo sé, pero Ovidio era muy tranquilo, porque recuerdo que Adriana salía a las fiestas, a antros, y bien, o sea, bien, como cualquier mujer lo puede hacer, y Ovidio se quedaba en su casa cuidando a sus hijas. Él era el que les cambiaba el pañal, bien, todo un padre muy amoroso, eso no me cabe la menor duda, o sea, muy buen padre.

Es muy raro, o sea, en este ambiente, esto sí es muy, muy... claro que hay personas que lo hacen, no está mal, pero sí es raro encontrar algo así. Me encontré muchas veces a Adriana y le preguntaba: "Ay, ¿y tu marido?". "Lo dejé en la casa cuidando a las niñas", me decía. "Ah, pues está bien, cualquier cosa, aquí estamos", le decía yo.

Al principio, Adriana no quería casarse con Ovidio, pero su familia la presionó porque esa alianza les garantizaba una mejor posición en el cártel. Pero después lo celaba como una leona. Ahí la violenta era Adriana. Le quemó la casa a Valeria Soto, una de las amantes de su esposo. "Ovidio ahorita está a salvo donde está", comentó el Mini Lic riendo con ironía.

En el caso de otra mujer del Ratón, que vivía en Guamúchil, Adriana fue hasta su casa y le exigió que le entregara la camioneta de lujo Land Rover que le había regalado Ovidio. "Llegó y le dijo: 'Esta me la llevo y es mía; la otra, pobre: 'Yo no conozco a tu marido, yo no quiero problemas'. Sí, Adriana es bravísima."

La docilidad del Ratón con su esposa contrastaba con su agilidad, visión y éxito en los negocios de tráfico de drogas.

Hubo un tiempo en que trabajó con otro narcotraficante de nombre Gabriel Valenzuela, ahí hizo muchísimo dinero. También trabajaba con su padre, pero te digo, en esto tienes que diversificarte y trabajar con uno y con otro y con otro. Gabriel Valenzuela empezó siendo fletero del cártel, era el que movía la cocaína de Guatemala y Chiapas a Sinaloa, y de ahí a la frontera con Estados Unidos. Así empezó, así hizo muchísimo dinero. Ahí Ovidio hizo mucho dinero con él, él trabajó muy fuerte.

Ovidio empezó a hacer sus ranchos, le gustan mucho los caballos, es un gran apasionado de los caballos. Era sencillo, jamás lo miré con joyas, ni en autos llamativos tampoco, no digo que no los tuviera, pero nunca me tocó verlo así.

* * *

De Joaquín Guzmán López es del que menos se conoce hasta ahora. Le gusta presumir que de los cuatro hermanos es "el más inteligente".

"Yo no lo traté mucho, pero sí lo traté —dijo el Mini Lic—. Traté más a sus mejores amigos y lo que decían es que él se creía más inteligente que todos. Él se burlaba porque en aquellos años a él no lo mencionaban en corridos, no estaba quemado ni con el gobierno ni con nadie, nadie lo volteaba a ver, pero ya estaba traficando. Entonces él decía: 'No, mira a mis hermanos y aquellos pendejos, yo a gusto, ando solo'."

En ese tiempo, entre 2008 y 2014, cuando lo trató Dámaso, el Moreno andaba sin escoltas, sin chofer ni secretario, completamente solo. Decía: "¿Para qué andar con tanta gente? Si paso un retén, no saben ni quién soy".

Joaquín tenía una vida social frecuentando otros círculos. "A él no le gustaba convivir ni hablar con narcotraficantes", dijo el Mini Lic. "Él siempre estaba detrás de Ovidio, él mandaba a

Ovidio: 'Tú haz las negociaciones, tú di todo', pero el que tenía la última palabra era Joaquín. Todos decían: 'Ovidio, Ovidio'. ¡Pero no! El otro era el que mandaba, el que decidía."

El Mini Lic cuenta que cuando él tenía una novia de nombre Rosita, no involucrada en el mundo del narcotráfico, se llegaba a encontrar en fiestas a Joaquín. "La mujer de Joaquín es esta —dijo el Mini Lic silbando, como un cuete que despegara hacia otra galaxia—, completamente en otro ambiente". Cuando iba a fiestas con Rosita, se encontraba con Joaquín y se saludaban: "¿Qué onda, güey?". El Moreno le decía que no le gustaba andar en los ambientes de narcotraficantes.

"Ahí no había ningún narco, solo Joaquín y yo, obviamente narcotraficantes, los demás nadie, eran personas que nada que ver. Esas son las tomadas de Joaquín, con los amigos de su esposa que eran de otro ambiente, por eso anda solo sin escoltas. Ahora ya salió la foto de él, pero antes nadie lo conocía ni se imaginaban. No andaba en autos llamativos para nada."

* * *

En 2012 terminó el gobierno de Felipe Calderón. Con la complicidad del presidente y la ayuda directa de Genaro García Luna y otros funcionarios corruptos, el Chapo y el Mayo lograron que para esa fecha la mayoría de los hermanos Beltrán Leyva y sus principales socios y operadores estuvieran muertos o en prisión. Quedaba libre Héctor Beltrán Leyva, alias *el H*, pero sin el dinero, poder ni habilidades de su hermano Arturo.

Del otro lado también hubo bajas sensibles: la muerte de Edgar, la detención del Vicentillo en 2009 y de su tío Jesús Reynaldo Zambada García, alias *el Rey*, en 2008, quien se encargaba del control del Aeropuerto Internacional de la Ciudad de México y era uno de los principales contactos con las autoridades policiacas en la capital. Y el asesinato de Ignacio Coronel, uno de los socios del Mayo y el Chapo y líder de la organización en Jalisco. Para él trabajaba uno de los cuñados de los hermanos Valencia, Rubén Oceguera Cervantes, alias *el Mencho*, ahora líder del Cártel Jalisco Nueva Generación.

Los golpes al Mayo y al Chapo ocurrieron porque la ruptura del Cártel de Sinaloa causó una fractura dentro de los funcionarios corruptos que durante años habían recibido sobornos de los Beltrán Leyva, del Mayo y del Chapo cuando estaban unidos. Tras "el divorcio", el gobierno también quedó dividido, se generó una mayor ola de violencia y detenciones de ambos bandos, no por hacer justicia, sino por estar al servicio de una u otra facción.

Al final del sexenio, el balance quedó a favor de los Guzmán y los Zambada. Era tal la complicidad del gobierno federal que incluso le proveía de municiones al Cártel de Sinaloa.

—En Estados Unidos, en procesos judiciales, ha habido testigos que aseguran que el Cártel de Sinaloa pagó sobornos al gobierno de Felipe Calderón. ¿Esto es correcto? ¿Usted tiene conocimiento de esto?

—Sí —dijo Dámaso sin titubear—. Se le pagaron a funcionarios de primer nivel, como el secretario de Seguridad Pública [Genaro García Luna]. Como te digo, ese fue el más nombrado y el más conocido. Hubo otros, pero él era el que le facilitó al cártel demasiadas cosas. Por ejemplo, él nos vendía, o bueno, le vendía a la organización, el parque, las balas, no me preguntes cómo lo conseguía, pero lo vendía a la organización.

Fue su padre el Licenciado quien llegó a tratar directamente con García Luna. En el sexenio de Calderón se reunió con él una vez en la Ciudad de México para entregarle un millonario soborno de parte del Chapo y el Mayo.

Era en los cónclaves que se llevaban a cabo en propiedades del Mini Lic o de su padre en Eldorado, una sindicatura de Culiacán, que él se enteró de forma directa de muchas de las componendas de corrupción con distintos niveles de gobierno, antes y después de la ruptura con los Beltrán Leyva.

"Siempre estábamos ahí y me tocaba escuchar: 'El García Luna, ocupamos que nos eche la mano y meta gente ahí pa' que limpie', se referían a que él metiera Policía Federal, y ya después el cártel metía sus pistoleros. Para atacar a los Beltrán Leyva, pistoleros míos iban a bordo de esas patrullas de la Policía Federal, ¡vestidos de Policía Federal! Iban a reventar casas de enemigos", dijo el Mini Lic en tono de sorna.

* * *

En 2012 hubo una nueva elección presidencial. De nueva cuenta volvió a competir Andrés Manuel López Obrador como candidato de la alianza Movimiento Progresista, integrada por el Partido de la Revolución Democrática, el Partido del Trabajo y Movimiento Ciudadano. También perdió, esa vez ante Enrique Peña Nieto, el candidato del PRI, partido que durante sexenios en el poder hizo pactos con el crimen organizado, incluyendo el Cártel de Sinaloa. La diferencia de casi siete puntos porcentuales atajó un conflicto poselectoral como en 2006.

Peña Nieto llegó al poder con el patrocinio del Cártel de Sinaloa, como lo había hecho en 2005 a la gubernatura del Estado de México, territorio controlado por los Beltrán Leyva.

—¿También se pagó dinero para la campaña de Enrique Peña Nieto? —le pregunté a bocajarro al Mini Lic.

—Sí —dijo con esa mirada que no buscaba evadir la respuesta—. Un compadre mío, Javi, que trabajaba para el cártel, me dijo que él de propia mano entregó 30 millones de dólares a la campaña de Enrique.[6]

Dicho esto, Dámaso me sonrió con malicia. No fue ese el único pago. Jorge Caro, muy amigo suyo, sobrino del narcotraficante Rafael Caro Quintero, exlíder del Cártel de Guadalajara, le había contado un peculiar secreto.

—Jorge Caro me dijo antes de las elecciones [de 2012]: "Ya dimos 10 millones de dólares para que saliera Caro Quintero".

—¿A poco? —le dijo con sorpresa el Mini Lic ante tal noticia.

—Sí, sí —dijo Jorge Caro—. Cuando gane, este va a sacar a Caro Quintero.

—¡¿A poco sí?!

—Sí, entre todos los de la familia apoyamos y dimos dinero, yo di un millón y medio.

—¿Eso se lo dijo antes de que saliera? —pregunté a Dámaso.

—¡Antes de que ganara Peña!

Efectivamente, Caro Quintero, detenido en 1985 por el secuestro, tortura y homicidio del agente de la DEA, Enrique Ca-

[6] Además de la afirmación de Dámaso López Serrano hecha a la autora durante una entrevista, se corroboró el pago de sobornos a Peña Nieto en la versión estenográfica oficial de la audiencia de apertura del juicio contra Joaquín Guzmán Loera, de la cual la autora posee una copia. Este juicio tuvo lugar el 13 de noviembre de 2018 en la Corte de Distrito Este de Nueva York. Asimismo, dicho pago fue mencionado en el testimonio de Hildebrando Alexánder Cifuentes Villa, quien compareció ante la misma corte el 20 de noviembre de 2018, y del cual la autora cuenta con la transcripción.

marena, en Guadalajara, Jalisco, fue sentenciado en México a una condena de 40 años de prisión. Tras 28 años, en 2013, después de un largo proceso de apelación, fue liberado por decisión de un tribunal al considerar que el narcotraficante había sido juzgado indebidamente por una instancia federal en vez de una local. La PGR encabezada por Jesús Murillo Karam, quien sabía de la resolución, no hizo nada por apelar.

Tras su liberación, el gobierno de Estados Unidos presionó para su captura. Entonces el gobierno de México lo declaró de nuevo prófugo de la justicia. Lo entrevisté personalmente en 2016 y 2018 sobre su pasado criminal, donde él negó haber matado a Camarena. Enfermo de un problema crónico en la próstata, el viejo capo fue detenido una vez más en 2022.

* * *

A las 6:00 de la mañana del 22 de febrero de 2014, en la Torre Miramar de Mazatlán, Sinaloa, el Chapo estaba durmiendo tranquilamente junto a su esposa, Emma Coronel Aispuro, ex reina de belleza de Canelas, Durango, quien es más joven que él por más de 30 años. De repente, fueron sorprendidos por un operativo de la Secretaría de Marina. Despertaron y se sentaron al borde de la cama cuando escucharon que estaban tumbando la puerta. La captura fue coordinada por la propia DEA,[7] quizás por eso la contribución a la campaña de Peña Nieto no pudo ser un bono que le asegurara la libertad en ese momento.

[7] Testimonio de la propia Emma Coronel en entrevista exclusiva con la autora en 2016. Anabel Hernández, *Emma y las otras señoras del narco*, México, Grijalbo, 2021.

El Chapo fue encarcelado en el penal de máxima seguridad en el Estado de México conocido como el Altiplano.

—Si había habido este pago, ¿por qué se perseguía al Chapo? —pregunté al Mini Lic, pues a simple vista podría parecer que un hecho contradecía el otro, aunque ya en el sexenio de Calderón ocurrieron detenciones de algunos capos que habían pagado sobornos, ya sea por un juego de traiciones o porque eran, por decirlo de algún modo, "sacrificables".

—El gobierno siempre va a ser gobierno —respondió el Mini Lic—. Por más dinero que le des, por más dinero que le pagues, es gobierno y pueden hacerse de la vista gorda durante 99 años, pero un año que quieran realmente hacer su trabajo, que ya vimos que lo pueden hacer, tienen todas las herramientas y todo el aparato para hacerlo y lo hacen.

El Chapo, con la venia del gobierno de Peña Nieto, pudo escapar sin mayores trabas el 15 de julio de 2015 por un aparatoso túnel construido en las narices de las autoridades federales penitenciarias, la Policía Federal y el Ejército, responsables de los perímetros de seguridad del Altiplano.

Emma Coronel Aispuro, más joven que sus hijastros Iván y Alfredo, jugó un papel estelar en esa fuga.

* * *

Como integrante de la cúpula del Cártel de Sinaloa, Dámaso López Serrano llegó a conocer y convivir con Emma Coronel, eran casi de la misma edad.

"Al principio, era una muchacha muy joven, tenía muy enamorado al Chapo. Cuando me tocó convivir con ella, era muy alegre, muy buena persona, buena onda, humilde, para nada usaba ropa extravagante, ni era prepotente, al contrario, era una muchachita muy amigable."

Para Iván y Alfredo, en un inicio ella era un cero a la izquierda. "Es una vieja de mi papá, pero es nada, no cuenta", decían. Será por eso que Emma buscaba ser más que eso, quería demostrar al Chapo y al cártel que era una valiente mujer de la sierra.

"Ella tenía como 19 años, estábamos en Sonora e íbamos a dar un paseo a la playa. Cuando alguien preguntó quién va a manejar, Emma dijo: 'Yo, yo, yo'. Era una camioneta blindada. El Chapo dijo: 'Eso, esa es mi mujer!'. Nosotros íbamos en otro vehículo atrás. En un crucero se le quedó la camioneta parada, no podía encenderla de nuevo. Venía el Chapo, otra mujer, cinco rifles y una bazuca", recordó el Mini Lic.

Un pelotón del Ejército se dirigía directamente hacia el vehículo. El Licenciado y su hijo estaban a punto de intervenir cuando finalmente la camioneta arrancó y no hubo mayores problemas.

"Emma agarraba armas y se ponía a entrenar, es como si ella quisiera decir 'me quiere porque soy valiente'." En el cártel nadie veía eso con buenos ojos, sobre todo el Mayo.

"El Mayo nunca ha dejado que las mujeres de su familia se involucren en el negocio. Él miraba mal esto de Emma, siempre con respeto, pero mal. 'Jamás voy a permitir que una mujer mía ande en el narcotráfico', decía el Mayo."

Con el tiempo, el papel de Emma pasó del juego a la acción, reveló el Mini Lic. Una de sus primeras misiones fue ser mensajera entre el Chapo, el Licenciado y sus hijos para planear la fuga de 2015: "Ella fue importante porque era la mensajera, a través de ella salían y entraban mensajes de la prisión", aseguró.

Uno de los principales obstáculos para la liberación de Guzmán Loera no fue la autoridad, sino Iván, su heredero.

* * *

Después de la captura del Chapo, Iván, el mayor de los cuatro hermanos criminales, convocó a Dámaso López Núñez, conocido como *el Licenciado*, a un encuentro que tuvo lugar en las afueras de Culiacán, en una de sus propiedades. Según el Mini Lic, quien estuvo presente, los vástagos de Guzmán Loera tenían miedo.

"Sabe qué, Licenciado, vea cómo están las cosas. Mi papá no nos dejó nada, puros problemas. ¡No nos dejó nada para trabajar, nada de dinero! Hubiera dejado unos kilos para mover, no dejó nada, lo único que dejó fueron deudas y problemas", dijo Iván muy molesto.

Se quejó además de que su padre les había pedido seguir manteniendo a sus tías y "a la bola de sus maridos huevones buenos pa' nada, y a una bola de pistoleros que no sirven para nada, puro viejo, que se les está pagando".

"Nosotros nos vamos a retirar, mi carnal y yo nos vamos a ir de aquí —dijo Iván, refiriéndose a él y Alfredo—. Nos vamos a ir a Guadalajara, y mis otros carnales —Ovidio y Joaquín— creo que se van a ir para la Ciudad de México. Entonces usted agarre todo, usted hágase cargo de todo, y ya si usted quiere, pues les sigue pagando, mantiene a las hermanas de mi apá, pero nosotros no queremos esa bronca."

El Mini Lic recordó su estupor y el de su padre al escuchar que Iván abdicaba, por así decirlo, a la corona.

"La neta lo que va a pasar, ya ve cómo anda el gobierno, es que nos van a chingar o nos van a matar los enemigos de mi apá, que fue lo único que nos dejó. ¡Verga! Mi apá no pudo con todos ellos, ¡nos van a matar!". Iván se refería a los Zetas, lo que quedaba de los Beltrán Leyva, y al Chapo Isidro, entre otros.

"Vea, mi apá no pudo con todos ellos y nos dejó una bola de enemigos nomás. ¡No vamos a poder! Él no pudo, menos nosotros. Nosotros nos vamos a retirar, usted si quiere hágase cargo de todo, quédese con todo, nosotros nos vamos. Nosotros vamos a seguir trabajando, ¿verdad?, pero no queremos estar en Sinaloa. Vamos a venir de vez en cuando, así que le encargamos que nos eche la mano si ocupamos algo, un favor, gente, pues usted va a ser el que la va a tener."

"Ellos no querían retirarse del narcotráfico, querían salirse de Culiacán y no pagar nada del Cártel de Sinaloa", me aclaró el Mini Lic.

En aquel momento, lo que Iván y sus hermanos deseaban era establecer sus propias organizaciones, distanciarse del cártel al que su padre había pertenecido durante décadas.

Dámaso López Núñez, el papá del Mini Lic, fue prudente, no quiso abalanzarse sobre una manzana envenenada.

"Mi papá les dijo: 'Dejen que su papá diga qué, él es quien decide, está vivo, ustedes lo están matando, no, espérense, dejen que él mande a decir algo y eso lo hacemos, no tomen decisiones todavía'. Iván insistió: 'No, oiga, es que la verdad pues no le vemos caso aquí, es puro estar sacando de la bolsa, vea, mi papá nunca tuvo dinero a causa de eso, de pagarle a tanta gente inservible'."

Días después las instrucciones llegaron.

* * *

En 2014, desde prisión, el Chapo dio instrucciones sobre lo que quería que sucediera con una facción del Cártel de Sinaloa.

"El Chapo nos mandó cartas. Le mandaba cartas a sus mujeres, a sus hijos y a mi papá. En una carta decía que de lo que produjera la organización, la parte que le correspondía, que se dividiera el 50 por ciento para mi papá y el 50 por ciento lo dividiera entre sus cuatro hijos."

Y como el Licenciado siempre dividía todo a la mitad con su hijo el Mini Lic, cada uno se iba a quedar con 25 por ciento del imperio criminal. Mientras que cada uno de los Chapitos se quedaría con 12.5 por ciento. El responsable de comunicar el deseo del capo fue su abogado de confianza Óscar Manuel Gómez Núñez, quien en 2015 fue detenido por haber ayudado en su fuga del Altiplano.

"El abogado del Chapo le dijo a mi papá: 'Oiga, dice su compadre que por favor usted se quede al frente y que le encarga mucho a los muchachos, que los aconseje, que no los vaya a dejar desamparados', y nosotros: 'Claro que sí, eso se va a hacer'."

Para evitar conflictos, Guzmán Loera también envió cartas a sus hijos.

"Sí, mi papá ya nos dijo lo del 50 por ciento, ya también nos mandó una carta donde dice eso, ya estamos enterados", dijo Iván en nombre de sus hermanos, recordó el Mini Lic.

—Más que ganarle, vamos a invertir —se quejó Iván.

—Pero tu papá lo está diciendo, ¿por qué no ven lo que sacan? Agarra a los contadores, los encargados de las tienditas de menudeo, cítalos y que te den números y haz tus números, a ver si te conviene —dijo el Licenciado.

—Pues la verdad no nos interesa eso, pero vamos a ver, nos vemos mañana —dijo Iván.

"Al otro día, ya cuando llegamos al rancho, estaban ya los hermanos y nos dicen que ahí estaba ya el de las tienditas [de narcomenudeo]."

—Oiga, pues ya lo pensamos mejor, sí nos vamos a quedar —dijo Iván con el signo de dólares en las pupilas—, sí nos vamos a hacer cargo.

"Ya habías visto los millones que eran a la semana", me dijo el Mini Lic, solo lo referente al narcomenudeo en el estado de Sinaloa: "¡Un mundo de dinero!".

—¿Entonces sí se van a quedar? —preguntó el Licenciado para reconfirmar.

—Sí, vamos a estar bien. Nos dijo mi papá que cualquier cosa estemos en comunicación y en contacto todos los días.

—Sí, sí, perfecto cualquier cosa me comunican.

—Pues, si quiere, quédese para que vea cómo nos vamos a organizar.

—No, no, pues la verdad, con respeto, no me interesa eso, ustedes agárrenlo.

—Okey, está bien. Oiga, otra cosa —dijo Iván—, vamos a quitar al encargado que trae a los pistoleros, no nos sirve para nada.

—¡Ey! Tu papá lo tiene por algo, o sea, es gente de confianza, ha sabido hacer su trabajo —dijo el Licenciado sorprendido de nuevo.

—¡No, no sirve! Es un viejo que la verdad no, vamos a poner a alguien de nosotros.

Así los cuatro hermanos Guzmán: el Chapito, Alfredillo, el Ratón y el Moreno se quedaron en Culiacán tomando todas las ganancias del narcomenudeo. Y ahí comenzó la negra leyenda de los Chapitos.

4

Cómo se fraguó la pandemia del fentanilo

Con los millones de dólares obtenidos por el narcomenudeo nació la ambición desmedida de los Chapitos. Pasaron de considerar abdicar al reino de su padre a quererlo todo. El Mini Lic recuerda vívidamente cómo se desarrolló su apetito voraz.

> Comenzaron los problemas en 2014. ¿Por qué? Porque no nomás agarraron narcomenudeo. Empezaron con las maquinitas tragamonedas, que les pones cinco pesos, 20 pesos, 50 pesos. Cigarros piratas también. Comenzaron a cobrar cuota a la prostitución. La venta de películas DVD piratas, o sea, todo de lo que hubiera forma de sacar provecho. Robo de gasolina también. Entonces ya no ganaban 5 millones a la semana. ¡Ganaban mucho, mucho, mucho! Y se quisieron meter a las zonas de nosotros.

El Mini Lic refirió que el póker criminal de los Guzmán tenía control total sobre la ciudad de Culiacán. A los Dámaso en ese momento no les importaba porque ellos se habían quedado con Los Mochis y Mazatlán, una zona turística y una apetitosa buena porción de playa para quien se dedica a las actividades de narcotráfico.

"Teníamos la zona de Eldorado hasta Mazatlán. Todo Mazatlán y la parte serrana de Mazatlán era de nosotros, y de Culiacán la costa que es Navolato también nosotros la controlábamos. Ellos nomas controlaban Culiacán, una parte abajo de Mazatlán, casi pegado con Nayarit y Badiraguato. El Chapo dijo: 'En Guamúchil no se metan, es del Cholo'", en referencia a Jorge Iván Gastélum, su lugarteniente.

Los Chapitos comenzaron a invadir la zona de los Dámaso metiendo máquinas tragamonedas en sus territorios.

"¡No, no! Yo me puse así...", dijo el Mini Lic usando sus manos como garras. "Porque mi apá a todo les decía que sí. Yo le dije: '¡No, olvídate! Esos son territorios de nosotros'. Iván dijo: 'No, pero...' '¡No!'", repitió Dámaso imitando el mismo tono firme que había usado con el mayor de los Chapitos.

"Lo hicieron de todas formas, pusieron maquinitas en los territorios de nosotros. Y yo las quité. Mandé camionetas, y llenas, así... 3 mil maquinitas, 2 mil... ¡Las quité todas! Y me mandaron gente armada, no a mí, sino a mis pistoleros."

El Mini Lic, que ya no era ningún improvisado en el tema criminal, había previsto una reacción violenta de sus socios. Instruyó a sus pistoleros a esperar la ofensiva con cinco camionetas repletas de hombres armados. Cuando llegó la gente de Iván en una camioneta, de las otras salieron 40 tipos. Se fueron con la cola entre las patas.

Desde el Altiplano, el Chapo, quien había sido padrino de bodas del Mini Lic, le pidió que devolviera las máquinas tragamonedas a Iván, ya que pertenecían a otras personas que pagaban renta o derecho de piso a sus hijos.

"'Que sea la última vez', le dije al Iván. '¡No andes metiendo eso! Y tampoco te vas a meter en el narcomenudeo en Mazatlán, ni en Eldorado, ni en Navolato. ¡No!', le dije."

El Mini Lic le advirtió que los Chapitos no podían tener gente en sus territorios.

"'Yo a ti te conozco —le dije—, sé cómo eres. Mi apá te da la chanza, yo no'. Después entraron con los cigarros, y le volví a decir: 'No vas a entrar. Carro que entre te lo voy a reventar'."

Dámaso, no menos criminal, temía que Iván invadiera sus territorios porque ya había visto cómo había actuado en Culiacán. "Había gente que tenía negocios de narcomenudeo desde hacía 20 años, señoras de 50 años que vendían droga para mantenerse. No digo que esté bien, pero ya está arraigado desde hace mucho."

Cuando llegaba la gente de Iván, ordenaban que nadie podía vender droga, y si querían hacerlo, tenían que vender la de los Chapitos, entregarles 80 por ciento de las ganancias y solo quedarse con el 20. "Incluso se lo hizo a familiares del Mayo", dijo el Mini Lic.

—¡Ey, yo soy cuñado del Mayo! —protestó uno.

—¿Qué tiene? ¡Aquí manda el señor Iván, no me importa! El Mayo aquí no tiene nada que ver —respondían los enviados. Y les pegaban con tablas a los distribuidores que no aceptaban las nuevas reglas.

> Desde entonces, el Mayo empezó a doblar las manos, decía: "Pues yo no tengo a nadie vendiendo narcomenudeo, a mí no me interesa ese dinero". Yo lo agarré en mis territorios solo para que Iván no se metiera. Le dije a mi papá: "Iván está terco, metiéndose. Lo voy a agarrar yo mismo. Te lo estoy avisando porque no lo quiero aquí adentro. Va a andar su gente aquí como si nada, nos va a golpear a amigos de toda la vida nomás por la aperrada de ellos. ¡No lo voy a permitir! Porque eso solo causará que nos empecemos a matar".
>
> En 2014 fue cuando pasaron esas cosas, pero cuando nos veíamos todo estaba bien, todo era perfecto; nos saludábamos como los mejores amigos.

Cuando Dámaso narraba esto me imaginaba dos lobos con los colmillos de fuera, pero moviendo la cola.

A Iván le gustaba tanto ser el jefe que cuando se discutió el plan para construir el túnel para que su padre pudiera fugarse por segunda vez de un penal de máxima seguridad, se opuso.

* * *

"Ellos no querían a su papá, y me consta porque yo estuve en reuniones", reveló el Mini Lic. Aseguró que en 2014 estaban en contra de liberar a su padre del Altiplano. "Decían: 'A mi papá déjalo ahí', cuando estábamos planeando la fuga del túnel, 'hay que dejarlo ahí, ya dio lo que tenía que dar, ¿a qué va a salir?'. Decían: 'Deberíamos estar haciendo un túnel a la frontera para cruzar droga, ¡todo lo que estamos gastando', me consta, yo estuve obviamente en esas reuniones".

Emma Coronel era quien quería a su esposo libre, y por instrucción de él pidió al Licenciado su ayuda para planear la fuga. Si ella se enteró de que sus hijastros no querían es algo que el Mini Lic no sabe; Emma no estaba presente cuando los jóvenes decían que querían que "el viejo" se quedara en la cárcel.

Fue Emma quien entregaba instrucciones de su marido a sus hijastros sobre cómo administrar las ganancias del tráfico de drogas, y mandó mensajes a los responsables de la elaboración de drogas para que aumentaran la producción. También fue Emma quien le dio a su pareja el reloj con un GPS integrado para guiar a quienes construían el túnel al lugar donde estaba su celda. Y ella también ayudó a coordinar la entrega de dinero para pagar uno de los millonarios sobornos a autoridades federales para que dejaran que su esposo escapara.

El objetivo era que Guzmán Loera evitara la extradición a toda costa, parecía ser lo único a lo que verdaderamente temía. Soñaba con retomar las riendas de su imperio.

* * *

A las 20:52 horas del 11 de julio de 2015 el Chapo volvió a escapar de una prisión de máxima seguridad, con lo que dejó en ridículo nuevamente al gobierno de México y enfureció al de Estados Unidos.

El gobierno de Peña Nieto, intentando encontrar excusas, se inventó que Guzmán Loera se había esfumado como por arte de magia, porque no hubo ninguna señal, ningún ruido, ¡nada!, que pudiera haber advertido lo que estaba ocurriendo.

Mentira. Al investigar la fuga, fui la primera en revelar, gracias al expediente judicial abierto, que desde varios meses antes el Centro de Investigación y Seguridad Nacional (Cisen) supo que gente del Chapo estaba consiguiendo los planos del penal. El video de vigilancia del capo había captado los martillazos para destruir el concreto del piso varios minutos antes de la fuga. La alerta se emitió hasta 40 minutos después de que el narcotraficante desapareció de su celda, lo que le dio el tiempo suficiente para recorrer los mil 500 metros de longitud. Los presos interrogados dijeron que durante meses se escuchaba la excavación subterránea.[1] A fin de cuentas, aquel pagaré de impunidad por el fondeo a la campaña de Peña Nieto había sido cobrado.

[1] Expediente judicial 45/2025 abierto en México sobre la evasión de Joaquín Guzmán Loera.

Pero cuando salió de prisión no solo encontró a sus hijos más despiertos y ávidos, sino que algo había ocurrido durante su ausencia que cambiaría para siempre el consumo de drogas en Estados Unidos. Lo que había nacido como un experimento revolucionaría el mercado de drogas en el mundo.

* * *

A principios de 2014, poco antes del arresto del Chapo, llegó la noticia al Cártel de Sinaloa de que en Michoacán grupos criminales estaban experimentando con la producción de una nueva droga sintética, narró el Mini Lic.

"En aquel entonces a eso se le conocía no como fentanilo, sino como *chiva sintética* o *heroína sintética*; que rendía mucho más y que se sacaban muchas más ganancias. Entonces se empezó a investigar por parte de la organización."

Al más puro estilo de las grandes empresas trasnacionales, el cártel hizo espionaje industrial y supo que los precursores químicos para hacer la chiva sintética, ahora llamada fentanilo, venían de Asia.

"La organización envió a una persona a China y empezó a investigar. Se contactó con una persona allá donde le explicó cómo se hacía, el proceso, los costos. Y esta persona vino a Sinaloa y explicó."

El vendedor de precursores químicos viajó de China a Sinaloa. Hubo una reunión con el Chapo y el Licenciado. En ese primer momento no estuvieron los Chapitos. Ahí les detalló la elaboración, los potentes efectos adictivos y con qué otras drogas ya conocidas en el mercado podía mezclarse para generar más dependencia en los consumidores. En el cónclave se acordó que esa persona les vendería los precursores, y decidieron incursionar en ese nuevo nicho de negocio criminal sin calcular las millonarias ganancias que traería, ni los peligros en la elaboración, ni mucho menos el índice de mortalidad que podría tener. Al poco tiempo arrestaron al Chapo en Mazatlán.

—¿Qué sabe usted acerca de que los Chapitos han sido los principales productores del fentanilo? —pregunté al Mini Lic.

—De lo que se dice que son, sí son. Sí producen mucho fentanilo. Que yo sepa, desde finales de 2014.

Ovidio, el más joven de los cuatro hermanos, fue quien tuvo más visión sobre la producción de fentanilo. Él instaló el primer laboratorio improvisado en una pequeña y modesta casa en Culiacán. Los precursores químicos se almacenaban en bodegas de los Chapitos y se transportaban al laboratorio hechizo con hombres armados.[2]

En aquellos inicios, una vez procesado, los empleados del Cártel de Sinaloa lo empacaban y lo transportaban a Tijuana. Desde ahí comenzó a entrar en Estados Unidos y a esparcirse como virus. Desde entonces, la fabricación de fentanilo se ha multiplicado y la demanda en Norteamérica ha crecido de manera exponencial. Fue tanto el éxito del opiáceo sintético hecho por Ovidio que los productores de amapola y de heroína comenzaron a tener dificultades para su venta.[3]

* * *

[2] Acusación criminal número 1:23-cr-00180-KPF abierta en la Corte Federal del Distrito Sur de Nueva York contra Iván y Alfredo Guzmán Salazar en 2023, de la cual la autora tiene copia.

[3] *Idem*. Asimismo, acusación criminal número 1:23-cr-00042-VEC abierta contra Ovidio Guzmán López en el mismo año y en la misma corte.

"El Chapo se escapa en 2015. Todo bien, felicidad por todos, éramos la mejor familia del mundo. En agosto fue el cumpleaños de Iván, me invitó a la fiesta. Fui el invitado de honor, me traía así como si fuéramos pareja, los dos caminando, desfilando por todo el lugar abrazados, ¡así! ¡En serio!", dijo el Mini Lic al ver mi rostro de incredulidad. "¿Pero estos no se estaban matando?", pensé.

"Fue en un rancho de mi compadre Jorge Caro, del que ya te comenté. Iván me recibió en la entrada y me pasó mesa por mesa con él caminando ahí abrazados, nadie traía la pistola por fuera, nomás Iván y yo. Nos sentamos él y yo solos en una mesa, ¡así como el Mayo y el Chapo!, ¡ah, pues así Iván y yo!, sentados los dos en una mesa. Le dije: 'Pues pasa a atender a la gente, yo aquí estoy, yo me quedo tomando, es tu cumpleaños, atiende a los demás'. A cada rato venía, se sentaba. Él se fue como a las seis de la mañana."

La escena contada por el Mini Lic era bizarra, parecía más bien la de un matrimonio y no la de dos enemigos en ciernes. Pero nada podría evitar la encarnizada guerra que se venía.

* * *

El 2 de octubre de 2016 el Chapo, Iván y Alfredo fueron los anfitriones imprudentes de la actriz Kate del Castillo en uno de sus refugios en Sinaloa. Aunque no era la primera vez que Iván se relacionaba con una mujer del mundo del espectáculo, hasta entonces Kate ostentaba el título de la más famosa en su historial personal. La célebre protagonista de la teleserie *La reina del sur* estuvo acompañada por el actor de Hollywood Sean Penn.

El Mini Lic reveló que el Chapo estaba obsesionado con Kate y deseaba tener un contacto íntimo con ella para incluirla en la lista de sus amantes, pero ella no accedió. El enamorado capo ignoraba que tanto el gobierno de Estados Unidos como el de México ya estaban monitoreando sus comunicaciones con su nueva "amiga", como él la llamaba.

Fue entonces cuando ocurrió lo que el Mini Lic denominó como el primer antecedente del "culiacanazo",[4] un presagio del poder, la capacidad de organización y la violencia que llegarían a acumular los Chapitos.

—Pocos días después de que el Chapo se reuniera con Kate del Castillo y Sean Penn hubo un operativo de la Marina que le cayó ahí en la sierra de Cosalá. ¡Estuvo *así* de que lo agarraran! —relató Dámaso, acompañando su expresión facial con un gesto de su mano, juntando el pulgar con el índice—. Se escapó apenitas, lastimado y todo. Era el cumpleaños de mi mamá, el 6 de octubre, y estábamos celebrando cuando mi papá me pidió que fuera.

—Le cayeron ahí a mi compadre —le dijo el Licenciado a su hijo.

—¡Ah, chingado! —reaccionó.

—Están diciendo que parece que sí lo agarraron, pero no se sabe, no agarran bien los radios ahí en la Sierra. Checa, estate pendiente a ver qué se sabe por los radios.

El secretario del Mini Lic estaba con el radio en la mano.

[4] Cómo olvidar aquel operativo que se llevó a cabo el 17 de octubre de 2019 en Culiacán, donde los Chapitos desplegaron su fuerza armada para liberar a Ovidio Guzmán López, quien había sido capturado por una unidad especial del Ejército con el apoyo de la DEA.

—Oiga, están pidiendo que todos los pistoleros salgan a matar guachos —le dijo su empleado.

Se pegó el aparato al oído y él mismo escuchó la insólita orden.

—¡Salgan a matar guachos! Militar que se encuentren en la calle, ¡mátenlo! Helicóptero que encuentren, aunque esté en el aeropuerto estacionado, ¡vuélenlo de un bazucazo! Si ven camionetas en la calle, ¡denles! —gritaba por radio un pistolero de Iván, para que ningún militar pudiera dar apoyo donde se realizaba el operativo contra el Chapo.

—¡¿Qué?! —dijo el Mini Lic.

—Todos los que traigan bazucas, ¡vuelen helicóptero que vean! Pipa de gasolina que vean, de la Marina o del Ejército, ¡vuélenla!

—¡Ey! ¿Ya escuchaste? —dijo el Licenciado—. Me están pidiendo apoyo.

—¡Sobres! ¡Mándalo, pero ya! —respondió su hijo y dio la orden—. ¡Saquen todo el equipo pesado!

Salieron 30 camionetas con hombres armados hasta los dientes, encabezadas por el Mini Lic, quien, como mariscal de guerra, había organizado a su gente sobre cómo entrar en combate.

—¡Unos van a entrar por aquí, otros por allá, así como abanico, y vámonos! ¡Cuídense mucho, por favor, que no se les arrimen tanto! ¡Tírenles de fuera! —ordenó a su gente, con la adrenalina a tope.

Faltando un kilómetro y medio llegó un nuevo mensaje por radio.

—¡Espérense, espérense, espérense! ¡Paren todo! ¡Paren todo! Parece que ya la libró.

—¡¿Qué, qué?! ¡¿Qué pasó?! —dijo el Mini Lic con la misma sorpresa de un maquinista de una locomotora que va a mil por hora y de pronto debe parar en seco.

—No, pues sí, ya parece que la libró, que calmen todo ya —fue la contraorden.

A lo lejos se veían tres camionetas de la Marina aproximándose. El Mini Lic ordenó que se adentraran por una brecha y se dirigieran hacia el monte.

"Ahí durmieron toda la noche en el monte las 30 camionetas, porque el Chapo a la última hora sí se escapó, pero estuvieron así de incendiarlo todo", concluyó su relato el joven exnarco con un suspiro.

El 8 de enero de 2016 Joaquín Guzmán Loera fue recapturado en Los Mochis, Sinaloa, junto con el Cholo, después de un operativo de varios días en el que también intervino la DEA. Inicialmente fue encarcelado en el Altiplano, y aunque Emma Coronel pensó que podría ayudarlo a escapar de nuevo, pronto lo trasladaron a una cárcel federal en Ciudad Juárez, Chihuahua. Estaba a un paso de la extradición a Estados Unidos. Para todos, el fin de su carrera criminal era evidente.

Iván creyó que finalmente ascendería al trono, pero aún le esperaban pruebas de fuego por superar.

* * *

Un grupo de más de 50 hombres armados, vestidos de negro y encapuchados, atacó la mañana del sábado 11 de junio de 2016 la ranchería de La Tuna, en Badiraguato, Sinaloa, irrumpiendo con violencia en la hacienda de Consuelo Loera, madre del Chapo.

La abuela de los Chapitos se encontraba en el lugar bajo el cuidado de una mujer que ayudaba en las labores domésticas. En un desafío sin precedentes, el grupo armado ingresó en el domicilio, apuntando a la persona que cuidaba a la señora Consuelo y confiscándole su teléfono. A la madre del Chapo le exigieron las llaves de la casa, robaron algunas cuatrimotos y cortaron el acceso a internet, dejándola incomunicada. El asalto a la hacienda duró unos minutos y luego el grupo armado se retiró para atacar a tiros y prender fuego a las casas cercanas. Mientras tanto, Consuelo Loera y la mujer que la cuidaba lograron escapar a bordo de una avioneta que despegó de una pista clandestina en el lugar.[5]

"Todos los que andan cometiendo los ataques gritan y dicen que son de los Beltrán Leyva y que van de parte del Mochomito", me narró uno de los testigos días después de los eventos, en referencia a Alfredo Beltrán Guzmán, hijo de Alfredo Beltrán Leyva.

Durante los siete días siguientes al ataque, el grupo armado permaneció en La Tuna, La Palma y Arroyo Seco, intimidando a la población que huyó del área. Tres hombres fueron asesinados en el terruño del Chapo, dos más en la ranchería de Arroyo Seco, y el comando quemó el cuerpo de un hombre de la cintura para abajo. "En La Tuna, sacaron a una señora de su casa y prendieron fuego al lugar para forzar a su hijo a salir. Cuando lo hizo, lo mataron frente a la viejita", narró otro testigo.

El Mochomito, entonces de 24 años, contaba con el respaldo del Cártel Jalisco Nueva Generación (CJNG), los Zetas y familiares de Rafael Caro Quintero. El hijo mayor de Alfredo Beltrán Leyva tenía acumulados muchos rencores, no solo por la traición

[5] Al respecto, publiqué un reportaje titulado "Señalan al Mochomito, sobrino del Chapo, como autor del ataque contra casa de su madre", en *Proceso*, 19 de junio de 2016, disponible en https://www.proceso.com.mx/nacional/2016/6/19/senalan-el-mochomito-sobrino-de-el-chapo-como-autor-del-ataque-contra-casa-de-su-madre-166020.html.

del cártel que llevó a su padre a la cárcel, sino también porque Aureliano Guzmán Loera, alias el Guano, hermano del Chapo, había ordenado en 2015 el asesinato de su abuelo Ernesto Guzmán, hijo de Emilio Guzmán, padre del Chapo. El Mochomito entró en la ranchería con la intención de matar a Aureliano.

Los Chapitos no le dieron importancia al evento porque menospreciaban a su tío el Guano, igual que lo hacía su padre. De "pendejo" no lo bajaban.

"El Chapo sí lo quería, pero lo miraba como un tonto", recordó el Mini Lic sobre la relación entre los dos hermanos. "Por ejemplo, estaba con mi papá y se quejaba."

—¡Ah! ¡Mire el gordo ahora lo que hizo!'. Se molestó mucho cuando mató a su medio hermano, a Ernesto.

—¡No, compadre! ¡Si por mí fuera, yo lo mato hoy! —dijo el Chapo al Licenciado—. ¡Yo lo mato! ¿Cómo va a ser posible? Ayúdeme por favor a investigar qué pasó.

El Guano le contó al Chapo que Ernesto lo estaba delatando. Supuestamente había llamado al cuartel militar, identificándose con su nombre real y diciendo dónde estaba Aureliano. Una historia inverosímil.

—Investigue por favor con los militares de la zona para ver si hubo esa llamada, porque yo no creo —le dijo el Chapo al padre del Mini Lic.

Resultó ser todo falso.

—No, no hubo llamadas de esas, ninguna, y mucho menos una en la que dijeran "soy esta persona" —informó el Licenciado.

—¡Ya sabía! ¡Ya sabía yo! No lo mato nomás porque es mi hermano, pero si por mí fuera, ¡lo mato ahorita, nomás por estúpido! ¿Qué tiene en la cabeza? ¡Tiene mierda en la cabeza este gordo panzón! —gritó el Chapo contra el Guano.

"A quien sí ordenó matar fue al que envenenó al Guano. A ese sí lo mataron. Se llamaba Cristóbal Murro, le decían *el 023*", añadió el Mini Lic.

* * *

El ataque a La Tuna fue visto como una debilidad de los Chapitos, al mismo tiempo que resurgieron sus problemas con el Licenciado y el Mini Lic. Una vez más en prisión, su padre instruyó que la división del reino quedara como lo había dicho en las cartas de 2014.

> Iván estaba muy molesto. Se lo dijo a un trabajador de mucha confianza, Fernando Domínguez, y también se lo comentó a su compadre el Panu y a otras personas. Les dijo que eso estaba mal, que era una injusticia y que ni loco iba a permitirlo.
>
> Desde 2016 había roces y enfrentamientos entre los pistoleros de ellos y nosotros. Siempre hubo ataques de su parte hacia nosotros. Siempre tratamos de evitarlo, de platicar. Platicábamos nosotros, pero al siguiente mes había enfrentamientos. Siempre le decíamos a Emma: "Por favor, habla con el Chapo, dile lo que está pasando para que ponga orden, que hable con Iván, que por favor se deje de cosas". Emma siempre llevaba el mensaje, pero nunca regresaba con una respuesta.
>
> Iván controlaba completamente a Emma. Él decidía lo que Emma comunicaba o callaba, lo que llevaba o traía, y le ordenaba que cualquier cosa que dijera el Chapo, se la dijera primero a él, y él le decía si podía o no comunicárselo a mi papá.

Según el Mini Lic, el control que ejercía el líder de los Chapitos sobre su joven madrastra era a través del dinero. "Si quieres seguir manteniendo ese estilo de vida y yendo y viniendo a visitar, haz esto o ya no te doy", le decía.

"Después vino el problema del secuestro de Vallarta", recordó Dámaso. Para él, fue el episodio que definitivamente marcó el destino de Iván y aceleró su evolución criminal.

* * *

La cálida madrugada del 15 de agosto de 2016 Iván Archivaldo Guzmán Salazar estaba celebrando su cumpleaños número 33 en el famoso restaurante La Leche, en Puerto Vallarta, Jalisco, frecuentado por políticos, artistas, gente del *jet set* y turistas. Lo acompañaban su hermano Alfredillo y un grupo de cerca de 20 personas, incluyendo a su prima Esmeralda, quien también festejaba su despedida de soltera.

De repente, un comando de siete hombres armados irrumpió en el lugar, apartó a las mujeres entre los invitados y se llevó a seis hombres, incluyendo a José Manuel Díaz Burgos y Josías Nahualli Rábago Borbolla, prometido de Esmeralda. Fue ella quien logró alertar a la familia sobre lo ocurrido. Horas después, como periodista, pude hablar con un pariente de los desaparecidos.[6] Al principio se pensó que se habían llevado solo a Iván, pero luego las autoridades dijeron que también se habían llevado a Alfredo. El Mini Lic me confirmó que ambos hermanos habían sido "levantados", lo cual fue un golpe mortal para el clan de los Chapitos.

[6] Al respecto, publiqué un reportaje titulado "Fiesta familiar terminó en 'levantón' del hijo del Chapo", en *Proceso*, 16 de agosto de 2016, disponible en https://www.proceso.com.mx/nacional/2016/8/16/fiesta-familiar-termino-en-levanton-de-hijo-de-el-chapo-169064.html.

—El secuestro se dio para matarlos, no era para asustarlos ni amenazarlos ni intimidarlos, era para matarlos. La verdad no te puedo decir que lo planeé porque no lo planeé, no fui parte de eso, no sabía. Lo planearon gente de los Beltrán con gente de los Quintero y le pidieron el favor al Cártel de Jalisco.

—¿Los Dámaso no participaron? —pregunté incrédula.

—Absolutamente no, en nada, lo único que me dijeron es que si yo sabía que Iván se iba a festejar en Puerto Vallarta. Les dije que no sabía, que no tenía esa información, y me dijeron: "Es que nos están diciendo que va a estar en Vallarta", eso fue todo lo que yo supe dos semanas antes del secuestro. Sí participé en reuniones con esas personas para hacer un frente común contra los Chapitos —admitió el Mini Lic—, pero no sabía que serían secuestrados o que les harían algo. No me dijeron, nunca supe. Se llevaron a Iván y a Alfredo, también a un hermano de José Ángel Canobbio —un importante operador de los Chapitos— y a un colaborador de Iván que se llama Sergio, a quien algunos le decían "suegro". No recuerdo a quiénes más se llevaron.

El Mini Lic fue testigo directo de la razón por la cual no asesinaron a los Chapitos. "Le avisaron al Chapo y él intervino, mandó a amenazar al Menchito, el hijo del Mencho, líder del Cártel Jalisco. Le dio un ultimátum: 'Si me entregas a mis hijos, yo te entrego al tuyo.' Mucha gente estaba tratando de hablar con el Mencho para que los soltara. El Mayo también intervino y pidió el favor de que los soltaran, pero la llave de la liberación fue la amenaza del Chapo al Menchito."

Rubén Oseguera González, alias *el Menchito*, hijo del líder del Cártel Jalisco Nueva Generación, estaba encarcelado en el penal de máxima seguridad del Altiplano, donde también estaba el Cholo Iván, lugarteniente del Chapo, con quien fue detenido en Los Mochis. Guzmán Loera consiguió un celular en la cárcel para amenazar al Mencho y ordenar a su subalterno que amenazara al Menchito. Además, sobornó a las autoridades para mantenerlo incomunicado y desaparecido para su familia. Así, cuando el líder del CJNG envió un abogado para verificar el estado de su hijo, le informaron que ya no estaba en el penal, lo que aumentó la presión.

Solo entonces el jefe del CJNG cedió y el 19 de agosto liberó a los prisioneros. Este incidente, según el Mini Lic, provocó que Iván y Alfredo se volvieran aún más violentos e irascibles.

> Vi como que ellos dijeron: "Estuvimos a punto de morir, casi casi no la libramos". Mucha gente se burló de ellos y celebró, y como que entró más odio en ellos y dijeron: "Pues ahora se están riendo de nosotros, ok, ahora nos vamos a llevar por delante a quien sea, algún día nos vamos a ir, pero mientras tanto nos vamos a llevar al que sea". Comenzó el rencor y el odio hacia todos porque fueron la burla de cierta parte de la población. Creo que sí les afectó mucho. ¡Si de por sí eran malos!

La rabia alimentó a los hijos del Chapo, quienes comenzaron a matar sin piedad y formaron un ejército demencial.

* * *

En la madrugada del 30 de septiembre de 2016, en Paredones, en las afueras del norte de Culiacán, un convoy del Ejército custodiaba una ambulancia que llevaba a un detenido herido. Se trataba de Julio Ortiz Vega, conocido como *el Kevin*, un gatillero que trabajaba para los Chapitos. De repente, una lluvia de balas pareció caer del cielo. Un grupo armado atacó la caravana con rifles Barret, AK-47 y granadas. Incendiaron dos vehículos y sacaron al herido de la ambulancia. Escaparon en la oscuridad, dejando atrás a cinco militares muertos y 10 heridos.

Los perpetradores fueron un grupo armado conocido como los Ninis, liderado por Néstor Isidro Pérez Salas, alias *el Nini*, quien entonces tenía solo 24 años, pero ya era conocido como un asesino despiadado. Formaba parte del equipo de seguridad de Iván, con 40 personas a su cargo. En poco tiempo ascendió a jefe de seguridad de los Chapitos, con cientos de sicarios bajo sus órdenes.[7]

Días después, la Sedena llevó a cabo intensos operativos y logró identificar a varios de los responsables del ataque, como Jorge Santos Gastélum, Cristian Fernando Salcido Zepeda y Wilfrido Ramírez Martínez. Sin embargo, extrañamente, fueron liberados pocos días después. En un informe de la Sedena se afirmó que funcionarios de la delegación de la entonces PGR eran cómplices de integrantes del Cártel de Sinaloa. Estos funcionarios facilitaban el retorno de la droga asegurada por el personal militar a los delincuentes, simulando su destrucción con otras sustancias similares. Además, se negaban a llevar a cabo investigaciones contra los detenidos y objetos asegurados, "fingiendo temor por represalias". También se reveló que filtraban información reservada en los procesos de judicialización a los abogados de los integrantes del cártel. Además de esto, se descu-

[7] La fuente de información es una ficha elaborada por la Secretaría de la Defensa Nacional, titulada "Operaciones en el Estado de Sinaloa", fechada en noviembre de 2016. Dicha ficha la autora la encontró entre los millones de documentos de la Sedena obtenidos por el grupo de hackers Guacamaya Leaks, quienes le otorgaron acceso al banco de archivos desde 2022.

brió que personal de la policía ministerial federal mantenía una relación fraterna con los defensores de los acusados.[8]

El delegado de la PGR en Sinaloa era Jesús Gerardo Rodríguez Prado, y su jefe, el subprocurador de Control Regional de Procedimientos Penales y Amparo, Gilberto Higuera Bernal.

La Sedena quería la remoción de los funcionarios de la delegación de la PGR en Sinaloa "por su notorio involucramiento con integrantes de la delincuencia organizada, para evadir la acción de la justicia".[9] Sin embargo, el relevo de Rodríguez Prado no ocurrió hasta marzo de 2018.

* * *

El 19 de enero de 2017 Joaquín Guzmán Loera fue extraditado a Nueva York para enfrentar 10 cargos criminales, que incluían narcotráfico, lavado de dinero y dirección de una empresa criminal continuada. De ser declarado culpable, enfrentaría sin duda una condena de cadena perpetua. La violencia se disparó en Sinaloa, recordando los tiempos de la guerra con los Beltrán Leyva, y los muertos comenzaron a apilarse.

Una nueva guerra dentro del Cártel de Sinaloa no era conveniente para nadie, especialmente para el Mayo Zambada. Por ello, el 4 de febrero de 2017, intentó llamar a la cordura a los Chapitos y los convocó en Paredones, junto con otros miembros del cártel. Los Dámaso no fueron incluidos en la convocatoria. Según las crónicas, para llegar al encuentro se tuvo que atravesar en una panga el río Humaya, que divide parte de la ciudad.

[8] *Idem.*

[9] *Idem.*

El encargado de trasladar a las comitivas en tan extravagante medio de transporte fue Cristhian (*sic*) Iván Orduño Valencia, más conocido en el mundo criminal como *el Ruso*, jefe de uno de los grupos armados del Mayo.[10]

Durante el encuentro ocurrió un ataque armado dirigido contra los Chapitos y el Mayo, el cual fue atribuido a los Dámaso. En respuesta, los hijos de Guzmán Loera redactaron una carta destinada a ser difundida ante la opinión pública:

> EL DÍA 4 DE FEBRERO DEL AÑO 2017, "EL LICENCIADO" DÁMASO LÓPEZ, ORGANIZA UNA JUNTA CITANDO AL SEÑOR ISMAEL ZAMBADA Y A LA FAMILIA DE JOAQUÍN GUZMÁN POR EL TEMA DE HABER PRUEBAS DE QUE DÁMASO LÓPEZ ORDENÓ EL SECUESTRO DE LOS HIJOS DE "EL CHAPO". UNA VEZ DE HABER LLEGADO A LA CITA EL SEÑOR ZAMBADA Y LA FAMILIA DE JOAQUÍN SE DAN CUENTA QUE NO SE ENCUENTRA DÁMASO LÓPEZ EN ESE INSTANTE COMIENZAN LAS CONFUSIONES. AL POCO INSTANTE COMIENZAN A DISPARAR EN CONTRA DE LA ESCOLTA PERSONAL DE LA FAMILIA, QUEDANDO MUERTOS AL INSTANTE EN EL LUGAR AL DARSE CUENTA DE QUE FUERON TRAICIONADOS POR "EL LICENCIADO" DÁMASO LÓPEZ AL INTENTAR ASESINARLOS PARA ASÍ TERMINAR TODO DE RAÍZ.

[10] "'No disparé a los Guzmán y soy amigo del Mayo Zambada': Dámaso", en *Ríodoce*, 20 de febrero de 2017, disponible en https://riodoce.mx/2017/02/20/no-dispare-a-los-guzman-y-soy-amigo-del-mayo-zambada-damaso/. Aunque el texto está firmado por "Redacción", se sabe que quien lo hizo fue el periodista Javier Valdez.

AL LOGRAR SALIR ILESOS DEL ATENTADO EL SEÑOR ZAMBADA Y LA FAMILIA DE JOAQUÍN GUZMÁN SE VAN DEL LUGAR ENCONTRÁNDOSE POR TODO EL CAMINO GENTE ARMADA A LAS ÓRDENES DE DÁMASO LÓPEZ INTENTANDO NUEVAMENTE ATENTAR CONTRA SUS VIDAS. ASÍ PERDIÉNDOSE ENTRE EL MONTE SIN TENER NOCIÓN DE DONDE SE ENCONTRABAN AL RECORRER VARIOS KILÓMETROS ENCONTRÁNDOSE CON UN PUEBLITO Y ASÍ SIENDO AUXILIADOS POR GENTE DEL LUGAR YA QUE SE ENCONTRABAN HERIDOS.[11]

"Ese mes estalló la guerra entre los Dámaso y los Chapitos", recordó el Mini Lic con la mirada ensombrecida. "En realidad, no hubo nada que detonara esa guerra, pero lo que puedo decirte es que fue por envidia. Nos tenían envidia porque Iván ya había dicho en 2010 que quería matar a mi papá. ¡Desde 2010! Y antes de eso, en 2009, Iván decía que mi papá le robaba al Chapo. Entonces te digo, esto viene de mucho antes, son cosas que fueron acumulándose."

[11] 9 FEB. 2017. S – 2 (INTELIGENCIA). SUBSECCIÓN DE INFN. GPO. INFN. DE RADIO Y TV. No. 1696. Forma parte de los documentos de la Sedena obtenidos de Guacamaya Leaks a los que la autora tuvo acceso.

5

"¡Plebada, puro Morena! ¡Puro AMLO!"

El Licenciado racionalmente debió de haber medido sus fuerzas e hizo un último intento por encontrar la reconciliación a través de una entrevista con el prestigiado periodista Javier Valdez del semanario *Ríodoce* de Culiacán, la cual fue publicada el 20 de febrero. "No disparé a los Guzmán y soy amigo del Mayo Zambada: Dámaso", fue el titular que en vez de calmar los ánimos los encendió aún más.[1] En el texto se afirma que el Licenciado envió a un mensajero que habló en su nombre, pero en 2019 Dámaso López Núñez dijo que hablaron por teléfono.

"Todo se soluciona con una buena plática. Solo nos hemos defendido, pero jamás los hemos provocado. Ellos tienen un año provocando al *Licenciado*. Provocándonos".[2]

El padre del Mini Lic negó que ellos hubieran disparado contra los Chapitos o contra el Mayo, y dijo que ni siquiera había sido convocado a aquella reunión. Se quejó de que los hijos del Chapo no habían respetado los acuerdos y que habían iniciado

[1] "'No disparé a los Guzmán y soy amigo del Mayo Zambada': Dámaso", en *Ríodoce*, 20 de febrero de 2017, disponible en https://riodoce.mx/2017/02/20/no-dispare-a-los-guzman-y-soy-amigo-del-mayo-zambada-damaso/. Aunque el texto está firmado por "Redacción", se sabe que quien lo hizo fue el periodista Javier Valdez.

[2] *Idem.*

la confrontación con provocaciones desde hacía un año, cuando su padre fue detenido por tercera vez. "Aprovechándose de mi buena fe, con alevosía y ventaja, y ellos han corrido la versión de que la DEA me apoya, pero no es cierto. Tengo orgullo y sé respetar los códigos."[3]

"Iván, Alfredo y su tío [Guano] están enfermos de poder, pero es a través del abuso como hacen amigos forzados. Los apoyan más por miedo que porque sea lo correcto." El Licenciado acotó que el Chapo lo había dejado en el lugar que estaba, haciendo alusión a la repartición hecha desde 2014. "No respetan la decisión del señor Joaquín Guzmán Loera de mantener los negocios como estaban, cada quien en sus regiones, y de tener comunicación y coordinación."[4]

"No se puede decir que Dámaso es enemigo de Iván o Alfredo, aunque sabe que están desubicados y en cualquier momento pueden reflexionar y madurar."

Y así Dámaso López Núñez mandaba un mensaje al Mayo para convocar a la paz dentro del cártel.[5] Sin embargo, sus declaraciones fueron peor que gasolina al fuego. Los Chapitos se enteraron enseguida de que el texto iba a ser publicado e hicieron todo lo posible por impedirlo, incluso intimidaron a Javier. Quisieron comprar todo el tiraje, pero el medio de comunicación no cedió por ser una noticia de interés público. Optaron entonces por comprar los ejemplares en Culiacán y Mazatlán.[6] El episodio de presiones quedó bajo sigilo.

[3] *Idem.*

[4] *Idem.*

[5] *Idem.*

[6] Ismael Bojórquez, "Ellos creen que mataron a Javier", columna Altares y Sótanos, en *Ríodoce*, 22 de mayo de 2017, disponible en https://riodoce.mx/2017/05/22/ellos-creen-que-mataron-a-javier/.

La sangre llegó al río. La encarnizada guerra comenzó a cobrar víctimas en la familia Dámaso. Una parte del gobierno federal estaba del lado de los Chapitos.

El Mini Lic era más beligerante que su padre. Si el Licenciado hubiera dado el visto bueno para el exterminio, probablemente los hermanos Guzmán no existirían hoy. El rencor entre ambas familias crecía.

* * *

A principios de marzo de 2017, en el segundo piso de la Plaza Royal, ubicada en el Desarrollo Urbano Tres Ríos, se encontraban los Chapitos disfrutando de los elegantes platillos japoneses del Uma Restaurant & Sake Bar, uno de sus lugares preferidos en todo Culiacán.

El Mini Lic fue informado y planeó un ataque armado.

"Los tenía para matarlos", narró sin ocultar su frustración echando la espalda en el respaldo del sillón. "¡Estaba fácil! Pero mi papá no me dejo." Había ya calculado todo. Una sola entrada y salida, un elevador y una escalera, las posibilidades de escapatoria eran mínimas.

"Mi papá no me dejó. Me dijo que acababa de empezar el pleito y que íbamos a llegar a un arreglo; 'ya van a hablar', me decía." El ataque no se llevó a cabo.

El Mini Lic entendía algo de lo que su padre no era capaz. Durante sus años de trabajo en el Cártel de Sinaloa, el Licenciado había tratado con el Chapo, el Mayo y el Barbas, había ya vivido la sangrienta guerra de 2008, y vio que, aun dentro de su barbarie y crueldad, los jefes eran de la llamada "vieja escuela", respetaban ciertos códigos y reglas. Pero los Chapitos no eran así, eran narco *yuppies*, como el Mini Lic, y en ellos no cabía ni el más mínimo escrúpulo.

A fuerza de conocerlos desde la adolescencia, de convivir con ellos, de emborracharse con ellos, de traficar con ellos y de pelear con ellos, el hijo del Licenciado conocía bien la psicología de sus rivales y de lo que era capaz de crear su mente criminal.

* * *

Durante las noches de finales de 2016 y principios de 2017, en un rancho propiedad de Iván, situado en las afueras de Culiacán, se llevaban a cabo reuniones clandestinas. Bajo el manto de la oscuridad y con la complicidad bien aceitada de las autoridades locales y federales, se congregaban jefes de grupos armados y sicarios pertenecientes a distintas facciones del Cártel de Sinaloa. Se reunían alrededor de una especie de ruedo, preparados para participar en apuestas. Sin embargo, estas apuestas no involucraban peleas de gallos, sino enfrentamientos entre seres humanos.

El líder de los Chapitos no solo se asumía como el dirigente del clan de hermanos, sino que se veía a sí mismo como un emperador, una suerte de César del siglo XXI en el ámbito del crimen organizado. Inventó su propia versión del Coliseo, donde en una arena improvisada obligaban a personas secuestradas por ellos a pelear hasta la muerte, simplemente por diversión. "Ponían a pelear a gente entre ellos, por ejemplo, ladrones de coches, rateros o enemigos. Los levantaban, los ponían a pelear entre ellos mismos hasta matarse. Era una diversión como en los tiempos de Roma en el Coliseo, hasta matarse. A veces les daban un cuchillo y la gente apostaba, 'a ver, ¿cuánto?'. Les prometían: 'Al que gane le vamos a perdonar la vida', y se estaban matando entre primos, entre familiares, 'mátense'."

Mientras el Mini Lic narraba la escena, sentí como si un viento helado se colara por las rendijas de la ventana y se infiltrara en mi pecho. "A mí no me gustan ese tipo de cosas —dijo al ver mi expresión—, pero mi gente, mis pistoleros sí iban porque estaban los pistoleros de los Chapitos."

En el coliseo de los Chapitos, en las peleas humanas, a veces les daban a los combatientes navajas, piedras, pero en ocasiones debían usar su propio cuerpo como arma mortal. Llegaban al extremo de organizar peleas entre hermanos; para sobrevivir, uno tenía que eliminar al de su propia sangre.

—¿Cómo puede explicarse usted esto? —interrumpí el lúgubre relato del Mini Lic. Más que conocer la inhumana violencia quería conocer las razones.

—Yo creo que ocurre cuando no tienes valor por la vida de nadie.

—¿De dónde viene la idea de la violencia de esta forma? ¿Es una imitación? ¿Cómo los narcos pueden estar pensando "y ahora cómo me divierto"?

Dámaso mira fijamente, una pregunta que no esperaba. Piensa y responde:

—A ellos les gusta leer libros que tengan que ver con poder, con guerra, con control, como *El arte de la guerra* como *Las 48 leyes del poder.*

—¿Usted cómo sabe?

—Porque lo habíamos comentado: "¿Ya leíste este libro?". "¿Ya leíste este otro?". ¡De ahí obtienen muchas ideas! También les gusta lo que ven en películas, lo que ven en series de televisión, lo que les gusta dicen: "Yo también lo voy a hacer".

"Hace años salió una serie de Pablo Escobar, una serie colombiana. En una escena el narcotraficante lanza a unas personas desde una aeronave. Yo una vez lo comenté sin querer. Y dijo Iván: '¿Cómo se verán cuando caen?'".

El Mini Lic nunca pensó que después sería justamente con su gente con quienes haría el horrendo experimento.

* * *

La guerra entre los Dámaso y los Chapitos inició el 12 de abril de 2017 a las 7:20 de la mañana. Sobre el techo de una clínica del IMSS en Eldorado cayó del cielo un hombre semidesnudo arrojado desde una avioneta. La cabeza quedó rota como una nuez, y el cuerpo totalmente fracturado. En la autopsia se determinó que estaba vivo cuando fue lanzado y la causa de su muerte fue el brutal impacto.[7] Otras dos personas fueron arrojadas simultáneamente y cayeron en la periferia. En el bastión dominado por el Mini Lic y su padre la muerte les caía del cielo como un rayo fulminante.

"Eran gente mía", dijo el Mini Lic.

* * *

Detrás del rostro de Iván, perfectamente afeitado y corte de cabello clásico, de su estilo de glamour narco, vestimenta de las marcas más lujosas y costosas, autos, relojes y mujeres de las que

[7] "Arrojan cuerpo desde una avioneta y cae en el techo de una clínica", en *Noroeste*, 13 de abril de 2017, disponible en https://www.noroeste.com.mx/seguridad/arrojan-cuerpo-desde-una-avioneta-y-cae-en-el-techo-de-una-clinica-FVNO1078397.

se hace acompañar como si fueran parte del *outfit*, hay un hombre siniestro.

En el particularmente violento año de 2017, el mayor de los Chapitos, acompañado por su hermano Alfredo y sus lugartenientes el Panu y el Nini, secuestraron a dos agentes de la PGR) que no estaban a modo con ellos. A uno lo privaron de su libertad al llegar a Culiacán, lo trasladaron a un rancho de Iván ubicado en Navolato y, después de horas de tortura, el propio líder de los Chapitos le disparó en la cabeza.[8]

Al otro servidor público lo llevaron al mismo lugar. Los dos hermanos contemplaron cómo lo interrogaron y torturaron atornillando en su cuerpo un sacacorchos, arrancando pedazos de carne al sacarlo y poniendo chile en las heridas, hasta que finalmente el Chapito lo ejecutó.[9]

* * *

En abril de 2017, el Mini Lic tuvo una segunda oportunidad de asesinar a uno de los líderes de los Chapitos. Se encontraba en la concurrida Plaza Antara, una de las más lujosas de la zona de Polanco, en la Ciudad de México, cuando vio a Ovidio Guzmán López, quien estaba acompañado de su esposa, Adriana, en la boutique de Purificación García, una marca de ropa española de estilo *quiet luxury*, de la cual el Ratón es aficionado.

[8] Hechos contenidos en el expediente criminal 123-cr-00180-KPF abierto en la Corte de Distrito Sur contra Iván y Alfredo Guzmán Salazar y otros 20 coacusados, incluyendo a Óscar Noé Medina González, alias *el Panu*, y Néstor Isidro Pérez Salas, alias *el Nini*.

[9] *Idem*.

El padre del Mini Lic se refugiaba junto con su madre en uno de los lujosos departamentos del desarrollo Hares Prestige, ubicado en la avenida Ejército Nacional, a pocos minutos del centro comercial. Consideró la posibilidad de ordenar un operativo armado, pero finalmente decidió no hacerlo para evitar un baño de sangre.

Días después, el 2 de mayo en la madrugada, Dámaso López Núñez fue arrestado en un espectacular operativo llevado a cabo por la Agencia de Investigación Criminal de la PGR, entonces dirigida por Omar García Harfuch, uno de los mejores discípulos del narcopolicía Luis Cárdenas Palomino, quien era el brazo derecho y cómplice de Genaro García Luna.

Una corte federal de Distrito Este de Virginia, Estados Unidos, había girado una orden de arresto en contra del otrora brazo derecho del Chapo. Junto con el Mini Lic era acusado de tráfico de drogas.

Ese mismo día su familia comenzó a ser masacrada en Sinaloa. Una de las primeras bajas fue David López, primo del Mini Lic. Había sido detenido por la Marina junto con un grupo de personas. Horas después su cuerpo fue encontrado sin vida en la sindicatura de Costa Rica. El resto de los detenidos había sido liberado. Dijeron que había sido un "paro cardiaco".[10]

El 8 de mayo de 2017 el semanario *Ríodoce* publicó un artículo sin autor titulado "Preso Dámaso, el hombre que quiso suplir al Chapo". Ahí se describe al Mini Lic como "narco de corridos por encargo" y "pistolero de utilería".

[10] Documento SEDENA 2 MAY. 2017. S – 2 (INTELIGENCIA). SUBSECCIÓN DE INFN. GPO. INFN. DE RADIO Y TV. No. 5076, que forma parte de la información obtenida por Guacamaya Leaks a la que la autora tuvo acceso.

La violencia alcanzó niveles sin precedentes en la entidad, convirtiéndose en el periodo más violento registrado hasta entonces. Para el 15 de mayo de 2017, se contabilizaban ya 600 ejecuciones solo en los municipios de Culiacán y Mazatlán, que se habían convertido en el campo de batalla entre los grupos de Dámaso y los Chapitos. En medio de esta guerra entre antiguos amigos y socios, ese día fue asesinado un hombre que comprendía como nadie los vínculos entre la clase política y los responsables de la seguridad pública con ambos bandos.

* * *

Al filo de la 1:00 de la tarde una ráfaga de disparos retumbó en la calle Vicente Riva Palacio, en el primer cuadro de la ciudad de Culiacán. Sobre el asfalto quedó el cuerpo sin vida del periodista y escritor Javier Valdez, atacado a pocos metros del semanario *Ríodoce* mientras circulaba en su automóvil. Le fueron sustraídos su teléfono y computadora personal. Inexplicablemente los perpetradores pudieron huir sin problemas pese a la intensa carga vehicular habitual en esa zona y horario.

Javier había sido galardonado en 2011 con el premio Libertad de Prensa por el Comité de Protección de Periodistas (CPJ), con sede en Nueva York. Era especialista en temas de narcotráfico. Su acucioso trabajo contribuía a poner luz en temas incómodos tanto para el gobierno como para los grupos delincuenciales en un estado controlado por el crimen organizado. Daba voz a las víctimas y también a los victimarios, en búsqueda de información que fuera útil para los sinaloenses. En un marco de rigor y código de ética estableció contacto con miembros de la delincuencia.

Me enteré del asesinato cuando estaba en Roma, Italia, para participar en una conferencia de periodismo. Entre él y yo no había una comunicación frecuente, pero la poca que había era profunda y sincera. Era cálido y gentil por naturaleza, no solo conmigo, en general. El respeto mutuo y la similitud de circunstancias habían hecho que nuestra amistad fuera tan espontánea como la hierba verde en primavera. Hablábamos de la soledad de sumergirse en las aguas negras del crimen organizado y sus complicidades para emerger con información que fuera útil a la sociedad para entender el perverso fenómeno.

Fue Javier quien me invitó en 2015 a participar en el décimo segundo aniversario de *Ríodoce.* Yo vivía en Berkeley, California, en un exilio forzado por amenazas y atentados ordenados por García Luna y su gente. Javier me mandó un mensaje:

> Hola, querida, estoy muy emocionado de que nos visites, que festejes con nosotros, compartir mi ciudad, mi casa, nuestros logros. Gracias de nuevo por todo. Te abrazo muy fuerte, besos.
>
> J

Estuve en Culiacán desde la noche del 3 de marzo hasta el 5 para celebrar el aniversario con Javier, Ismael Bojórquez y todo el equipo. Presenté el libro *Los señores del narco.* Antes de irme, me regaló un kit de supervivencia para una mexicana en el exilio: delicias culinarias de Sinaloa.

> Hola, Anabel, espero que estés bien y hayas llegado a tu casa, con tus morros, cansada pero feliz. Nosotros lo estamos —felices y agradecidos, también cansados— por tu generosidad, ese gran corazón, tu valentía y tanto cariño que nos dejaste.

Este dibujo lo hizo Ito Contreras, creo que ahí mismo, mientras dabas la conferencia. Ito es nuestro colaborador, un cartonista muy creativo y buen amigo. Y nos entregó esto, pero al Ismael se le olvidó dártelo, así que tuvimos que escanearlo y mandártelo.

También te mando un abrazo muy fuerte, y muchos besos. Te quiero, aquí estamos para ti, para lo que se ofrezca.

Tuyo

J

La ilustración era una mano sosteniendo una hermosa rosa roja con la leyenda "gracias por ser mujer".

Querido Javier,

¡Muchas gracias! Llegué bien, muy cansada, pero pues a trabajar.

En realidad, les agradezco que me hayan invitado a celebrar su aniversario. Fue un privilegio y un gustazo verlos.

Espero realmente que se puedan concretar trabajos conjuntos.

Un fuerte abrazo para ti, Ismael y todo el equipo.

¡Gracias!

Anabel

Así, el 17 de julio de 2015 comencé a escribir una columna semanal en *Ríodoce*. Aún conservo el correo electrónico que le envié con mi primera columna titulada "La lista negra". Escribo esto con un nudo en la garganta, porque cuando pienso en Javier, pienso no solo en el amigo, sino en todas las veces que yo puedo ser él, en el sentido de perder la vida a causa del trabajo como periodista. Sin embargo, estoy aquí escribiendo mientras su ausencia es un peso que emerge de las teclas de la computadora haciendo doblemente difícil la redacción.

Querido Javier,

Te envío la columna terminada. Hice un par de párrafos de introducción para explicar al lector el propósito de la columna, por favor vean ustedes dónde podría quedar mejor esa explicación. Y te mando el texto de la columna.

Cualquier duda u observación aquí estoy.

Un abrazo,
Anabel

Mis colaboraciones con el semanario duraron hasta principios de 2016.

* * *

Cinco días después del asesinato, el propio director de *Ríodoce*, Ismael Bojórquez, reveló que Javier había sido "presionado" por los Chapitos debido a aquel artículo en el que publicó la versión del Licenciado.

Los hermanos de Javier y su madre, con quienes me reuní en Culiacán después de su homicidio, me contaron que estaba trabajando en un libro sobre la colusión entre cárteles de la droga, incluyendo el Cártel de Sinaloa, con políticos, funcionarios y militares, y que las autoridades debían investigar esa línea. La computadora que robaron el día de su muerte contenía el material en el que estaba trabajando.

Particularmente, ellos no creían, al menos en ese momento, que la facción de los Dámaso estuviera involucrada.

* * *

Tal como lo había acordado con su padre, el 28 de julio siguiente el Mini Lic se fue de avanzada a Estados Unidos y se entregó al Departamento de Justicia en California, donde enfrentaba cargos por narcotráfico. Llegó a un acuerdo de culpabilidad y desde el principio aceptó colaborar con la justicia. Un año después, en el verano de 2018, su padre también llegó a un acuerdo de culpabilidad y aceptó colaborar con el Departamento de Justicia.

A principios de 2018, el gobierno de México anunció la detención de tres autores materiales del homicidio de Javier, a quienes relacionaron con Dámaso López Serrano, el *Mini Lic*. En esa época yo estaba en contacto con elementos del Departamento de Justicia en el marco de las investigaciones sobre los vínculos entre García Luna y el Cártel de Sinaloa. Cuando me enteré del acuerdo de culpabilidad del Mini Lic, lo cuestioné a los agentes estadounidenses. Al menos dos de ellos, por separado, aseguraron que sabían que López Serrano no estaba involucrado en el asesinato del periodista. Según ellos, no habrían llegado a acuerdos con él ni con su padre si lo estuvieran.

Durante el juicio contra el Chapo en Nueva York, el Licenciado fue uno de los testigos de cargo más importantes presentados por la fiscalía. El 23 de enero de 2019, frente a su compadre, afirmó categóricamente que los Chapitos habían ordenado el homicidio de Javier Valdez: "Desobedeció las órdenes amenazantes de los hijos de mi compadre y por eso lo mataron".[11]

[11] Jimena González, "Dámaso López acusa a los hijos del Chapo del asesinato de Javier Valdez", en Agencia EFE, 23 de enero de 2019.

En 2020 el gobierno de Sinaloa y la Fiscalía General de la República acusaron al Mini Lic de ser el presunto autor intelectual del asesinato de Valdez. Uno de los asesinos materiales declaró durante un juicio en México que había recibido dinero de López Serrano para llevar a cabo el homicidio de Javier.

Durante los preparativos para nuestro encuentro, el Mini Lic me envió un mensaje: "Una pregunta, ¿a tu criterio tú crees que sí mandé asesinar al periodista Javier Valdez?".

Le respondí que me hacía una pregunta difícil, que yo había intentado investigar lo que había detrás de su muerte y que tanto los hermanos de Javier como agentes estadounidenses descartaron que él hubiera sido. "Me imagino que tu tendrás para mí preguntas más difíciles", escribió Dámaso. "Sí, tengo muchas, incluso esa, pero mirándote a los ojos", respondí.

Durante las horas que duró nuestro encuentro en California, en ciertos momentos pasó por mi mente esa posibilidad. Podía estar sentada frente al asesino intelectual de Javier. Si los papeles estuvieran invertidos, sé que él también habría buscado el testimonio del Mini Lic sobre su vida criminal y la del Cártel de Sinaloa, y le habría hecho la pregunta directamente frente a frente.

—¿Usted mató al periodista Javier Valdez? Hay gente que declaró en un juicio en México que usted pagó 100 mil pesos para que lo asesinaran —pregunté a Dámaso.

—Absolutamente no. Personas fueron amenazadas, compradas, obligadas a declarar esa mentira en un juicio donde todo estuvo corrompido desde el principio. Nunca se me permitió defenderme, ya que amenazaban de muerte a los abogados que enviaba para que me representaran. Pero qué más se puede esperar de Sinaloa si asesinan a policías, militares, políticos, periodistas, madres buscadoras, personas inocentes y es el pan de cada día. En Sinaloa el cártel manda, pone al gobernador, a presidentes municipales, senadores, diputados, síndicos. Así que es una mentira decir que yo pagué 100 mil pesos para que mataran a Javier Valdez.

—¿Quién asesinó al periodista?

—La muerte de Javier Valdez fue ordenada por los hijos del Chapo Guzmán, por Iván, Alfredo, Ovidio y Joaquín... no falta mucho para que Ovidio Guzmán me dé la razón y acepte que él y sus hermanos son los autores intelectuales de ese crimen. Espero que el día que suceda eso, el Departamento de Justicia de Estados Unidos realice el anuncio y el gobierno de México envíe a sus agentes de la fiscalía para que interroguen a Ovidio, así como lo hicieron con mi padre, para que tomen su declaración y se anule la orden de extradición que tienen en mi contra. Ya es hora de que busquen a los verdaderos culpables.

El 15 de mayo de 2023, en el aniversario luctuoso de Valdez, la organización internacional Artículo 19 emitió un comunicado solicitando a la FGR profundizar en la línea de investigación que apuntaba hacia la presunta responsabilidad del Mini Lic.

Respecto a por qué no regresa a México para enfrentar los cargos y demostrar su argumentada inocencia, López Núñez declaró que los Chapitos están protegidos al más alto nivel, y tiene la certeza de que si regresara a México sería asesinado, lo que impediría que pudiera ser testigo de cargo en los procesos judiciales en curso en Estados Unidos contra los cuatro hijos del Chapo. Cabe mencionar que estos últimos no son perseguidos por el gobierno mexicano y no se conocen imputaciones en su contra, a pesar de su historial criminal.

* * *

En la fría mañana del 10 de enero de 2018, en la Corte de Distrito Este de Nueva York, el juez Brian Cogan anunció que el juicio contra el Chapo Guzmán sería pospuesto hasta el mes de septiembre. El argumento era la gran cantidad de pruebas que la fiscalía tenía contra el narcotraficante, y que sus abogados necesitaban tiempo suficiente para analizarlas. Sin embargo, para nadie pasó desapercibido que el inicio de lo que ya se denominaba como "El juicio del siglo" se retrasara hasta después de las elecciones presidenciales en México, que se celebrarían el 1 de julio.

Las revelaciones sobre el sistema criminal del que el padre de los Chapitos formaba parte habrían salido a la luz durante el proceso, enturbiando los comicios. Estaba previsto que nombres de gobernantes, políticos, jefes policiacos, militares y empresarios salieran a la luz, como de hecho ocurrió desde el 17 de noviembre cuando el juicio comenzó.

En la antesala para sentarse en el banquillo de los acusados, era evidente en el mundo criminal que el resultado sería la tumba de la carrera delictiva de uno de los líderes más famosos del Cártel de Sinaloa. Aunque los Chapitos habían vencido en la guerra contra los Dámaso y mantenían una relación de "paz" con el Mayo, el hecho de que su padre fuera declarado culpable y sentenciado a cadena perpetua era una viga clavada en un costado.

Se podrían usar muchos adjetivos para describir a los hijos del Chapo, pero no el de ser estúpidos o poco precavidos. Tenían un as bajo la manga inesperado. Junto con el Mayo, esperaron a que la semilla que habían plantado germinara y diera buenos frutos.

* * *

Casi a la medianoche del 1 de julio de 2018, cuando los resultados preliminares indicaban el triunfo de Andrés Manuel López Obrador, candidato de la alianza Juntos Haremos Historia, encabezada por Morena, me dirigí, como cientos de miles de personas, al corazón de México: el Zócalo capitalino.

Familias enteras desfilaban por las calles hacia la plaza monumental. Mujeres, hombres, niños y ancianos de todos los sectores sociales: indígenas, personas de la clase media y alta, intelectuales, obreros, campesinos, empleados del gobierno, pero sobre todo miles y miles de jóvenes cuyo voto fue determinante.

"¡Obrador! ¡Obrador! ¡Obrador!", resonaba el coro entre los palacios virreinales. Muchos portaban la bandera de México, y los más fanáticos llevaban camisetas con la fotografía de AMLO o el Peje, como también se conoce al hoy presidente de México. "¡Ganamos! ¡Ganamos! ¡Ganamos!", gritaban todos con emoción y genuina convicción.

Durante 70 años (1930-2000) el PRI gobernó México con un régimen político que promovió la corrupción, la desigualdad y la injusticia, en lo que el escritor Mario Vargas Llosa llamó alguna vez "la dictadura perfecta". En 2000, los mexicanos optaron por primera vez por la alternancia y eligieron a Vicente Fox. Sin embargo, el cambio prometido no ocurrió, y durante su mandato creció el Cártel de Sinaloa.

En 2006 Felipe Calderón asumió el poder con su falsa "guerra contra el narcotráfico". El apoyo de su gobierno al Cártel de Sinaloa desencadenó una batalla encarnizada entre los cárteles de la droga, en la que miles de civiles inocentes perdieron la vida. La inclinación de la balanza a favor del Chapo y el

Mayo dio origen a generaciones de narcos más infames, como los Chapitos.

Fue Peña Nieto quien, en 2012, apadrinado por el Cártel de Sinaloa, hizo que el PRI volviera al poder. Su gobierno será recordado por la desaparición de los 43 normalistas de Ayotzinapa y la manipulación de la investigación para proteger a las instituciones de su gobierno que participaron en el crimen.

Era comprensible que en esa noche de julio, en el Zócalo, miles de personas entonaran a coro "Cielito lindo" alrededor del templete donde minutos después López Obrador daría su primer discurso como presidente electo. Después de los intentos fallidos en 2006 y 2012, finalmente había ganado con 52% de los votos.

"Ay, ay, ay, ay!, canta y no llores, porque cantando se alegran, cielito lindo, los corazones", entonaban todos, animados por el mariachi contratado por el equipo de campaña de López Obrador para celebrar el triunfo electoral.

En los últimos 18 años de infierno en México, más de 288 mil personas habían sido ejecutadas y otras casi 30 mil habían desaparecido. La población esperaba justicia y poder reunirse, de una manera u otra, con aquellos que habían sido arrebatados a la fuerza.

Era inevitable que los ojos se llenaran de lágrimas, que el corazón latiera con más fuerza y que, en silencio, cada uno recordara todo lo que individual y colectivamente habíamos perdido en los últimos años.

Diez minutos antes de la medianoche, Andrés Manuel López Obrador llegó a su cita con la historia ante una plaza rebosante que lo vitoreaba de forma unánime: "¡Presidente! ¡Presidente! ¡Presidente!".

Antes, en un lujoso hotel de la capital, dio los primeros lineamientos de lo que sería su gobierno:

> La transformación que llevaremos a cabo consistiría, básicamente, en desterrar la corrupción de nuestro país [...] Bajo ninguna circunstancia el próximo presidente de la República permitirá la corrupción ni la impunidad. Sobre aviso no hay engaño: sea quien sea, será castigado [...] Cambiará la estrategia fallida de combate a la inseguridad y a la violencia. Más que el uso de la fuerza, atenderemos las causas que originan la inseguridad y la violencia. Estoy convencido de que la forma más eficaz y más humana de enfrentar estos males exige, necesariamente, el combate a la desigualdad y a la pobreza.

Ante las miles de personas en el Zócalo, el presidente electo prometió: "Vamos a cumplir todos los compromisos. ¡No les voy a fallar! No se van a decepcionar. Soy muy consciente de mi responsabilidad histórica [...] triunfamos y ahora vamos a transformar a México". Anunció que iniciaba la época de la Cuarta Transformación.

Estaba acompañado por su esposa, Beatriz Gutiérrez Müller, su hijo Jesús Ernesto, y sus tres hijos mayores, José Ramón, Andrés y Gonzalo López Beltrán, fruto de su primer matrimonio. La única persona ajena a la familia presidencial que se encontraba en el templete era Claudia Sheinbaum, a quien AMLO escogería como candidata a la presidencia de la República por su partido Morena en las elecciones de 2024.

> ¡No va a haber divorcio! No es que ya ganamos, nosotros a gobernar y ustedes a sus asuntos, a sus quehaceres. ¡No! Va a ser gobierno

del pueblo para el pueblo y con el pueblo [...] Ya no tengo más que decirles, solo así, abrazarles mucho, decirles que amor con amor se paga, y así como ustedes me quieren a mí, les quiero yo a ustedes y un poquito más todavía, y no les voy a fallar. Vamos a aplicar los tres principios básicos: ¡no mentir, no robar y no traicionar al pueblo!

* * *

A esa misma hora, en el noroeste de México, a cientos de kilómetros de distancia de la Ciudad de México, había otro festejo en un rancho en las afueras de Culiacán. Ese día AMLO obtuvo una victoria arrolladora en Sinaloa, como un tsunami, al obtener 64% de los votos. Nunca antes un partido identificado como de izquierda había ganado las elecciones presidenciales en ese estado. Los senadores morenistas Rubén Rocha Moya e Imelda Castro fueron elegidos de manera contundente.

En las elecciones locales, donde se renovó el Congreso y se eligieron 18 presidencias municipales, Morena también obtuvo el mayor número de votos. Como si fuera obra de un milagro, ganó 17 escaños en la Cámara de Diputados local, junto con el Partido del Trabajo (PT), consiguiendo una mayoría absoluta. Triunfó en siete alcaldías, incluyendo las dos más importantes del estado: Culiacán y Mazatlán, sedes del reino de los Chapitos y el Mayo. También obtuvo victorias en Navolato, Choix, Ahome, Guasave y Escuinapa.

Desde muy temprano ese 1 de junio de 2018 una frase resonaba como un disco rayado en los radios de comunicación de los integrantes del Cártel de Sinaloa: "¡Plebada! ¡Puro Morena! ¡Puro AMLO!". Esto me lo relató un socio del Cártel de Sinaloa, a quien identificaré como el T1, durante una entrevista en Estados Unidos en octubre de 2023. Ha colaborado con el Departamento de Justicia encubiertamente.

“Fue por los radios generales de todos, todas las líneas de Sinaloa, ‘¡plebada, Morena!’, ‘¡y arriba el Mayo Zambada!’”, recordó con claridad el T1, quien estuvo activo ese día en contacto y reuniones con dirigentes del Cártel de Sinaloa y candidatos a la elección. “‘¡Plebada, hay que votar por Rocha Moya! ¡Hay que apoyar a AMLO!’, decían por los radios, y se llegó”.

La orden, explicó, había llegado meses atrás, de muy arriba.

6

Caballo de Troya

Era un día de intenso calor cuando tres hombres con lentes de sol, vestidos con bermudas y playeras, llegaron al lujoso hotel de Nuevo Vallarta, Nayarit, un paradisiaco lugar en la costa del Pacífico mexicano donde el verano es eterno. No pasaba del mediodía y la jornada era prometedora.[1] Era finales de 2005 e inicios de 2006.

Uno de los hombres recién llegados era un estadounidense originario de Nuevo Laredo, Texas. Medía cerca de 1.85 m, de tez blanca, cabello castaño claro cubierto por una gorra, y con sonrisa burlona. A sus 32 años aún conservaba la complexión atlética y espalda ancha de sus años de adolescencia cuando era un brillante jugador de futbol americano, seguramente habría tenido una carrera exitosa de no haber optado por el mundo del crimen organizado.[2]

[1] La reconstrucción de hechos narrada en este capítulo está basada en entrevistas realizadas por la autora a uno de los testigos directos de la reunión ocurrida en Nuevo Vallarta, en el documento "Operation Polanco", de la DEA North and Central Americas Region Mexico City Country Office y la DEA New York Field Division Orgnized Crime Drug Enforcement Strike Force, y en entrevistas con funcionarios adscritos a agencias del Departamento de Justicia de Estados Unidos relacionados con el caso.

[2] Expediente criminal 1:09-cr-00551-LMM-RDC abierto contra Edgar Valdez Villarreal en la Corte de Distrito Norte de Georgia, del cual la autora tiene copia.

Era Edgar Valdez Villarreal. Aunque sus más cercanos siempre lo llaman con el mote de *el Güero*, en el mundo criminal es mejor conocido como *la Barbie*. Afiliado al Cártel de Sinaloa desde 2003, su eficiencia en los negocios del tráfico de droga y en la guerra contra los grupos enemigos le ganaron ser como un hijo para Arturo Beltrán Leyva, conocido en el mundo criminal como *el Barbas* o *el Botas Blancas*, aunque sus más cercanos le decían *el Tío*, *Compadre* o *Papá*, miembro de la cúpula de la organización de la que formaban parte su primo el Chapo Guzmán, y el Mayo Zambada.

* * *

A los 18 años la Barbie fue acusado en Estados Unidos de homicidio no intencional tras haber estado involucrado en un accidente automovilístico, pero ni siquiera pisó la cárcel. A los 20 años fue arrestado por posesión de mariguana y fue sentenciado a siete años de prisión, pero de nuevo la fortuna estuvo de su lado y fue dejado en libertad bajo prueba.[3]

Abusando de su buena fortuna, de nuevo fue arrestado a los 22 años por manejar a exceso de velocidad y bajo la influencia de las drogas. Tampoco fue sancionado. A los 24 años fue acusado de nuevo por posesión de mariguana y se le giró orden de arresto, pero nunca fue detenido. Se escapó a México y se asentó en Nuevo Laredo, en una "tierra de nadie" llamada Tamaulipas.[4]

[3] Información del expediente judicial 1:2009cr0051 abierto contra Edgar Valdez Villarreal en la Corte de Distrito Norte en Georgia, del cual la autora tiene copia y ya fue referido por ella en su libro *Emma y las otras señoras del narco*, México, Grijalbo, 2021.

[4] *Idem*.

Ahí encontró el terreno propicio para desarrollar su carrera criminal y en poco tiempo se convirtió en un prolífico traficante de cocaína. Pronto comenzó a tener conflictos con el grupo que controlaba la plaza, el Cártel del Golfo, y su brazo armado, los Zetas. Fue expulsado y se fue a vivir a Monterrey, Nuevo León, donde conoció a Arturo Beltrán Leyva.[5]

* * *

Al lado de la Barbie venía un hombre de cabello castaño claro, prácticamente tenía la misma estatura, más delgado y mucho más agraciado; solo que tenía una pequeña barriga. Era su suegro, Carlos Montemayor, mejor conocido como *el Charro* o *el Compadre*. A sus escasos 34 años de edad era padre de Priscila, una hermosa joven de 18 años, procreada en su adolescencia con Laura, su esposa.

Priscila había contraído matrimonio con la Barbie en 2004, en una improvisada boda civil en Acapulco, Guerrero, luego de que Arturo Beltrán Leyva les diera la mala noticia de que el gobierno tenía conocimiento de la pomposa fiesta organizada en Barra Vieja, en la que pensaban irrumpir como parte de un operativo.

En un principio el Charro se opuso al enlace por el carácter procaz y violento de Edgar, pero al final pensó que era una buena alianza para multiplicar sus negocios criminales.

No siempre había sido así. Había crecido en una familia económicamente estable en Nuevo Laredo, Tamaulipas. Cuando era adolescente trabajaba en una granja criando caballos, de ahí

[5] *Idem.*

su apodo del Charro. Muy joven embarazó a Laura y se casaron. La pareja se mudó a Estados Unidos y ahí Carlos fundó la empresa CMG Trucking.[6]

Sus negocios legales eran prósperos, obtenía ingresos de entre 4 y 5 millones de dólares, pero en 2002 conoció a la Barbie y ahí comenzó a poner a su servicio su línea de transportes; su eficiencia para traficar hasta 180 kilos de cocaína por viaje a Estados Unidos lo convirtió rápidamente en un importante socio del Cártel de Sinaloa y la llamada Federación.

Ese día el Charro iba vestido todo de blanco. Era su época de afición a la santería. Había pasado varias semanas en Cuba adiestrándose en la materia y ese 2006 usó por al menos seis meses seguidos vestimenta blanca.

* * *

Por separado llegó un hombre de 37 años, cabello castaño, tez blanca y barba perfecta, donde quiera que se presentaba era imposible que pasara desapercibido. Medía casi dos metros y pesaba al menos 110 kilos, no por nada las agencias de inteligencia del gobierno de México lo tenían fichado como *el Grande, el Come Niños* o *el King Kong*.[7] Era Sergio Villarreal Barragán, en aquella época era un integrante con alto rango en el Cártel de Sinaloa,

[6] Expediente criminal 1:09-cr-00551-LMM-RDC abierto contra Carlos Montemayor en la Corte de Distrito Norte de Georgia, en la cual está coacusado de narcotráfico con Edgar Valdez Villarreal, del cual la autora tiene copia.

[7] La autora tiene copia de la ficha elaborada por el Cisen en 2008, "Sergio Enrique Villarreal Barragán y/o Jaime Mainez Leal (A) Ele, King Kong o Come Niños".

brazo derecho de Arturo Beltrán Leyva, a quien llamaba afectuosamente "compadre".

Cuando tenía 20 años entró a la Policía Ministerial de Coahuila, pero sus ambiciones iban más lejos. En 1992 logró un puesto en la Policía Judicial Federal (PJF) en la Procuraduría General de la República (PGR). Pronto formó parte de un grupo antiguerrilla y se especializó en guerrilla urbana. Había sido adiestrado en Irak y Guatemala.

Cuando en 1994 estalló la revuelta del Ejército Zapatista de Liberación Nacional (EZLN) en Chiapas integró un grupo de élite que fue enviado a San Cristóbal de las Casas con un solo propósito: eliminar al Subcomandante Marcos, el vocero y símbolo principal del EZLN. No fue necesario porque tres meses más tarde fue firmado el acuerdo de paz. Años después regresaría a ese estado como enviado del Cártel de Sinaloa para encargarse de la llegada de cientos de toneladas de cocaína provenientes de Sudamérica.

Sus acercamientos con los traficantes de drogas iniciaron desde la década de los noventa, cuando conoció en un retén de la PJF en Samalayuca, Chihuahua, a Amado Carrillo Fuentes, *el Señor de los Cielos*, con quien entabló amistad. En sus ratos libres ayudaba al Cártel de Juárez a recargar de gasolina los aviones con cocaína cuyo destino final era Estados Unidos, y andaba como escolta de Amado.[8]

Dejó la vida criminal cuando salió de la policía judicial y probó suerte como empresario en Tamaulipas. En el 2000 el Cártel

[8] Transcripción oficial del testimonio de Sergio Villarreal Barragán, alias *el Grande*, rendido ante la Corte de Distrito Este de Nueva York durante el juicio contra Genaro García Luna el 23 de enero de 2023, en el cual la autora estuvo presente, y de la cual tiene copia.

del Golfo intentó extorsionarlo, a lo cual se negó, en represalia asesinaron a su cuñado. Fue entonces cuando en 2001 en busca de protección fue presentado con el Barbas en Monterrey. Arturo, habilidoso como era para aprovechar toda ocasión para ampliar su negocio, notó la rabia y el potencial del Grande. Dado su complejo entrenamiento, en vez de ofrecerle protección lo invitó a sumarse al Cártel de Sinaloa, al cual perteneció hasta 2008, cuando comenzó la guerra del Chapo y el Mayo contra su compadre Arturo, hacia quien siempre mantuvo su lealtad.[9]

En aquella época Villarreal Barragán era el jefe de plaza del cártel en la Comarca Lagunera. Habitaba en Torreón, Coahuila, en una residencia a la que llamaban Los Pinos, igual que la residencia oficial donde vivía el presidente de la República con su familia en aquella época. El nombre no era porque la casa que ocupaba el Grande se asemejara a la de Miguel Alemán de estilo francés, sino no porque la propiedad estaba rodeada de ese tipo de árbol.

Barragán Villarreal era respetado y temido en la comarca, y tenía un talento para hacer relaciones públicas. No por nada el Barbas le encargaba constantemente no solo dirigir el poderoso brazo armado Fuerzas Especiales de Arturo, mejor conocido como FEDA, sino también hacerse cargo de relaciones con la clase política, funcionarios y empresarios que pudieran ayudar y proteger a la organización criminal.

De hecho, ese era el propósito de la reunión a la que él había convocado a la Barbie y al Charro.

* * *

[9] *Idem.*

Pasaban por simples vacacionistas. Nadie se preocupó por los cinco autos con escolta en que llegaron al Resort, incluyendo una camioneta Avalanche blanca nuevísima de súper lujo, recién adquirida en Torreón, Coahuila, propiedad del Grande; y la camioneta Volvo de la Barbie.

Los escoltas de los integrantes del Cártel de Sinaloa se quedaron a un costado de los autos, nadie se asomó al interior para ver las armas largas que llevaban en caso de alguna emergencia.

* * *

Entre los tres gigantones venía un guerrerense, también vestido de shorts, camiseta polo, y gorra. No pasaba del 1.65 metros de estatura, tez morena, cabello rizado, nariz chata y ojos redondos y vivaces. Se trataba de Roberto López Nájera, quien acababa de cumplir 27 años y era un abogado graduado de la Universidad Loyola del Pacífico, ubicada en Acapulco. En unos días la Secretaría de Educación Pública estaría por darle su cédula profesional.[10]

Ingresó en 2004 al Cártel de Sinaloa al servicio de la facción de los Beltrán Leyva, cuando eran los amos y señores de la bahía más famosa del estado de Guerrero. Lo bautizaron como *el Diecinueve* porque le faltaba un dedo. Quien lo introdujo al grupo criminal fue un gatillero de Arturo Beltrán Leyva apodado *el Country*, quien era su vecino en Acapulco. No habría pasado del puesto de sicario de no ser por un golpe de fortuna.

Estaba el Diecinueve junto con el Dennis, uno de los lugartenientes más cercanos de la Barbie, haciendo guardia en una casa

[10] Expediente PGR/SIEDO/UEIDCS/241/2008, del cual la autora tiene copia.

de seguridad en el fraccionamiento Las Brisas, en Acapulco. Ahí en la conversación López Nájera confesó que lo suyo, lo suyo, no era ser asesino a sueldo, sino abogado, pero el puesto de gatillero era el único disponible, me reveló una persona que fue testigo de los hechos a quien identificaré como informante T2. López Nájera estaba armado.[11]

—¡Bueno! ¡¿Para qué traes esa arma si no sabes usarla, güey?! ¡Te vas a dar un balazo en la verga tú o le vas a dar un balazo a alguien! ¡Hasta al patrón! —dijo el Dennis escandalizado y le quitó el arma.

—Es que yo le dije al Country que no soy sicario. Yo soy abogado. ¡A mí que me utilicen para hacer arreglos! —dijo López Nájera reconociendo su incompetencia en la otra materia.

—Güero, oye, este bato no es sicario. Dice que es abogado —dijo el Dennis a Valdez Villarreal con el fin de supervisar que la gente de seguridad estuviera bien preparada y para canalizar el talento del Diecinueve en otra cosa.

—A ver, ¡tráelo! —ordenó el capo y se puso a platicar con López Nájera, quien presumió que conocía a un general de la Sedena importante.

—Yo soy abogado litigante de derecho. A mí ocúpeme para hacer arreglos. Yo sé de leyes, yo sé de esto…

Así la Barbie, guiado por su sexto sentido criminal, lo comenzó a utilizar. Y pronto mostró su utilidad para sobornar a servidores públicos del gobierno federal y políticos.

[11] La autora entrevistó al T2, jefe de seguridad y amigo de Edgar Valdez Villarreal. Los hechos narrados sobre Roberto López Nájera en este párrafo y el diálogo siguiente están basados en la entrevista hecha para esta investigación el 2 de noviembre de 2021, de la cual la autora tiene la grabación.

Esa era la razón por la que ese día entró con la Barbie, el Charro y el Grande a aquel hotel.

* * *

El cuarteto recorrió el lobby con discreción. Ni en la recepción ni los botones hubieran podido imaginar que en las riñoneras y bandoleras de las más costosas marcas que portaban traían pistolas, cargadores y granadas.

Subieron por el elevador sin mayor problema, bajaron en el piso indicado y tocaron la puerta de una de las habitaciones.

Abrió un hombre que rondaba los 36 años, vestido de manera sencilla con jeans y camisa. El Grande lo abrazó efusivamente. Era el empresario de la Comarca Lagunera, Héctor Francisco León García, mejor conocido como *Pancho León*, de estatura media, rostro cuadrado con hoyuelos en las mejillas, tez morena clara y cabello tan tupido que peinado hacia atrás formaba sobre la frente una línea recta.

Era una calca de su padre, el empresario Héctor León López, propietario de empresas dedicadas a la extracción de mármol en Durango y Coahuila, de las cuales Pancho León era socio, como Coyote Ston's, que operaba en Ramos Arizpe y Marmolera León López, entre otros.

Era ingeniero en minas, estudios que había cursado en Carrara, Italia, de donde es originario uno de los mármoles más preciados del mundo.[12] Era integrante de una familia con mu-

[12] Luis Morales, "Sin pistas sobre paradero de empresario marmolero", en *El Siglo de Durango*, 26 de febrero de 2008, disponible en https://www.elsiglodedurango.com.mx/noticia/2007/sin-pistas-sobre-paradero-de-empresario-marmolero.html#google_vignette.

cho poder económico, y él sin duda tenía talento para continuar los pasos de su padre, pero tenía otras inquietudes, incursionar en la política.

El 30 de marzo de 2006 quedaría registrado ante la Junta Local Ejecutiva de Durango como candidato a senador por el principio de elección directa para contender en las elecciones federales del 2 de junio de 2006 por la coalición Por el Bien de Todos, encabezada por el Partido de la Revolución Democrática (PRD), Partido del Trabajo (PT) y Convergencia, cuyo candidato presidencial era Andrés Manuel López Obrador, el exjefe de gobierno de la Ciudad de México.[13] Manuel Camacho Solís, coordinador de Redes Ciudadanas de AMLO, fue quien públicamente se adjudicó el mérito de haberlo convencido.[14] Él había sido el responsable del primer evento como precandidato de López Obrador en Durango, en agosto de 2005.

Quienes fueron sus amigos por años describen a Pancho León como agradable con los conocidos y un poco prepotente con los demás. Tenía dos debilidades, los caballos y las mujeres. Tomaba whisky y usaba cocaína de vez en cuando.

De más joven, a finales de los ochenta, Pancho León salió de fiesta con la que entonces era su novia, la mejor amiga de ella y su novio, un muchacho de casi dos metros que quería ser policía, pero terminó siendo narcotraficante: Sergio Villarreal Barragán, *el Grande*.

[13] Instituto Federal Electoral (IFE), "Capítulo VI. Registro de fórmulas de candidatos a senadores por el principio de mayoría relativa", en *Memoria del proceso electoral federal 2005-2006*, disponible en https://portalanterior.ine.mx/documentos/DEOE/MemoriasProcesos/memorias2006/10/00/cap06.pdf.

[14] Gloria Leticia Díaz, "El rey del acarreo", en *Proceso*, 21 de junio de 2006.

Se hicieron amigos, pero durante un tiempo no se vieron, hasta que en 2022 el Grande regresó a la Comarca Lagunera como jefe de plaza del Cártel de Sinaloa. Reanudaron el contacto y se hicieron amigos de parranda.

La amistad creció cuando Pancho León le dijo que iba a lanzarse de candidato para senador. El Grande le prometió todo el apoyo, y aunque Pancho tenía mucho dinero, necesitaba aún más para hacer una campaña ganadora en una región donde siempre habían ganado el PRI y el PAN. Villarreal Barragán ya le había dado cuantioso dinero y vehículos a cuenta propia, pero en ese encuentro en Nuevo Vallarta Pancho León buscaba ayuda no para él, sino para un pez más gordo.

* * *

En la habitación del aspirante a senador presentó al Grande, la Barbie y el Charro con dos hombres con pantalón de vestir y camisa, uno era el empresario Emilio Dipp Jones, nacido el 14 de marzo de 1974 y conocido en la Comarca Lagunera, quien era amigo del padre de Pancho León. El otro era una persona que venía de la Ciudad de México como emisario de Andrés Manuel López Obrador, señaló en entrevista uno de los asistentes a ese encuentro, a quien identificaré como T3.[15]

Las presentaciones duraron poco. Lo más importante estaba por venir. El empresario minero aprovechó para darle un obsequio a la Barbie. El Grande le advirtió que si quería que todo saliera como esperaba, "te recomiendo que te la lleves bien con él".

[15] La autora logró establecer comunicación con el testigo a principios de 2024, quien le hizo saber los detalles aquí narrados. Siguen en contacto.

Le regaló un costosísimo reloj Audemars Piguet de edición limitada. Edgar era un coleccionista y tenía muchos relojes, para él era uno más. Agradeció el presente sin emoción, ni siquiera lo abrió para verlo, y le dio el paquete al Diecinueve para que lo cargara.

Salieron hasta donde estaban los vehículos con los escoltas. Todos abordaron, incluyendo el emisario de López Obrador, y viajaron rumbo a Punta Mita sin incidentes. Quien estaba encargado de plaza por parte del Cártel de Sinaloa en Nuevo Vallarta era un sujeto apodado *el Pepino*, que se hizo cargo de la logística para que el traslado se llevara a cabo sin contratiempos.

Llegaron a una elegante residencia de una tonalidad amarilla en una zona exclusiva con vista al mar, describió el T3. La mansión estaba custodiada por un fuerte dispositivo de seguridad. Contaba con un sistema de irrigación para mantener el jardín verde, pero el agua que se utilizaba era tratada, por lo que llegaba a oler a drenaje.

El anfitrión era el excéntrico y temido narcotraficante Arturo Beltrán Leyva. Lucía pulcro y acicalado con la mezcla de perfumes de la casa Clive Cristian que él mismo hacía para tener un olor único, con su inseparable anillo de diamante gigante montado en platino, y la gruesa cadena de oro colgada al cuello con un enorme dije de San Judas Tadeo cubierto de esmeraldas, diamantes y rubíes. Ese día vestía también de modo informal con playera y shorts, pero de marcas de súper lujo. Estaba de vacaciones en la Riviera Nayarit.

* * *

De manera casi religiosa cada año en esa época, Arturo iba a Nayarit porque su padre Carlos Beltrán Araujo vivía ahí.

Nacido en 1961 en una pobre ranchería en Badiraguato Sinaloa, a sus 44 años Arturo era considerado un rey entre los narcos. Hijo de Carlos Beltrán Araujo y Ramona Leyva era el mayor de nueve hermanos. A los 12 años quedó huérfano de madre y entre sus brazos murió de enfermedad de hermano menor. Se prometió a sí mismo ocuparse de sus hermanos, y así hizo sus primeros intentos en el mundo ilegal sembrando con el Chapo, su primo, el primer plantío de mariguana.[16]

Después intentó ser robacoches en Durango, policías lo detuvieron y torturaron, dejándole una pequeña protuberancia en la espalda que asemejaba a una pequeña joroba. De la cárcel se las ingenió para escapar. "Yo triunfo porque triunfo", fue su mantra.[17] Entró de lleno al mundo del narcotráfico como gatillero de un cacique en Sinaloa, y así conoció a Amado Carrillo Fuentes, *el Señor de los Cielos*. Trabajó con él al mismo tiempo que el Chapo, y mientras este último estuvo en prisión de 1993 a 2001, el Barbas creció como la espuma en el Cártel de Sinaloa.

Gracias a su eficiencia criminal y su amistad con los proveedores de cocaína más importantes de Colombia, había contribuido a convertir al Cártel de Sinaloa en un imperio criminal de talla mundial. Para el 2006 era el integrante más rico de la organización, más que su primo Joaquín Guzmán Loera y que el propio Ismael Zambada García, lo cual generaba celos y envidias.

Con las decenas de millones de dólares mensuales que ganaba traficando droga prácticamente no había persona o cosa

[16] Entrevista a Celeste V, quien fue pareja sentimental y confidente de Arturo Beltrán Leyva por cerca de 10 años, publicada en Anabel Hernández, *Las señoras del narco. Amar en el infierno*, México, Grijalbo, 2023.

[17] *Idem*.

que Arturo no pudiera comprar. En su mejor época llegó a ganar hasta 400 millones de dólares al mes. Era un coleccionista de mujeres y adicto al sexo, su debilidad eran particularmente las famosas. "Solo le faltaron la Chilindrina y Lolita Ayala", solía bromear el Grande entre los integrantes del clan.

En 2006, cuando estaba por terminar el sexenio de Vicente Fox, junto con todos los integrantes del cártel y de la Federación, contaba con el apoyo gubernamental. Los sobornos dados a García Luna, director de la Agencia Federal de Investigación (AFI), y a los más altos mandos en la PGR, la Sedena y la Marina le garantizaban manejar su facción sin sobresaltos. Pero si algo había aprendido Arturo era a ser precavido. Lo más fácil era comprar políticos, sobre todo en época de campaña, porque cegados por su afán de ganar a cualquier costo vendían su alma al diablo, y él, como Mefisto, era el más eficaz para capturar ánimas.

* * *

La residencia en la que Arturo recibió al emisario que dijo venía a nombre de AMLO no era de su propiedad, sino que, como solía hacer en Acapulco, donde pasaba la mayor parte del tiempo en esa época, era rentada. Cercana a ese lugar había alquilado otra residencia aún más lujosa para su esposa, Marcela Gómez Burgueño. En la misma periferia había rentado la Barbie. También había rentado otra propiedad cercana a un club de golf en Puerto Vallarta para reuniones de trabajo.

Se hicieron las presentaciones y pronto el ambiente se hizo relajado y cordial.

La reunión entre Arturo, el Grande, la Barbie, el Charro, Pancho León, Emilio Dipp y el emisario de López Obrador duró más de dos horas. Contrario a lo habitual, no había sido el Cártel de Sinaloa el que había buscado comprar al aspirante presidencial, sino que fue este quien se puso a la venta. El empresario minero había sido el intermediario.

El exjefe de gobierno de la Ciudad de México, de entonces 52 años, originario de Tabasco, tras salir airoso de un proceso de desafuero en su contra, había renunciado en julio de 2005 a su encargo para participar en el proceso interno del PRD en el que se elegiría al candidato a la presidencia para las elecciones del 2 de julio de 2006. Inició una costosa gira por todo el país.

Estaba cantado que AMLO sería el ungido, pero esto se formalizó el 4 de diciembre de 2005. Para la larga precampaña y campaña se requerían de millones y millones de pesos, más porque era el candidato opositor que se enfrentaba a la maquinaria del precandidato oficialista Felipe Calderón Hinojosa del PAN.

Lo que el enviado del aspirante presidencial pidió al Cártel de Sinaloa, por conducto de Arturo Beltrán Leyva, fue que apoyaran con dinero la campaña presidencial de López Obrador. Elocuente, afirmó que, a cambio, si él ganaba no solo iba a dejarlos tener influencia en la designación del que sería el titular de la PGR, sino que además prometió acotar en México la actuación de la agencia antidrogas de Estados Unidos, la DEA; "se va a la chingada", dijo el emisario. Iba a dejar al Cártel de Sinaloa operar a sus anchas, a cambio pedía que no hubiera violencia.

La propuesta transmitida era de ensueño. No se mencionó la frase "abrazos, no balazos", pero en la práctica la oferta era aplicar esa política pública hacia la organización criminal.

El Grande, en corto, ante la Barbie y el Charro, le dijo a Arturo: "Compadre, te están ofreciendo el cielo, pero eso no va a pasar, es puro cuento chino". Como él era quien había llevado a Pancho León no quería que si todo salía mal se viera afectada su relación con el Barbas. "Te quieren enredar para que les des dinero y no van a cumplir", lo previno.

"Seguramente van a perder, pero de todos modos hay que hacer contactos", dijo Arturo a su grupo.

La comitiva pasó al elegante comedor a seguir hablando, mientras comían y bebían, como si estuviesen en el mejor restaurante. Qué fortuna para Pancho León, Emilio Dipp y el emisario de AMLO que el Barbas estuviera sobrio y lúcido, si no corrían el riesgo de ver saltar los sesos de alguien sobre el plato de ensalada, como ocurría cuando perdía el control de sí mismo.

* * *

El Barbas no era ningún primerizo en esos acuerdos. Durante años había tejido una amplia red de corrupción para el Cártel de Sinaloa, tenía en su bolsillo a los funcionarios y gobernantes de mayor nivel, su influencia llegaba hasta Los Pinos, gracias a los negocios que el empresario Zhenli Ye Gon tenía con los hijos de Martha Sahagún, quienes se encargaban de conseguir permisos legales de importaciones, para traer de manera subrepticia efedrina de Asia, materia prima para las metanfetaminas que estaban inundando el mercado de consumidores en Estados Unidos.

Su ayuda a la campaña presidencial de AMLO era como la de un jugador que en un casino tenía la posibilidad de truquear las reglas de la ruleta y apostaba simultáneamente al rojo y al negro. En cualquier caso, ganaba.

No era ningún ingenuo, con García Luna, los altos mandos militares y los políticos de alto nivel le gustaba concretar directamente sus acuerdos, así confirmaba que su gente estaba pagando efectivamente los sobornos y que del otro lado había un compromiso inquebrantable con él. Romperlo se pagaba con la vida.

Arturo Beltrán Leyva pidió que lo comunicaran con López Obrador. Así salía de dudas si aquello no era una tomada de pelo y quien decía venir a su nombre era un impostor. La gente que iba con Pancho León lo puso al teléfono.

—La llamada surgió cuando estábamos en la casa, se llegó al acuerdo, ahí fue cuando hubo esa llamada —reveló el T3—. Esa llamada fue en *speaker*, fue del teléfono de ellos y fue rapidísima.

—¿Se escuchaba que era la voz de López Obrador? —pregunté insistente.

—Sí, se escuchaba. Arturo siempre tuvo la costumbre de usar el *speaker*, Arturo nunca se pegaba un teléfono a la oreja, incluso cuando hacía sus llamadas con su familia, ¿verdad? Bueno, cuando lo regañaba su señora [Marcela] sí lo ponía en privado.

En el breve intercambio se cruzaron mutuamente frases como "a la orden", "lo que se ofrezca" y "estamos pendientes".

Arturo accedió a dar dinero a la campaña presidencial, el primer acuerdo fue entregar entre 2 y 4 millones de dólares procedentes del tráfico de drogas, no era solo a nombre de él, sino de todo el Cártel de Sinaloa, por lo que el acuerdo, en caso de ganar las elecciones, beneficiaría al Chapo, el Mayo y todos los integrantes.

Se determinó que la Barbie se quedaría de encargado de la relación del cártel con López Obrador y su equipo. En primer lugar porque, aunque el Grande había sido el primer contacto, él en esa época estaba la mayor parte del tiempo en el norte y sur del país a cargo del tráfico de importantes cantidades de droga, y no tenía tiempo para ocuparse del político tabasqueño.

La segunda razón era que Edgar Valdez Villarreal pasaba más tiempo en la Ciudad de México, donde vivía con su esposa Priscila.

Entre el Barbas y la Barbie determinaron que el contacto directo sería Roberto López Nájera, a quien Arturo había conocido justo en esos días en la casa de Puerto Vallarta ubicada en el club de golf.[18] El T2 recordó cómo fueron las presentaciones.

—Mire, a él lo traigo haciendo arreglos —le dijo la Barbie a Arturo cuando introdujo a López Nájera.

—¡Ah, qué bueno, mijo, ¡échele ganas!

* * *

Cuando terminó el encuentro Pancho y sus acompañantes se despidieron con un respetuoso pero caluroso saludo. Se fueron satisfechos de haber cumplido su cometido. Fue la Barbie quien los regresó al hotel donde los habían recogido y el Grande se fue con Arturo a la casa donde estaba alojada su esposa Marcela; ahí se quedaron conversando.

"Posteriormente después de esa junta le dieron a gente de López Obrador radios de los que nosotros usábamos, de los Iusacell y Unefon, para estar en comunicación. En ese tiempo el gobierno no tenía máquinas para oír esos radios, ni el Iusacell ni Unefon, pero los de Nextel sí los oía", recordó el T3.

[18] Declaración ministerial rendida por Roberto López Nájera el 17 de julio de 2012 ante la PGR que forma parte de la Toca Penal 258/2012 obtenida por la autora para esta investigación y de la cual tiene copia.

El T3 mencionó:

> La realidad es que Arturo a todos les dio, no nada más a él [AMLO], le metió a la del PAN, también le metió a la del PRI, a todas les metía. Primero porque tenía mucho dinero, segundo, porque a la mejor aunque no ganaran eran útiles, por ejemplo él [AMLO] se pensaba que no iba a ganar pero pues su partido tenía senadores y diputados que piensan como quiera que sea y luego se piden favores: "Oye, quiero meterme a este estado", ya vas con esas personas y les dices: "Acércame con el gobernador, acércame con aquel", "quiero poner a un jefe de policía", y así, ese es el motivo del por cual les das... es como una apuesta.

* * *

López Obrador construyó su carrera política mostrándose como un hombre impoluto. Se autopresentaba como un santón que iba a romper el sistema político corrupto, que Fox no había logrado. En el discurso pronunciado el 8 de enero de 2006 luego de su registro como candidato presidencial de la coalición Por el Bien de Todos en la sede del entonces Instituto Federal Electoral (IFE) prometió a sus simpatizantes la "purificación de la vida pública".

Ese día en la explanada del IFE, acompañado del líder nacional del PRD, Leonel Cota Montaño, y otros políticos, AMLO fue recibido por una multitud que coreó la frase que había retumbado en el Zócalo capitalino en los tiempos del desafuero: "¡No estás solo! ¡No estás solo!" y "¡Sí se pudo!".[19]

[19] Instituto Federal Electoral, Registro del candidato a la presidencia de la República - Andres Manuel López Obrador - Coalición Por el Bien de

> Hace un momento nos registramos, nos inscribimos para representar a las fuerzas democráticas de México para lograr una verdadera transformación. Este es un momento importante, es la culminación de una etapa y el inicio de otra, como ustedes estaban coreando, ¡sí se pudo!, ¡sí se pudo!
>
> [...]
>
> Vamos a la campaña con el objetivo superior de sacar a México del estancamiento económico, de la crisis de bienestar social y del atraso político. Vamos a la campaña no solo para ganar la presidencia de la República, sino para transformar al país. Vamos a la campaña para seguir construyendo un movimiento ciudadano, amplio, plural e incluyente que permita una renovación tajante y una verdadera purificación de la vida pública.[20]

Ahí planteó lo que serían los principales programas sociales, su visión de lo que debía ser la política económica y de seguridad pública.

> Para recuperar la esperanza es indispensable recuperar la tranquilidad y la seguridad pública, estoy consciente de que no basta con impulsar el desarrollo social, hay que desterrar al mismo tiempo la corrupción en los cuerpos policiacos [...]. Y algo que es fundamental para enfrentar al crimen organizado, no permitir que se asocie la delincuencia con la autoridad, y no proteger a una banda y castigar a otra, sino aplicar la ley por parejo. Vamos a fortalecer

---

Todos - PRD-PT-Conv, 8 de enero de 2006, disponible en https://repositoriodocumental.ine.mx/xmlui/handle/123456789/135410.

[20] *Idem.*

las instituciones empezando por dar respetabilidad a la Presidencia de la República.[21]

En realidad, AMLO no era un hombre que venía a romper el sistema criminal, sino que era su Caballo de Troya. Un artilugio en buena parte construido por el Cártel de Sinaloa, introducido en una nación con las defensas bajas. El político —maestro como pocos en la propaganda y el arte de decir lo que la gente quería escuchar en un lenguaje sencillo que calara hondo— llegó en el momento en que la población, harta de la corrupción rampante, la pobreza, la desigualdad y los vínculos históricos de la clase política con el crimen organizado, necesitaba creer en alguien como él, una importante parte lo ha visto como un salvador, aún hasta el día de hoy, cuando en realidad ha sido uno más de los instrumentos para que la organización de tráfico de drogas más importante del mundo culminara su plan de conquista.

* * *

Y aunque la Barbie y el Diecinueve se quedaron como encargados de hacer llegar el dinero al equipo de campaña, el Grande por su cuenta y de su bolsillo, con dinero proveniente del tráfico de drogas, siguió ayudando a su amigo Pancho León a solventar los gastos de su campaña. El despilfarro terminó generando escándalo y críticas en la Comarca Lagunera.

Pese a ya no tener contacto con el equipo de AMLO, se siguió sabiendo a lo largo de la campaña que la relación continuaba con

[21] *Idem.*

el cártel porque la Barbie o el Diecinueve le pedían mariguana para surtir al equipo de campaña. Le llamaban "mariguana de diseño", y la de Durango era particularmente codiciada.

7

Operación Polanco

Una casona plana, sin glamour y poco llamativa, ubicada en el número 131 de la calle Aristóteles en el exclusivo barrio de Polanco, en la Ciudad de México, sirvió como sede para el segundo encuentro entre el Cártel de Sinaloa y el equipo de campaña del candidato de la coalición Por el Bien de Todos. En ese momento se trataba de concretar lo acordado y comenzar a realizar las entregas del dinero prometido, que en un inicio se había fijado entre 2 y 4 millones de dólares.[1]

Ahí se dieron cita Roberto López Nájera, alias *el Diecinueve*, Pancho León y Emilio Dipp Jones.[2] El anfitrión fue Mauricio Soto Caballero, quien entonces era brazo derecho de Nicolás

[1] La información proviene del informe "Operation Polanco", elaborado por un funcionario del Departamento de Justicia, del cual la autora obtuvo una copia en 2022. Este informe consta de 30 páginas y fue emitido por la DEA North Central Americas Region Mexico Country Office y la DEA New York Field Division Organized Crime Drug Enforcement Strike Force.

Además, la información ha sido complementada con datos proporcionados por funcionarios del gobierno de Estados Unidos que participaron en la investigación sobre el financiamiento del Cártel de Sinaloa a la campaña de AMLO en 2006. Estos funcionarios accedieron a hablar con la autora bajo la condición de anonimato, ya que no estaban autorizados oficialmente para hacer declaraciones públicas.

[2] *Idem.*

Mollinedo Bastar, mejor conocido como *Nico*, coordinador de logística de la campaña presidencial y hombre inseparable de López Obrador desde el 2000. La relación entre ellos era la razón de ese encuentro con el enviado del cártel. Nico era no solo un colaborador muy cercano y de toda la confianza de AMLO, era prácticamente como de la familia.

* * *

Nico, nacido el 28 de diciembre de 1959 en Teapa, Tabasco, miembro de una extensa familia de seis hermanos, conoció a Andrés Manuel López Obrador desde muy joven, tal como me relató en una entrevista grabada que le realicé la tarde del 2 de agosto de 2022 para esta investigación. De manera irónica, me citó en la misma casa de Aristóteles 131, bautizada como Corporativo Aristóteles. Ahí había oficinas de diferentes empresas, entre ellas Leverage Consulting, donde Nico tenía el cargo de "consultor asociado". Quien públicamente se atribuía la propiedad de la firma era Mauricio Soto Caballero, a quien Nico cariñosamente llamaba *Mau*. Según el Diccionario de la Real Academia Española, "asociado" es sinónimo de socio, miembro, afiliado, agremiado, copartícipe, cofrade, entre otros términos.

Aseguró que conoció a Andrés Manuel, como le llama con familiaridad, cuando aún era estudiante y comenzó a enamorarse de quien sería su primera esposa, Rocío Beltrán, originaria de Teapa, donde residía Nico junto a su familia.

"Llega a Teapa, y acuérdate que en los pueblos no hay como ahorita hoteles; casa de huéspedes era lo poco que había entonces en el pueblo. A veces se quedaba ahí, a veces en casa de mi papá y a veces en casa de Rafael Marín, que es su amigo", explicó.

El padre de Nico se llamaba Nicolás Mollinedo Aguilar, y Rafael Marín Mollinedo era su primo, cuyo padre había fallecido y quien consideraba al padre de Nico como propio. Entre Rafael y el presidente existe una relación de amistad que ha perdurado por más de 50 años, según mencionó en la entrevista. Quizás por eso también ha acompañado a AMLO desde su época como jefe de gobierno de la Ciudad de México hasta la actualidad. En el gobierno actual el primo de Nico ha ocupado diversos cargos, como director general del Corredor Interoceánico del Istmo de Tehuantepec, uno de los proyectos principales de AMLO. Además fue titular de la Agencia Nacional de Aduanas, y en la actualidad se desempeña como embajador de México ante la Organización Mundial de Comercio.

Andrés Manuel realizó estudios en la UNAM, donde se graduó como licenciado en Ciencias Políticas. En 1976 comenzó su carrera política en el PRI. Las masacres estudiantiles de 1968 y 1971 no representaron un obstáculo para su afiliación a ese partido. Durante su ingreso al entonces partido oficial, México atravesaba los años de la llamada "guerra sucia", una época en la que el gobierno perseguía a movimientos o personas identificadas con la izquierda, resultando en cientos de desapariciones.

Los lazos de amistad de Rocío y Andrés Manuel con la familia de Nico continuaron. En 1977 Andrés Manuel ocupó el cargo de director del Instituto Indigenista de Tabasco. En 1979 contrajo matrimonio con Rocío, y en 1984 se trasladó a la Ciudad de México para desempeñarse como directivo del Instituto Nacional del Consumidor, en el gobierno de Miguel de la Madrid.

Tras su salida del PRI después de las elecciones de 1988, en las que resultó electo Carlos Salinas de Gortari, Andrés Manuel inició su trayectoria como opositor político. En agosto de ese mismo año fue candidato del Frente Democrático Nacional a la gubernatura de Tabasco, aunque fue derrotado. En 1989 asumió el liderazgo del PRD en ese estado, y en 1994 compitió nuevamente por la gubernatura. A lo largo de este camino, el padre de Nico brindó apoyo moral y económico a Andrés Manuel.

"Yo no me metía en la política. En Tabasco yo sabía que mi papá lo ayudaba cuando era candidato. Lo ayudaba en lo que fuera, si había que cooperar, un carro, en lo que fuera necesario lo ayudaba, en aquella época la oposición no existía, era muy difícil", dijo Nico, quien se casó y se fue a vivir varios años a Cancún. Después de su divorcio en el año 2000, su padre lo envió a trabajar con AMLO durante su primera campaña como jefe de gobierno de la Ciudad de México.

"Ya vete allá con Andrés ahí... para que estés entretenido y no estés pensando en malas cosas", recordó que le dijo su padre. "Y así empecé a trabajar con Andrés...".

Era tal la confianza de AMLO hacia Nico que lo primero que le encargó fue a Rocío y a sus tres hijos, José Ramón, Andrés y Gonzalo. Su jefe directo era Jesús Falcón, otro tabasqueño que tenía el cargo de director de logística de la oficina del jefe de gobierno de la Ciudad de México.

"Cuando entré a trabajar, mi primera responsabilidad era atender a su familia, a la señora en todo", relató Nico.

Sobre la primera esposa de López Obrador, la describió como una persona de una gran "calidad humana, y muy pendiente de Andrés; educó a sus tres hijos muy bien, en mi particular punto de vista los preparó para lo que viniera; ella era papá y mamá porque Andrés siempre andaba fuera, en política no hay sábados, no hay domingos".

Según Nico, Rocío era de un carácter fuerte y tenía mucha intuición: "Cuidado con esta persona, no me gusta", le decía a su esposo cuando alguien no le daba confianza.

Rocío enfermó de cáncer. Nico comentó que ella quería que la mandaran a Cuba u otros lugares para recibir tratamiento, pero "Ella, con tal de no separarse de Andrés y sus hijos, prefirió quedarse aquí en la Ciudad de México. Pasaba mucho tiempo en Nutrición, el hospital del gobierno. Si se requería, ahí la volvían a nivelar y luego regresaba a casa."

Sobre sus tres hijos opinó: "José Ramón no es tan aprensivo de la vida, de los problemas, él creo que estudió abogacía, iba a entrar a la UNAM y no pasa el examen y se va a otra universidad". Afirmó que Joserra, como lo llaman sus amigos, operó para Morena en las elecciones de 2018 en el Estado de México.

Acerca de Andrés López Beltrán, dijo: "Andy sí estudia en la UNAM [Ciencias Políticas], sí pasa el examen, no quiere decir que uno sea inferior a otro, o más inteligente que el otro, nomás que José Ramón cuando su mamá muere es el que más lo sintió, era el más grande. Andy es el más interesado en la política... ayudó en la Ciudad de México en 2018".

Gonzalo, por su parte, es sociólogo egresado de la UNAM. "Gonzalito dicen que en el 18 ayudó mucho en las estructuras, no en campo, sino en las oficinas, a seleccionar los promotores del voto y esas cosas, los tres ayudaron a su papá", afirmó el viejo amigo de familia.

Rocío Beltrán murió en 2002. AMLO estaba por salir con Nico a un evento en Campeche. "Los chamacos me avisan a mí, íbamos rumbo al aeropuerto. Fue José Ramón, dice que su mamá se puso mal, y ya regresamos, ya varias veces se había puesto mal; cuando llegamos nos enteramos de que había muerto. Nos fuimos a Tabasco. La primera instrucción que me da Andrés es ir a un lugar que se llama Recinto Memorial, donde hay salas grandes y un cubículo aparte, y ahí se encerró. Los hijos y su familia daban la cara, Andrés casi no recibía, se quedó encerrado, a mí me tocó ver eso", dijo Nico.

Durante el funeral y en los días posteriores, AMLO no pronunció un discurso de despedida para la madre de sus hijos, quien había sido su compañera durante décadas. Dos días después, regresó a su trabajo como jefe de gobierno.

La cercanía de Nico con AMLO le permitió hablar sobre otros lazos filiales del tabasqueño, como su relación con Carmen Lira, directora del periódico *La Jornada*, el cual ha recibido durante este sexenio publicidad del gobierno federal como nunca antes. Es su comadre, reconoció.

"Desde que yo trabajo con él son compadres, te estoy hablando del 2000, son compadres todavía viviendo Rocío. No sé si es madrina de José Ramón o de Andy, de alguno de los dos."

También es comadre de AMLO Florencia Salazar Serranía, quien trabajó con él en el gobierno de la Ciudad de México. En 2018 Claudia Sheinbaum la nombró directora del Sistema de Transporte Colectivo Metro. Sin embargo, cuando en mayo de 2021 ocurrió el colapso de un tramo de la Línea 12 y murieron 26 personas, la comadre fue protegida y ni siquiera se presentó para dar la cara o comparecer ante el Congreso de la Ciudad de México para explicar lo ocurrido.

En el año 2002, cuando Jesús Falcón decidió dejar su puesto como director de logística, AMLO le ofreció a Nico el cargo, como una nueva muestra de confianza. Desde entonces y hasta 2014, Nico fue considerado como un miembro más de la familia de AMLO.

"Con la jefatura de gobierno no viajábamos, porque Andrés no podía soltar la ciudad —dijo Nico muy relajado—; se iban a jugar, todos juegan beisbol, se iban al campo, nos íbamos a la Marquesa y yo no estaba casado de nada, eran como mi familia. Ahí íbamos todos."

Sobre sus responsabilidades Nico explicó que era la persona de mayor confianza de AMLO. "Yo tenía como 87 gentes a mi cargo. Ahí era la coordinación de logística y ahí se veía todo lo de seguridad, ahí veías las giras, rutas, por dónde ir; hay un área muy grande que se llama la Torre Cúspide, esa dependía de mí, eso depende del jefe de gobierno, pero dependía de mí. Es una central de radio en esa época, el gobierno de la ciudad tenía radios, la policía, el Metro, obras públicas, en el agua de la ciudad, las delegaciones, todas las dependencias tenían una frecuencia, todas esas frecuencias se escuchaban en Cúspide, ahí teníamos monitoreado todo."

"Esa era la dirección que yo tenía importante; y a mí me decían que yo era chofer, yo la recibo de Jesús Falcón", dijo Nico orgulloso para dejar muy claro su papel esencial. Según su propia explicación, no había nada que ocurriera en la capital de México sin que él lo supiera. Sin embargo, algunas personas que trabajaron con Nico lo describen como déspota.

Al preguntarle por qué entonces AMLO le pidió que manejara y no se contrató un chofer, Nico describió al ahora presidente como un taimado. "Dice: 'Oye, ¿no puedes manejar tú? No me gusta traer a un extraño, para que podamos platicar, o si habla fulano de tal, me va a escuchar uno que no es del equipo', y le dije: 'No se preocupe'."

Era de tal magnitud la ciega confianza que AMLO tenía en él que hasta le daba llaves de su casa.

"Como conocía su casa, me decía: 'Pélate a mi casa por el escapulario', porque cartera no usaba. Iba a su casa y si no había nadie, entraba de confianza, ¡no ibas a mandar al chofer! Andrés vino a la Ciudad de México desde el 95, no tenía una gente así de esa confianza."

Uno de los miembros del equipo de Nico que lo ayudaba en las funciones esenciales era Mauricio Soto Caballero, quien fue responsable de recibir dinero del Cártel de Sinaloa para la campaña de AMLO en 2006.[3]

* * *

Soto Caballero, nacido el 27 de julio de 1971 en Toluca, Estado de México, es hijo de José Antonio Soto Sánchez y María Caballero Collado. Trabajó bajo las órdenes de Mollinedo en el área de logística de la jefatura de gobierno, donde era responsable de supervisar los preparativos de los actos de López Obrador. Trabajaba en estrecha colaboración con Polimnia Romana Sierra Bárcenas, encargada de la "avanzada", quien actualmente se desempeña como diputada federal por Morena. Ambos trabajaban en una oficina en el Antiguo Palacio del Ayuntamiento, en el Zócalo, justo debajo de donde despachaba AMLO, y compartían una escalera que conectaba ambas oficinas.

Soto Caballero estaba oficialmente en la nómina del gobierno de la Ciudad de México, confirmó Nico. Cuando López Obrador renunció en julio de 2005 para convertirse en precandidato presidencial y comenzó sus giras por el país, todos se unieron a su campaña, incluido Soto Caballero.

[3] *Idem.*

Según su jefe, Nico, durante la precampaña y campaña presidencial de 2006, Soto Caballero era el encargado de logística de avanzada. Su función era llegar anticipadamente a los lugares donde López Obrador realizaría un mitin y encargarse del templete, la reserva de hoteles para el equipo de campaña y el candidato, así como de los lugares para comer, el pago de alimentos, la renta de vehículos para desplazarse, ya que muchas veces viajaban en avión, y el pago de gasolina y telefonía. Mientras Soto Caballero se ocupaba de un lugar, Polimnia era enviada al siguiente punto de la gira para realizar las mismas tareas. Según Nico, su sueldo, así como el de Mau y Polimnia, fueron pagados con dinero de las prerrogativas correspondientes al PRD y a los partidos aliados del IFE.

Y para que no me quedaran dudas sobre lo bien que conoce a AMLO, incluyendo sus mentiras y habilidades de prestidigitador, Nico me narró un episodio que, aunque pareciera menor, lo pinta de cuerpo entero.

Durante un encuentro informal con empresarios en 2012, cuando López Obrador competía por segunda vez por la presidencia de la República, lamentó en tono coloquial que el 40 por ciento de la población tuviera una percepción negativa de él en ese momento. En una conversación con otro invitado, dijo que si la elección era limpia y libre y volvía a perder, se retiraría "a la chingada". Sin darse cuenta de que el micrófono estaba abierto, otros presentes escucharon la confidencia, que luego se filtró a los medios de comunicación.

Corrió como pólvora su decisión sobre su futuro político y su actitud derrotista. Ante el escándalo, su equipo de prensa maquilló las cosas y afirmó que así se llamaba un rancho que le habían heredado sus padres. AMLO lo fue repitiendo para sortear el incómodo tropiezo.

"¡No! ¡Mentira! —reveló Nico en entrevista—. Es una palabra de nosotros los tabasqueños y veracruzanos, entonces dice '¡A la chingada!' y es cuando después dice Andrés '¡ya la cagué!, ya dije una grosería', y es cuando dice 'A la chingada, así se llama mi rancho'. ¡Era mentira! Es más, no es ni rancho, son dos hectáreas, es una quinta, no es rancho."

—¿Y no se llama así? —pregunté.

—¡No! Ya ahorita sí se llama, ahí lo bautizó, ¿me entiendes? —dijo con énfasis para dejar clara la personalidad de López Obrador. Así de bien lo conoce.

* * *

Los expertos en equipos electorales afirman que sin duda una de las áreas que más consumen recursos en una campaña presencial es justo el área de logística y avanzada. Del 11 de agosto de 2005 al 28 de junio de 2006, cuando fue el cierre de campaña masivo en el Zócalo de la Ciudad de México, AMLO visitó los 31 estados de la República, las 16 delegaciones de la Ciudad de México, las 300 cabeceras electorales federales, recorrió 140 mil kilómetros de carretera, celebró 681 mítines y se reunió de manera directa con 3 millones y medio de personas.[4]

El 1 de agosto de 2022 para esta entrevista hablé con un alto exfuncionario de la PGR, quien solicitó que reservara su nombre para evitar represalias en un ambiente tan polarizado en México. Afirmó que en 2006 detectaron que la gran mayoría de los gastos de campaña de AMLO se hacían en efectivo. Afirmó

[4] Presidencia de la República, Andrés Manuel López Obrador, Presidente Constitucional de los Estados Unidos Mexicanos.

que también descubrieron que a Nico le hacían muchas entregas de dinero en efectivo y que era el "recadero de confianza" de López Obrador.

* * *

Fue Pancho León y Emilio Dipp quienes presentaron a Roberto López Nájera, *el Diecinueve*, con Mauricio Soto Caballero en la casona de Aristóteles 131. El primero representaba al Cártel de Sinaloa y el segundo al equipo de campaña de AMLO.

En esa casona ocurrió la primera entrega de dinero en efectivo, que Mauricio entregó a su jefe Nico. Vinieron muchas otras entregas ahí mismo y en otras zonas de Polanco.[5]

Pude confirmar documentalmente para esta investigación que Aristóteles 131 es la dirección registrada de Soto Caballero, al menos hasta inicios de 2024, en su credencial de elector. Durante un tiempo también Emilio Dipp Jones despachaba en el mismo lugar según los informes obtenidos en mi investigación.

* * *

Al igual que Arturo Beltrán Leyva quiso en Nuevo Vallarta hablar por teléfono con Andrés Manuel López Obrador para confirmar que efectivamente el dinero que le pidió Pancho León era para su campaña presidencial; también quiso corroborar si efectivamente el Diecinueve estaba entregando el dinero y mantenía contacto con el equipo de campaña. Aunque le sobrara el dinero, no era alguien al que le gustara que le vieran la cara de estúpido.

[5] Véase la nota 1 de este capítulo.

Envió a Roberto Acosta Islas, alias *el R*, a realizar una de las aportaciones.[6] Él era uno de los miembros del círculo más cercano del Barbas, me reveló a principios de 2022 Celeste V, confidente y compañera sentimental del capo. Además de ser el pagador de sobornos a funcionarios públicos y políticos, era también la voz de Arturo para girar órdenes en la organización criminal y encargado de rutas y recepción de droga.[7]

Durante la campaña presidencial, Acosta Islas hizo una cita con Mauricio Soto Caballero y Nicolás Mollinedo. El encuentro fue en un restaurante en la avenida Campos Elíseos en Polanco, muy cerca del entonces popular Hard Rock Café, y entregó el dinero. No fue la única vez que se vieron, pero en la otra ocasión no hubo dinero, solo conversación.[8]

Un colaborador de López Obrador durante el gobierno de la Ciudad de México y que luego también se sumó a tareas de operación electoral, a quien conocí en agosto de 2021 y he entrevistado en diversas ocasiones a lo largo de esta investigación, a quien identificaré como T3, me confirmó que dinero del Cártel

[6] *Idem.*

[7] Toca penal 258/2012 del Juzgado Tercero de Distrito en Materia de Procesos Penales Federales en el Estado de México, de la cual la autora tiene copia. Además, la información proviene de la declaración rendida por Sergio Barragán Villarreal el 23 de enero de 2023 en la Corte de Distrito Este de Nueva York en el juicio contra Genaro García Luna, de la cual la autora cuenta con la versión estenográfica. Por último, se hace referencia a la entrevista con Celeste V, publicada en Anabel Hernández, *Las señoras del narco. Amar en el infierno*, México, Grijalbo, 2023.

[8] Información obtenida de funcionarios del gobierno de Estados Unidos que participaron en la investigación sobre el financiamiento del Cártel de Sinaloa a la campaña de AMLO en 2006. Estos funcionarios accedieron a hablar con la autora bajo condición de anonimato, ya que no estaban autorizados oficialmente para hacer declaraciones públicas.

de Sinaloa entró en 2006 a la campaña de López Obrador. Y afirmó haber visto al Diecinueve con Nico a inicios de 2008 en un restaurante de Polanco cercano a la oficina de Aristóteles 131.

Otro exfuncionario capitalino entrevistado en agosto de 2022, a quien identificaré como T4, que trabajó con Nico en aquella época, confirmó las constantes visitas de Nico a la casa donde Mauricio conoció al Diecinueve durante la campaña de 2006.

* * *

Durante la campaña presidencial de AMLO en 2006, el Cártel de Sinaloa, en particular la facción de los Beltrán Leyva, estuvo muy pendiente de los progresos de López Obrador en las encuestas. Para junio de 2006, muchos ya lo ponían con puntos de ventaja sobre el candidato oficial Felipe Calderón o en empate técnico. Y aunque habían dado dinero a otros candidatos presidenciales, particularmente sentían simpatía por AMLO.

La carrera por la presidencia llegaba a la recta final.

8

Narcopresidente

El 15 de junio de 2006 comenzaba a caer la tarde sobre el polvoriento lecho del río Nazas, en la invisible frontera entre Torreón, Coahuila, y Gómez Palacio, Durango. La luz dorada sin igual que caracteriza a las zonas semidesérticas hacía resplandecer la cruz monumental metálica, ya de por sí de color amarillo, y convertía en una especie de bombillas las camisetas, banderines y carteles amarillos del caudal de más de 40 mil personas que desembocaba en un templete gigante, acondicionado con un costoso equipo de luz y sonido.

Era el cierre de campaña en la Comarca Lagunera del candidato presidencial de la coalición Por el Bien de Todos, Andrés Manuel López Obrador, quien para entonar con el escenario pletórico llegó vestido con una camisa amarilla y pantalón marrón. Desbordaba optimismo y aire triunfalista, afirmaba que tenía la presidencia en la bolsa. Faltaban pocos días para el 2 de julio, día de la elección.

Para congregar a la multitud, muchos provenientes de Durango, se usaron al menos mil 200 autobuses. También se contrataron seis ambulancias, una clínica móvil, 150 sanitarios portátiles, 10 mil sillas y gradas con capacidad para 5 mil personas. Decenas de médicos, enfermeras y paramédicos, por si ocurría un incidente, y tomas de agua potable para los asistentes[1] dado las altas temperaturas, de hasta 40 grados o más, que en el mes de junio pueden alcanzarse en la región. Sin duda un trabajo de coordinación titánico y de muchos millones de pesos.

A un costado de AMLO estaba Pancho León, vestido con pantalón oscuro, camisa blanca y sombrero alado, quien meses atrás había servido como intermediario para que el candidato presidencial lograra el patrocinio económico del Cártel de Sinaloa en la competida elección, probablemente una de las razones por las cuales su campaña electoral estaba siendo la más costosa de los cuatro candidatos contendientes: él, Felipe Calderón del PAN, Roberto Madrazo por el PRI, y Roberto Campa por el partido Nueva Alianza.[2] Por el flujo de dinero cualquiera hubiera pensado que era él y no Calderón el candidato oficial.

"¡Tenemos al mero caudillo!", gritó Pancho desgañitado y saltando en el escenario como presentador de pelea de box, "¡mi gallo!".[3]

Con los brazos alzados, victorioso y mesiánico, AMLO estaba emocionado por la multitud. Nunca un candidato de izquierda había logrado congregar tantas personas en una región dominada históricamente por el PRI y el PAN. De tanto repetirse el mito acrecentado con propaganda pagada con dinero del crimen organizado, había terminado por creérselo.

[1] Gloria Leticia Díaz, "El rey del acarreo", en *Proceso*, 21 de junio de 2006.

[2] De acuerdo con el informe de gastos de los candidatos en la elección presidencial de 2006 realizado por el IFE, oficialmente AMLO gastó 616.15 millones de pesos en su campaña, cada voto por él costó 41 pesos con 75 centavos, 32 millones de pesos más de lo que gastó oficialmente Felipe Calderón en su campaña.

[3] Cristal Barrientos y Javier Garza, "Tenemos al mero caudillo", en *El Siglo de Torreón*, 16 de junio de 2006.

En un ángulo estaba Manuel Camacho Solís, el orgulloso reclutador de Pancho León, lo describía como "candidatazo". Las crónicas de la época aseguraban que el joven empresario "era adorado como estrella de música popular y reconocido por sus obras de beneficencia". "Yo fui el que operé su candidatura. Nadie se imaginó que iba a tener tanto arrastre. Su postulación no tiene que ver con el dinero. Me pareció que era un buen candidato, y órale... El PRD nunca hubiera podido llenar, con todo respeto", dijo Camacho Solís extasiado por su tino.[4] El expriista con décadas en la política y la administración pública no podía pecar de ingenuo, ni modo que no notara las anomalías de su protegido.

También se encontraban Jaime Meraz Martínez, líder de taxistas y dirigente del PRD en Durango, acompañado de su hijo Carlos Meraz Medina, quien había sido policía ministerial y estaba trabajando para el Cártel de Sinaloa en la entidad. Habían tenido problemas con Pancho durante la campaña, pero el cártel los había llamado al orden para no estropear el evento.

* * *

Lo que nadie podía negar era que, pese a su nula experiencia en la política, Pancho León era un "natural" en el oficio. En tiempo récord había aprendido a ser un auténtico *showman* en los mítines que organizaba mayoritariamente con dinero del narcotráfico. Pero sin duda esa tarde pese al calor infernal y el polvo dio su mejor espectáculo.

[4] Gloria Leticia Díaz, *op. cit.*

Primero bailó al ritmo de los grupos musicales en vivo Toro Viejo, Sonora Everest y La Arrolladora Banda el Limón que amenizaron las dos horas de retraso con las que llegó AMLO. Entre saltos y zapateo el sudor le escurría por las sienes. Y cuando tocó la hora de hablar casi lloró. "¡Vamos a sacar de Los Pinos a esos fascistas!", dijo sobre vencer al partido oficial en la elección presidencial. Nadie hubiera podido reprocharle de no haber desquitado cada dólar que el Cártel de Sinaloa le había dado.[5]

Pero se le había pasado la mano y el espectáculo político estaba dando mucho de qué hablar. El derroche era descarado. Durante su campaña se movía en vehículos blindados, un camión de turismo y varias camionetas Suburban, todas recién salidas de agencia y pintadas con su propaganda, como la cabina de un tráiler estacionado en el evento, color amarillo con la cara redonda de Pancho en tamaño gigante del lado del conductor.

El líder del PAN en Gómez Palacio, Durango, Leonel Salas Ramírez, se quejaba: "Hemos visto tres Hummer blindadas, que valen al menos 1 millón de pesos, y si le sumamos el súper camión que trae y las camionetas… y ya con eso rebasó el tope de campaña", el cual era de 3.9 millones de pesos determinado por el IFE. "Además, tenemos información de habitantes de las colonias José López Portillo, en la Chapala, Santa Rosa y Cinco de Mayo, de que sus colaboradores entregan entre 100 y 200 pesos por darles los datos de su credencial de elector, ciudadanos que por temor a represalias no quieren presentar una denuncia formal."[6]

[5] *Idem.*

[6] *Idem.*

* * *

"El 2 de julio se va a votar no solo por el presidente, se va votar por el proyecto de nación que queremos para el futuro de nuestro país, para nosotros y para nuestros hijos", gritó López Obrador a la multitud arremolinada bajo el sol. "Engañaron al pueblo, y al pueblo no se le engaña; ahora van a pagar muy caro por ese engaño. En el año 2000, la gente pensó que iba a haber un cambio verdadero y, ¿qué fue lo que hicieron?", dijo criticando al gobierno de Fox por todas las promesas incumplidas, "por eso el 2 de julio el pueblo les va a decir 'ustedes para afuera'. Y, ¡lo quiera o no lo quiera, el PAN se va pa' fuera!".

Hacía 10 días que él había acusado de tráfico de influencias a Diego Zavala, cuñado de Calderón, porque una empresa suya tenía contratos de prestación de servicios con el IFE, la autoridad responsable de organizar las elecciones presidenciales. La revelación causó estragos. En contraofensiva, dos días antes del magno evento en la Comarca Lagunera el vocero del PAN, César Nava, anunció que presentarían una denuncia contra la campaña de López Obrador por "lavado de dinero" y uso de recursos "de procedencia ilícita". A través de una denuncia anónima hecha por una persona que dijo ser "excolaborador" del gobierno de la Ciudad de México se afirmó que desde al menos 2003 había un esquema de financiamiento "con dinero ilícito obtenido a través de la extorsión, el chantaje y el saqueo que el gobierno perredista hace en la Ciudad de México".

La denuncia fue contra Claudia Sheinbaum; el titular de la Secretaría de Seguridad Pública capitalina, Joel Ortega; Nicolás Mollinedo Bastar, excoordinador de logística del GDF y luego coordinador de logística de la campaña presidencial; y Octavio Romero Oropeza, exoficial mayor de la administración local.

Horas antes de la congregación organizada por Pancho León, en un evento en Durango, un periodista local le había preguntado sobre la denuncia de lavado de dinero en su campaña. Respondió: "Todo lo que estamos ejerciendo proviene de lo que le corresponde al partido [el PRD] en campañas y está sujeto a la revisión del Instituto Federal Electoral. Cualquier instancia puede hacer una revisión de todas las cuentas de la campaña; estamos abiertos a eso". Aunque él mismo había sellado el acuerdo con el Cártel de Sinaloa, a través de Arturo Beltrán Leyva. Y como la táctica que había aprendido era casi infalible, lanzó la atención hacia otra parte: "Lo único que pediríamos es que la Secretaría de Hacienda y Crédito Público llevara a cabo, también, la investigación sobre el tráfico de influencias y evasión de impuestos de la empresa del *cuñado incómodo*. ¿Ustedes no tienen un cuñado así?".

* * *

A pocos kilómetros de donde se realizaba el mitin político estaba al pendiente el verdadero hacedor del milagro en el desierto: Sergio Villarreal Barragán, *el Grande*.

No fue el carisma de AMLO ni el de Pancho León lo que arrastró a las más de 40 mil personas al polvoriento lugar en el mes más caliente del año, sino el dinero ilegal del socio del Cártel de Sinaloa. Quien no solo pagó una cuota a miles de los asistentes, sino que con sus recursos ilegales se consiguió cada silla, cada banderín, cada camiseta, cada camión para transportar a la gente y a La Arrolladora Banda el Limón que habrá cobrado no menos de 300 mil pesos por tocar y amenizar el evento.

Además de absorber los costos el Grande se había asegurado de que al interior del PRD en Durango se limaran asperezas. Meraz se quejaba de que Pancho León no había entregado las miles de despensas donadas por el Cártel de Sinaloa, el jefe de plaza ordenó que había que evitar los pleitos.

Durante la campaña le entregó a Pancho León al menos 2 millones de dólares y 15 vehículos comprados en la agencia Chevrolet Gutiérrez Automotores, de Gómez Palacio, de la que Villarreal Barragán era cliente asiduo. Conocía bien a la hija del propietario.

Mientras él estaba al pendiente a distancia, al término del evento la Barbie cruzó un breve saludo telefónico con López Obrador.[7]

* * *

El Grande pensaba que sus operaciones del día habían terminado cuando recibió la llamada de su compadre Arturo Beltrán Leyva para darle una instrucción de última hora.[8]

—¿Tienes dinero para que le des? —preguntó el Barbas, quien de última hora pensaba hacerle un nuevo regalo a López Obrador.

—¿Cuánto necesitas?

[7] La información sobre la llamada de la Barbie a AMLO al término del mitin fue conocida en 2010-2011 durante las investigaciones del Departamento de Justicia de Estados Unidos sobre el financiamiento del Cártel de Sinaloa a la campaña presidencial de López Obrador en 2006. Esto fue revelado por primera vez por la autora el 30 de enero de 2024 en el artículo "El Cártel de Sinaloa financió la campaña de AMLO en 2006/1", publicado en la agencia de noticias alemana DW, y luego publicado por los medios de comunicación estadounidenses *Propublica* e *Insightcrime*.

[8] Información obtenida del T5 entrevistado por la autora.

—Un millón —dijo Arturo.

—No alcanzo.

Villarreal le advirtió que no tenía mucho efectivo, solo "morralla". Podía juntar 500 mil dólares en billetes de veinte.

—Dáselo, luego yo te lo repongo —instruyó Arturo.

El jefe de plaza del cártel ordenó que le juntaran el dinero y se lo llevaran en una maleta mientras se ponía en contacto con Pancho León para decirle que tenía la orden de entregarle el regalo a López Obrador, y que él se haría cargo de los preparativos del encuentro.[9]

La cita fue en el discreto hotel El Campestre, ubicado en Blvd. Miguel Alemán 251, Las Rosas, en Gómez Palacio, en el mismo perímetro donde se había llevado el cierre de campaña, dado que la distancia que divide a Torreón de Gómez Palacio es una línea imaginaria.

El brazo derecho de Beltrán Leyva se encargó directamente de conseguir la habitación donde se llevaría a cabo el encuentro. Estaba en la planta baja, en donde los dos edificios principales que componían el modesto hotel se unían haciendo una escuadra. Al estilo de los moteles de paso, el estacionamiento daba entonces directamente a las habitaciones. En 2017 El Campestre fue cerrado para una intensa remodelación y actualmente el lugar tiene el nombre de Nuve Hotel.

El Grande dejó a parte de su gente para que esperaran ahí a sus invitados especiales. Él mientras se encontraba del otro lado del bulevar en El Golfito, un sencillo restaurante bar donde la gente podía llegar a estacionarse y tomar su bebida, o bajarse y sentarse a comer debajo de una especie de tejabán comida mexicana.

[9] Información obtenida de la entrevista hecha por la autora al T5.

Villarreal Barragán iba muy seguido ahí, comentó el T5 entrevistado para esta investigación. "Conocía a los dueños y cuando quería hacer unas carnes asadas las hacía detrás de su negocio. El hotel El Campestre estaba justo cruzando el bulevar".

El primero en llegar al hotel fue Pancho León. Iba acompañado de Andrés Manuel López Obrador y de la persona que desde febrero de ese año era el responsable absoluto de su seguridad: el general Audomaro Martínez Zapata. Los tres entraron a la habitación reservada, aseguró el T5.

* * *

Audomaro Martínez Zapata, de entonces 57 años de edad, es originario de Tabasco, como AMLO. El candidato presidencial perredista solicitó expresamente a la Secretaría de la Defensa Nacional (Sedena) que le asignaran al general como responsable de su seguridad, pero sin estar bajo el control del Estado Mayor Presidencial, que en aquella época era el órgano militar responsable de la seguridad del presidente en turno y de los candidatos presidenciales.

En los últimos meses quien había cumplido ese rol había sido el fiel Nicolás Mollinedo Bastar, mejor conocido como *Nico*, uno de los acusados por los panistas de uso de dinero ilícito en la campaña. Aunque era de su total confianza, no podía seguir haciéndose cargo simultáneamente de la logística y seguridad en la campaña. Por lo que las tareas se dividieron y Nico quedó como encargado de logística con Mauricio Soto Caballero como su brazo derecho.

Bajo el pretexto de que no hubiera un aparato de seguridad que lo alejara de los ciudadanos, López Obrador rechazó la vigilancia del ejército, quería a alguien de absoluta confianza como Audomaro, con quien se afirma lo une una larga amistad, desde cuando AMLO rompió con el PRI en 1989, tras casi 20 años de militancia, luego de haber sido dirigente estatal de ese partido en Tabasco. La amistad con el militar se mantuvo luego de sus malogradas aspiraciones como candidato del PRD a la gubernatura de Tabasco[10] cuando perdió en 1994 ante su otrora compañero de partido Roberto Madrazo, quien aquel 2006 de nuevo era su contrincante, pero ahora en la carrera presidencial.

Audomaro no había sido un militar de carrera notable. Fue comandante de diferentes zonas militares, en la 35ª ubicada en Chilpancingo, Guerrero; la 38ª, en Tenosique, Tabasco; y la 44ª, en Miahuatlán, Oaxaca. Su puesto máximo en el organigrama de la Sedena fue como director general de Transportes Militares, no era considerado como un hombre de la cúpula militar, pero conocía bien sus entrañas y tenía buenos contactos.

El ejército le dio licencia para irse a la campaña de AMLO, y él integró su equipo con algunos militares de su confianza, como el teniente coronel de caballería, Silvio Isidro de Jesús Hernández Soto, quien había dejado el ejército desde 2002 y en esa época tenía 49 años; dos años después estaría como director de la policía judicial del estado de Sinaloa.

La prueba de amistad y confianza de AMLO hacia Audomaro era justamente su presencia en El Campestre.

* * *

[10] Salvador García Soto, "El verdadero jefe militar en México", en *El Universal*, 6 de marzo de 2021, disponible en https://www.eluniversal.com.mx/opinion/salvador-garcia-soto/el-verdadero-jefe-militar-en-mexico/.

Cuando su equipo de seguridad avisó al Grande que sus invitados habían llegado a la habitación se movió hacia el hotel. Llegó en su vehículo con 15 personas más que viajaban en cuatro unidades como escolta. Habitualmente en la comarca Villarreal se movía con menos seguridad, tenía control total en la zona, pero esa era una estrategia de poder y fuerza que usaban los miembros del cártel cuando se iban a reunir con otro narcotraficante de alto nivel, algún político importante o funcionario público para impresionar.

Entró a la habitación con la maleta que contenía el medio millón de dólares. El espacio era reducido y austero, solo un par de camas. Pancho León hizo las presentaciones, él y AMLO agradecieron el apoyo que había habido, "todos estaban emocionados y agradecidos", dijo el T5 en la entrevista realizada para reconstruir los hechos para esta investigación periodística.

Los asistentes se sentaron al borde de las camas y cruzaron algunas palabras más. No había sillones. El Grande dijo que su compadre, Arturo, mandaba un regalo, que esperaba que todo saliera bien en las elecciones y que estaba a la orden. Entregó la maleta con dinero a López Obrador, quien agradeció el apoyo y pasó la maleta al general Audomaro. "Muchas gracias", dijo AMLO, "saludos al señor".

El dinero no venía solo de parte de Arturo Beltrán Leyva, sino de la cúpula del Cártel de Sinaloa. Si no lo entendió López Obrador en ese momento lo entendería después: el pacto era indisoluble, ganara o perdiera el 2 de julio, había caído como mosca en la telaraña como García Luna, el corrupto jefe policiaco al que tanto critica quizá porque ve tanto de él en sí mismo. Si alguien sabía que una vez dentro no hay forma de salir ni de traicionar era justamente el Tartamudo, como lo llamaban dentro de la organización criminal. Muchos de sus subalternos que desde el gobierno de Fox recibieron sobornos como él fueron asesinados después de que quisieron voltearse.

Aunque la campaña presidencial estaba por terminar aún faltaba una de las partes más costosas: el cierre de campaña y la operación del día de la elección para movilizar el voto, llevar a la gente a las casillas a sufragar, transportar a los representantes de casilla y pagar sus servicios, vigilancia de la jornada electoral, monitoreo, encuestas de salida y compra de voto donde había la posibilidad.

* * *

Surgió el inconveniente de cómo iban a transportar el medio millón de dólares en efectivo. AMLO no quería llevarlo consigo para no correr el riesgo de que hubiera alguna revisión en algún control gubernamental y se vinculara el dinero con él. Ya en 2004 milagrosamente había sobrevivido como jefe de gobierno de la Ciudad de México al videoescándalo protagonizado por su exsecretario particular René Bejarano donde recibía miles de dólares en efectivo del empresario Carlos Ahumada que le ganó el mote del *Señor de las ligas*, y quien argumentó era un donativo para las campañas del PRD.

Le pidieron al Grande que les llevara el dinero a la Ciudad de México, a lo que el capo se negó, ellos eran subordinados a él, no al revés. Pero encontró una rápida solución y les ofreció regalarles una camioneta para que alguien de su equipo transportara el dinero aparte. Le pidieron una Suburban.

Ya estaba cerrada la agencia Gutiérrez Automotores, donde había comprado los autos que regaló a Pancho León, pero tan pronto abriera al día siguiente la entregaría. Audomaro pidió que la dejaran en la casa de campaña de Pancho León y que él pasaría por ella o mandaría a alguien.

Así se acordó. La oficina del candidato al Senado se encontraba en el mismo bulevar Miguel Alemán, solo que esquina con avenida Mina, en Gómez Palacio, ahora en el lugar está el restaurante Sushi Star. También muy cerca estaba la concesionaria.

Al terminar el rápido encuentro hubo abrazos de despedida, el Grande tenía fama de ser muy campechano en su trato con políticos y servidores públicos. Pancho y AMLO estaban muy contentos, "y más pues porque se iban a llevar una feria, ¿verdad?", recordó el T5. Villarreal se retiró del lugar y por separado López Obrador y sus acompañantes.

Al día siguiente el Grande envió a su gente para adquirir el vehículo y que fuera llevado al lugar indicado. Ya Pancho León había pasado la información a nombre de quien tenía que salir la factura, y por la mañana del 16 de junio llegó la Suburban blanca reluciente con permiso de circulación provisional de la agencia. A nombre del general Audomaro, el candidato a senador agradeció el regalo. En esa camioneta se transportaron los 500 mil dólares.

El general Audomaro Martínez Zapata siguió siendo muy cercano a López Obrador en los años venideros. Lo acompañó también en la campaña presidencial de 2012. Él mismo lo recomendó para ser secretario de Seguridad Pública de Tabasco de 2013 a 2015, cuando el gobernador era el neoperredista Arturo Núñez. AMLO lo iba a nombrar titular de la Sedena, pero no tenía credenciales mínimas para el cargo y hubiera sido mal visto en las Fuerzas Armadas. A cambio fue él quien propuso el nombre del actual secretario, Luis Cresencio Sandoval. Actualmente es director del Centro Nacional de Inteligencia (antes Cisen), el área de inteligencia y espionaje del gobierno mexicano por excelencia.

Integrantes de la campaña de AMLO en esa época confirmaron para esta investigación que efectivamente por esas fechas llegó una Suburban blanca nueva, y que generalmente la usaba el general Audomaro y su equipo.

* * *

El 2 de julio de forma dramática Andrés Manuel López Obrador perdió la elección presidencial por un pelo. La diferencia entre él y Felipe Calderón fue de menos de 300 mil votos. No fue el único sorprendido, en Nayarit Edgar Valdez Villarreal, jefe del Diecinueve, siguió con lupa la jornada electoral.

9

Una inversión redituable

En la campaña presidencial de 2006 Joaquín Guzmán Loera, *el Chapo*; Ismael Zambada García, *el Mayo*; y Arturo Beltrán Leyva, *el Barbas*, contribuyeron conjuntamente con al menos 25 millones de dólares al candidato de la coalición Por el Bien de Todos, Andrés Manuel López Obrador, según afirmó el jefe de seguridad y amigo cercano de Edgar Valdez Villarreal, *la Barbie*.[1]

Antes de integrarse al Cártel de Sinaloa, el testigo al que entrevisté trabajaba como jefe de seguridad de la licenciada Mari-

[1] La autora entrevistó al T2 en al menos 30 ocasiones, desde septiembre hasta noviembre de 2021, como parte de la investigación para *Emma y las otras señoras del narco*, así como para la investigación paralela que estaba realizando sobre el financiamiento del Cártel de Sinaloa a la campaña de AMLO en 2006. Se hace referencia a él en el capítulo 6, "Caballo de Troya". Por metodología, para comprobar que el testigo no incurriera en contradicciones ni cambiara su versión, se le entrevistó sobre el tema del financiamiento a AMLO mediante un método de preguntas aleatorias, insertadas en temáticas diversas. La autora conserva la grabación de dichas entrevistas. Se mantendrá el nombre del T2 en reserva porque le preocupa su seguridad. El T2 ha sido testigo colaborador de la PGR y ha estado detenido por pertenecer al Cártel de Sinaloa; actualmente está cumpliendo su condena. Las entrevistas tuvieron lugar antes de que la autora obtuviera el documento "Operation Polanco" y detalles más específicos sobre la historia. Los hechos narrados por el testigo previamente se concatenan con lo investigado y corroborado por el Departamento de Justicia de Estados Unidos, complementándolos.

cela Ruiz Massieu en el estado de Guerrero. En el año 2000 un sicario de la organización criminal lo invitó a unirse al cártel. No fue hasta 2001 que conoció a la Barbie, cuando fueron presentados por un sujeto apodado *el 28*, quien era jefe de plaza en Acapulco. Desde entonces, solo trabajó para Valdez Villarreal y únicamente recibía órdenes de él.

En un principio fue su escolta personal, una suerte de secretario que llevaba sus radios y dispositivos de comunicación. Luego se convirtió en su jefe de seguridad y amigo, trabajando las 24 horas del día con él: "Era como su sombra. Dondequiera que él estuviera, yo estaba", me reveló en la primera sesión de preguntas realizada el 20 de septiembre de 2021. Si alguien conocía la vida personal y criminal de Valdez Villarreal, era precisamente él.

Habían pasado más de 30 sesiones de preguntas y respuestas sobre la temática abordada en el libro *Emma y las otras señoras del narco* cuando, el 6 de noviembre, de botepronto y de manera casual e inesperada, cambié el tema de la conversación.

—¿Tú sabes si tu jefe, o alguien de la organización, dio dinero a la campaña de López Obrador?

—¿La de López Obrador? —dijo soltando una risotada sorprendido por la pregunta—: en la de 2006, Lic.

Fue espontáneo, directo y específico en la fecha.

—¿Sabes algo?

—¡Sí!

—¿Sí sabes que sí?

—Veinticinco millones de dólares.

—¿Te acuerdas de quién, cómo, cuándo?

—Todos, todos hicieron la cooperacha.

—¿Te acuerdas de cómo entregaron el dinero?

—Lo mandaron y tuvo que ver en eso el Diecinueve —dijo sin titubear refiriéndose a Roberto López Nájera.

* * *

Durante el primer semestre de 2006 Edgar Valdez Villarreal, conocido como *la Barbie* o *el Güero*, permaneció la mayor parte del tiempo en Nuevo Vallarta, según recordó su jefe de seguridad. Sin embargo, en algunas ocasiones, él y su círculo más cercano viajaron a la Ciudad de México para reunirse con Arturo Beltrán Leyva en su residencia ubicada en la calle Serranía número 253, en la colonia Jardines del Pedregal de San Ángel, al sur de la Ciudad de México, cerca del centro comercial Perisur.

"Lo del 2006 lo sé porque lo viví, estuve ahí, estuve presente en las pláticas, aparte de lo que me platicó el Güero; estuve en una reunión donde estuvo don Arturo [Beltrán Leyva], el Mochomo, el Güero, hubo un representante del Chapo, y acordaron para la campaña de 2006 apoyar a López Obrador. Todo mundo cooperó obviamente con millones de dólares, estamos hablando de millones de dólares, fue una cantidad de 25 millones de dólares. Obviamente eran para apoyarle en la campaña. *El Diecinueve*, el Roberto López Nájera, sabe todo este movimiento", explicó más a fondo en una sesión subsecuente.

—Esta cuestión de la campaña sí la supe y se llevó a cabo. Se juntó el dinero, se entregó, se le dijo que lo que ocupara, pero bueno, eso fue lo que se ocupó…

—Entendí que estos 25 millones de dólares eran una colecta entre varios.

—Sí, en aquel entonces fue de varios.

—¿Quiénes habrían puesto en esta colecta?

—Además de la Barbie, don Arturo, el Mochomo [Alfredo Beltrán Leyva], el Chapo, el Mayo, el Compadre, el Indio [Gerardo Álvarez], y otras dos personas que no me acuerdo. Él estaba consciente de todo —dijo el jefe de seguridad de Valdez Villarreal refiriéndose a AMLO—: yo escuché una pequeña conversación como en altavoz.

—¿Con el señor del que estamos hablando?

—Sí, sí, sí, el pescado feo —dijo haciendo alusión al apodo con el que se conocía públicamente a López Obrador, *el Peje*, por pejelagarto, un pescado de agua dulce típico de Tabasco.

Aseguró que esto sucedió a través de personas de confianza tanto de él como de Roberto López Nájera, y mencionó que Valdez Villarreal intercambió algunas palabras breves con AMLO.

—Fue un minuto o dos, no mucho. "Ah, sí, muchas gracias", y el Güero le dijo a él: "Ah, bueno, sí, no se preocupe". Fue algo corto.[2]

—¿Fue un minuto de conversación directa, vía telefónica, entre AMLO y el Güero? —insistí.

—Sí, sí, diciendo que gracias, que le agradecía y aceptaba el apoyo.

* * *

"Nos tocó las elecciones en Nuevo Vallarta, estábamos en una casa y él platicaba conmigo. El Güero me decía que estábamos

[2] Lo dicho por el jefe de seguridad de Edgar Valdez Villarreal durante la entrevista que le hizo la autora en noviembre de 2021 concuerda con la investigación llevada a cabo por el Departamento de Justicia de Estados Unidos.

bien, que todo iba mamalón, ¿no? O sea, viento en popa, y que nomás quedara ese señor, pues nadie nos iba a parar y nos íbamos a ir mucho más arriba de lo que estábamos", narró el jefe de escoltas refiriéndose al 2 de julio de 2006 y a las grandes expectativas que el Cártel de Sinaloa tenía sobre el triunfo de AMLO.

Como si fuera una oficina alterna al *war room* de la casa de campaña de López Obrador, la Barbie y su equipo dieron seguimiento desde temprano a la jornada electoral y pasaban constantes informes a Arturo Beltrán Leyva, quien había sido artífice de la cercanía con quien, todo indicaba, iba a ser el próximo presidente de México.

"Estaban muy contentos. ¡Todos, todos! Incluyendo don Arturo, porque a mí me tocó escuchar cómo hablaban, porque el Güero no ponía en privado el radio, lo ponía en altavoz conmigo, como yo traía los radios, había muchísima confianza, y el señor estaba muy entusiasmado y feliz, incluyendo el Güero. Inclusive ese día de la elección me tocó estar sentado en la sala ahí con el Güero con la computadora abierta mirando las votaciones, cómo íbamos, mirando las noticias".

Para el Cártel de Sinaloa, particularmente para la facción del Barbas, era una especie de partido de futbol donde se sentían parte del equipo del jugador estrella: AMLO. Y como toda porra, vivieron los momentos de la final con emoción.

Las expectativas de que su candidato favorito venciera crecieron esa mañana del 2 de julio con el convincente mensaje de Horacio Duarte, representante de la Coalición por el Bien de Todos, en la sesión del IFE: "En la Coalición Por el Bien de Todos, sabemos que es la hora de la izquierda [...] A partir del 1 de diciembre, habremos de transformar nuestro discurso, nuestra combatividad, en acciones y en políticas públicas para beneficio de la gente". Al mismo tiempo, Duarte pedía prudencia: "Llamamos al gobierno federal en turno para que entre el 3 de julio y el 30 de noviembre vivamos una transición de gobierno tersa; una transición de gobierno que le permita a nuestro país mantener calma".

Asimismo, reconocía el trabajo del IFE: "Estamos convencidos que los diversos instrumentos electorales que se han dotado por parte del Instituto Federal Electoral tienen un rango de aceptabilidad que nos permite concluir el día de hoy la jornada electoral con buenos resultados".

Sus palabras finales reflejaban la seguridad de quien se sentía ganador: "Estamos convencidos de que el día de hoy a las 8:00 de la noche, cuando cierre la última casilla de nuestro país, los ciudadanos habrán de estar levantando la *V*, la *V* de la victoria, la victoria de los ciudadanos. Es la hora de México, es la hora de los ciudadanos y a eso nos atenemos en la Coalición Por el Bien de Todos".[3]

Después de las 2:00 de la tarde, el presidente del Consejo General del IFE, Luis Carlos Ugalde, comenzó a recibir los primeros resultados parciales de las encuestadoras, que indicaban una contienda cerrada. Para las 5:00 de la tarde ya todos estaban encima de él, presionándolo para que, de cualquier manera, anunciara un ganador antes de que cerraran las casillas a las 8:00 de la noche, incluso si la diferencia fuera mínima y se requiriera absoluta prudencia.

Tras el cierre de las casillas, los medios de comunicación estaban autorizados a divulgar los resultados. Sin embargo, por prudencia, las dos principales televisoras, Televisión Azteca y

[3] *Cf.* Luis Carlos Ugalde, *Así lo viví*, México, Grijalbo, 2008.

Televisa, decidieron no hacerlo debido a la escasa diferencia entre dos candidatos, AMLO y Calderón.

Fue entonces cuando la encuestadora Covarrubias y Asociados, contratada para realizar la encuesta de salida por el equipo de López Obrador, anunció un ganador: afirmó que el candidato de la coalición Por el Bien de Todos estaba 2.4 puntos por encima.[4]

* * *

"Se dieron las 8:00 de la noche y luego sale el primer resultado, dio la victoria a este señor que está ahorita en el poder [AMLO]. ¡No, pues...! Nos abrazamos con el Güero, agarrando curva, a carcajadas, y todo. Me dijo: 'Márcale al señor'", relató el testigo.

—¡Señor, ganamos! —dijo la Barbie por radio a Arturo Beltrán Leyva

—¡Sí! —celebró el capo, feliz.

"Realizados todos, ¿no? Porque... ¡Imagínese, tener en la bolsa la presidencia de la República! ¡No cualquiera! Ya estábamos, ya se había invertido, en diversas reuniones se platicaba de eso. ¡Todos estábamos felices y haciendo planes", recordó vívidamente el jefe de seguridad de la Barbie.

"Vamos a estar bien y vamos a acomodarnos en nuestras plazas, y vamos a extendernos", proyectaba Valdez Villarreal confiado en su prometedor futuro.

* * *

[4] *Idem.*

Aunque el equipo de campaña de Felipe Calderón también hizo pronunciamientos públicos de que había ganado la elección, y aunque según el jefe de seguridad de la Barbie, el Chapo había hecho contribuciones a su campaña, debido a esa extraña simpatía por parte de Valdez Villarreal y Beltrán Leyva, preferían creer en los mensajes del equipo de López Obrador. Esto se debía a que ellos no tenían contacto directo con el candidato del PAN, pero sí con AMLO, y confiaban en que esto daría más ventajas a su facción dentro del cártel que a las otras.

Pasadas las 11:00 de la noche, el tabasqueño aseguró que había ganado la presidencia: "Quiero informar al pueblo de México que, de acuerdo a nuestros datos, ganamos la presidencia de la República. Tenemos información de conteos rápidos en donde estamos, cuando menos, 500 mil votos arriba".

A veces la Barbie bajaba desde el primer nivel de la residencia donde estaba descansando y le preguntaba a su jefe de seguridad: "¿Qué onda? ¿Cómo vamos?". "Se sentaba conmigo, muy contento, muy contentos estábamos todos. Le marcaba al señor, a don Arturo."

—¡Señor, vamos arriba! ¡Y vamos ganando!

—¡Qué bueno, mijo!

"¡Ya sabe! Todos felices, todo era felicidad"

En realidad AMLO había dado información falsa. La información que él tenía por parte de la encuestadora Covarrubias y Asociados era justo al revés, los 500 mil votos estaban a favor de Calderón y no de él.[5]

* * *

[5] *Idem.*

"Llegan las 10:30 de la noche y nosotros seguimos en la laptop mirando y a las casi 11:00 de la noche en las noticias anuncian la victoria de Felipe Calderón Hinojosa. ¡Viera el fiasco que nos llevamos!, la tristeza, las caras tristes, agüitados", dice con voz de decepción.

A las 11:30 de la noche del 2 de julio el conteo del Programa de Resultados Electorales Preliminares (PREP) del IFE daba la ventaja a Calderón, mínima, pero una ventaja que sería irreversible.[6]

—¡Márcale al señor! —ordenó la Barbie a su jefe de escoltas sabiendo que las malas noticias es mejor darlas en caliente.

—¿Quihubo? ¿Qué pasó, mijo, si estábamos arriba? —se lamentó el Barbas con sorpresa.

"Valió queso todo —recordó el testigo—, se esfumó la presidencia. ¡De las manos nos la robaron! Porque la realidad es que la ganó el señor este. Por eso cuando me dice usted, me dio risa por todo lo que vivimos, la emoción, de planes y cosas, ¡en un instante se nos vino abajo! Para comenzar, estábamos en guerra con los Zetas y el Golfo. El plan era mandar a limpiar Tamaulipas, acabar con toda esa gente, y limpiar las plazas, ¿sí me entiende? Agarrar más Ciudad de México, Estado de México, se habló de Quintana Roo, obviamente, ya estaban los planes."

El jefe de seguridad de la Barbie afirmó que no hubo reuniones, solo intercambio de llamadas entre los miembros del Cártel de Sinaloa.

"Nos quedamos el resto hasta agosto, fue que llegamos a Morelos, y ya en Morelos fue que se hizo la reunión con don

[6] Claudia Herrera Beltrán y Georgina Saldierna, "Felipe Calderón se proclama vencedor", en *La Jornada*, 3 de julio de 2006, disponible en https://www.jornada.com.mx/2006/07/03/index.php?section=politica&article=012n1pol.

Arturo, se habló de que… pues bueno, no se pudo", y se hicieron planes de cómo Arturo, más allá de los contactos que tenía el Chapo con Calderón, podía él mismo establecer algún canal de comunicación .

"Yo en abril de 2007 me voy a Cancún, Quintana Roo, y ya me quito de esas negociaciones. Me entero por Roberto López Nájera, cuando fue a Cancún, que él personalmente hizo negociaciones y tratos [con el equipo de campaña de AMLO]. Por eso sé las cosas también.

—¿Era una persona clave para hacer ese tipo de negociaciones? —pregunté.

—Sí, vamos a ser honestos y darle el lugar que merece.

Tras la derrota, el Cártel de Sinaloa no hizo reclamo alguno a López Obrador ni a su equipo.

"No hubo reclamos y no hubo nada porque no fue culpa del señor, el señor ganó a la buena, pero obviamente, como se manejan en esas altas esferas, pues Calderón aflojó mucho más, yo digo, o no sé cómo estuvo, pero pues bueno, se la quitaron de las manos." Al igual que AMLO, el jefe de seguridad de la Barbie está más que convencido de que en 2006 hubo fraude electoral.

—¿A Nico usted lo conoció personalmente?

—No, yo no lo conocí personalmente, pero sí lo oí nombrar. A mí me lo nombró Roberto López Nájera, él me lo nombró, que el señor este [López Obrador] lo mandaba por dinero y cosas así.

* * *

Al final, para el Cártel de Sinaloa en general, las cosas salieron bien al apostar a todos los colores en la ruleta; no perdieron. Para su fortuna, Genaro García Luna, el corrupto jefe de la AFI y su equipo, a quienes tenían bajo control desde los inicios del gobierno de Fox, fueron ascendidos. García Luna fue designado secretario de Seguridad Pública Federal, proporcionando así más y mejores servicios a la organización criminal, junto con su equipo de narcopolicías, tal como denuncié en mi libro *Los señores del narco* en 2010, y como quedó demostrado durante su juicio en Nueva York en 2023.

* * *

A pesar de todo, como si fuera una especie de karma del lado de la facción de los Beltrán Leyva las cosas no terminaron bien.

Pancho León siguió siendo apoyado por López Obrador. En 2007 anunció que buscaría ser candidato del PRD a la presidencia municipal de Gómez Palacio, Durango. Días más tarde desapareció sin dejar rastro y hasta la fecha no se sabe su paradero.

El 16 de diciembre de 2009 Arturo Beltrán Leyva se llevó a la tumba la historia secreta de la campaña de 2006. Murió acribillado en un operativo de la Marina realizado en Cuernavaca, Morelos. El Indio fue arrestado por la Sedena el 21 de abril de 2010, en Huixquilucan, Estado de México. Mientras que la Barbie fue detenido por la Policía Federal el 20 de agosto de 2010 en Lerma, Estado de México.

Por su parte, la caída de Sergio Villarreal Barragán, *el Grande*, quien entregó de propia mano medio millón de dólares a AMLO, ocurrió el 7 de septiembre de 2010 en el fraccionamiento Puerta de Hierro en Puebla.

* * *

—¿Y usted qué piensa de él, de López Obrador, del lugar donde está ahora? —pregunté al jefe de seguridad de la Barbie, quien fue detenido en 2008.

—Pues obviamente, imagínese, fue su primera campaña, ¿no? Como todo candidato, quiere la victoria a como dé lugar, no le importa quién lo apoye. En los años que tengo de experiencia en la maña, al candidato le vale, perdón de la palabra, ¡le vale verga de dónde venga el dinero! Él lo que quiere es ampliar la campaña, hacerla grande, hacer regalos, despensas, láminas, etcétera, ¿sí me entiende? Ellos lo que quieren es ganar sin importar cómo y, obviamente, el señor no quitó el dedo del renglón, siguió peleando y la tercera la ganó.

"Mucha gente le reconoce que hizo campaña durante 12 años, de 2006 a 2018, que fue que ganó, pero pues, obviamente, si en 2006 hubo apoyo del narco, créame que en 2012 y en 2018 también lo hubo. Le repito, el que lo hace una vez, lo hace dos y tres veces más."

* * *

Pasaron cuatro años antes de que alguna autoridad investigara el financiamiento del Cártel de Sinaloa a la campaña de AMLO. Él se autoproclamó como "presidente legítimo" el 20 de noviembre de 2006. Desde enero de 2007 hasta noviembre de 2009, con un mar de recursos económicos, realizó una extensa gira por todo el país, participando en mítines y eventos, y recorriendo los 2 mil 452 municipios de la República, como si estuviera en una campaña eterna. En todo momento fue acompañado por Nicolás Mollinedo.

* * *

En la embajada de Estados Unidos en México, ubicada en la Ciudad de México sobre Paseo de la Reforma, a pocos metros del Ángel de la Independencia, se presentó en los primeros meses de 2008 Roberto López Nájera, *el Diecinueve*. Pidió que algún agente de la DEA pudiera atenderlo porque tenía información relevante que compartir. Reveló que era abogado de Edgar Valdez Villarreal y de Arturo Beltrán Leyva. Al principio lo vieron con suspicacia, para probar que lo que decía era verdad, les reveló que el cártel tenía un infiltrado ahí, en sus propias oficinas. Se trataba de José Alberto Pérez Guerrero, quien trabajaba en el área de US Marshall en la embajada y quien venía de la AFI, recomendado por la oficina de García Luna, y daba información al Cártel de Sinaloa sobre los fugitivos que buscaba el gobierno de Estados Unidos. El gobierno de Estados Unidos le puso una trampa y con el engaño de darle un curso de capacitación en junio de 2008 fue detenido en Virginia. Al ser detenido, Pérez Guerrero confirmó que había sido reclutado por López Nájera para el cártel.

El Diecinueve también reveló nombres de funcionarios de la AFI, de la Secretaría de Seguridad Pública Federal y la PGR que trabajaban para la organización criminal. Entre los primeros nombres que el abogado de la Barbie mencionó estaban Genaro García Luna, Luis Cárdenas Palomino, el caso del financiamiento a la campaña de López Obrador en 2006, y una larga lista de nombres, entre ellos Roberto García, Milton Cilia y Fernando Rivera, quienes trabajaban en la Subprocuraduría de Investigación Especializada en Delincuencia Organizada (SIEDO) de la PGR. En ese momento al gobierno de Estados Unidos le importó más el tema que afectaba al US Marshall y a la SIEDO, los agentes no dieron la importancia debida ni al tema de García Luna ni al de AMLO.

El enojo del Diecinueve era porque la Barbie había desaparecido a su hermano. Dijo que estaba dispuesto a cooperar, pero que lo haría cuando fuera enviado a Estados Unidos. La DEA notificó a Marisela Morales, entonces titular de la SIEDO, de los topos del Cártel de Sinaloa en su oficina y en otras relacionadas con la seguridad pública y seguridad nacional.

El 28 de julio de 2008 López Nájera rindió su primera declaración ante la PGR. Confesó haber sido integrante del Cártel de Sinaloa, y solicitó que le asignaran la calidad y beneficios de testigo colaborador por temer por su vida y porque para revelar lo que sabía debía contar cosas que lo autoincriminaban. Le fue asignado el nombre clave *Jennifer*, y así los testigos de ese acto fueron Marisela Morales y Cuitláhuac Salinas. Por temor se negó a recibir custodia de la PGR y al poco tiempo fue llevado a Estados Unidos, desde donde siguió rindiendo decenas de declaraciones ministeriales que fueron utilizadas en diferentes averiguaciones previas abiertas selectivamente por la PGR contra integrantes de la facción de los Beltrán Leyva como contra algunos funcionarios públicos en la llamada Operación Limpieza.[7]

"*Jennifer* quería estar en el lado bueno y corregir las cosas que había hecho mal", dijo uno de los funcionarios del Departamento de Justicia que en 2010 trabajó en una nueva investigación con el Diecinueve.

[7] La autora tiene posesión del expediente PGR/SIEDO/UEIDCS/241/08, en el cual se asentaron las primeras declaraciones de Roberto López Nájera. Quedó registrado como informante bajo la guía de un agente activo de la DEA asignado en San Diego. Inició su participación como infiltrado en operaciones de la agencia antidrogas.

Un testigo que ocupó una muy alta posición en la PGR en el sexenio de Felipe Calderón me confirmó en una entrevista realizada en octubre de 2020 en la Ciudad de México que el Diecinueve habló en 2008 y 2009 ante las autoridades mexicanas del financiamiento del Cártel de Sinaloa a la campaña de López Obrador.[8]

* * *

A las 5:30 de la tarde del 14 de marzo de 2009, López Nájera rindió declaración ante la ministerio público Adriana Elizabeth López Hidalgo en la SIEDO. Reiteró que había trabajado con la Barbie y los Beltrán Leyva: "Una de mis funciones era cooptar funcionarios públicos municipales, estatales o federales para que colaboraran con la organización".

Conoció a Marco Antonio Mejía López en mayo de 2006, en los tiempos de la campaña presidencial. "Me lo presentó Mauricio Soto Caballero, quien era uno de los encargados de conseguir recursos para la campaña de Andrés Manuel López Obrador, me entrevisté con Mauricio para pedirle ayuda en Cancún, ya que la Barbie quería que arreglara en el aeropuerto de Cancún la llegada de droga, por lo que me presentó a Marco en las oficinas de Mauricio en la calle de Aristóteles de la colonia Polanco", dijo refiriéndose a la casa de Aristóteles 131.

[8] La autora se encontró con el testigo en el Hotel Presidente en Santa Fe el 28 de octubre de 2020 como parte de su investigación sobre el financiamiento del Cártel de Sinaloa a la campaña presidencial de López Obrador en 2006. El testigo solicitó que su identidad se mantuviera en secreto debido a que consideraba que su vida podría correr peligro si se revelaba.

En aquel momento, Mejía López llamó a una persona apodada *I*, de Cancún, para que los ayudara en el aeropuerto de esa ciudad. Como compensación, el Diecinueve le dio mil dólares en billetes de a 20, pero se ofendió porque esperaba al menos 2 mil, a lo que le dijo que no se preocupara, que si las cosas salían bien le mandaría más dinero.[9]

Mejía López reventó, "comenzó a decir, no mames, si yo soy el que le cuida la espalda a Andrés Manuel López Obrador, tengo entrenamiento en Israel y soy jefe de grupo de las gacelas mujeres que cuidan a este".

También conocido como *Puma*, Mejía López conoció a Nicolás Mollinedo en Cancún cuando este trabajaba en la delegación regional del Instituto Nacional de Migración en 1998. Cuando Nico emigró a la Ciudad de México lo invitó a trabajar en el gobierno y estuvo bajo sus órdenes como encargado de la seguridad de AMLO. Cuando fue la campaña presidencial de 2006, fue parte del equipo de seguridad bajo las órdenes del general Audomaro Martínez.

El Diecinueve aseguró que el contacto que le dio Mejía López le fue útil "y le mandé por medio de una persona de mi confianza a Mauricio la cantidad de 20 mil dólares en su oficina ubicada en Aristóteles, en Polanco, a la que sé llegar. Al tercer día se comunicó conmigo Marco Antonio, por medio de Nextel, con un tono de mucho más respeto, llamándome señor, y dijo que me agradecía el regalo que le había mandado, que también mandaba saludos su jefe Nico, haciendo referencia a Nicolás Mollinedo, quien era chofer de López Obrador, ese fue todo el contacto que tuve con Marco Antonio".

[9] La declaración se encuentra dentro de la averiguación previa PGR/SIEDO/UEIDCS/51/2009.

El Diecinueve también reveló que conoció a Mauricio Soto Caballero a través de Emilio Dipp y Francisco León en la oficina de Aristóteles, en Polanco, en 2006. Cuando le pidieron describirlo, dijo que Soto Caballero tendría una "estatura de 1.80, aproximadamente, tez blanca, complexión gordo, cabello castaño claro, sin recordar más datos, pero si lo tuviera a la vista, físicamente o por fotografía lo reconocería".

Lo dicho por el Diecinueve coincide con lo que me afirmaron en mi investigación otros testigos de manera separada, espontánea y a lo largo de diversos años. Y él no fue el único en hablar sobre el financiamiento del crimen organizado a AMLO ante la PGR, también lo hizo Sergio Villarreal Barragán, *el Grande*.

* * *

"Yo no hablo nada si no está mi abogado", se empecinó Sergio Villarreal Barragán en la SIEDO, quien desde un inicio tuvo claro que la única alternativa que le quedaba era irse a Estados Unidos y allá convertirse en testigo colaborador.

El Grande comenzó a declarar en la PGR hasta casi un mes después de su detención, me reveló en entrevista realizada a inicios de 2024 una persona que estuvo presente en las declaraciones hechas por el socio del Cártel de Sinaloa, a quien identificaré con la clave T6.[10]

[10] La autora entrevistó al testigo en enero de 2024 en la Ciudad de México y cuenta con la grabación de la conversación. El testigo pidió no ser identificado por su nombre por temor a represalias.

"En la primera sesión donde Sergio habló fue en una oficina de la PGR en Paseo de la Reforma, contigua a la oficina de la subprocuradora Marisela Morales."

En el interrogatorio estuvieron presentes Marisela Morales y su colaboradora más cercana, Guillermina Cabrera, mientras que por parte del gobierno de Estados Unidos asistieron los agentes de la DEA Joe López y Miguel Madrigal, entre otros. Además, como representante legal del Grande, participó un abogado estadounidense, quien buscaba documentar el inicio de la colaboración con el Departamento de Justicia de Estados Unidos, con la esperanza de que sus aportaciones fueran consideradas en caso de una extradición y un eventual acuerdo de culpabilidad.

Durante esta primera sesión, Villarreal Barragán habló sobre las complicidades del Cártel de Sinaloa con Genaro García Luna, entonces secretario de Seguridad Pública federal, y su mano derecha, Luis Cárdenas Palomino, así como con otros policías bajo sus órdenes, militares, gobernadores y políticos. Entre los políticos más destacados cooptados por el Cártel de Sinaloa, mencionó desde ese primer encuentro con los agentes de la DEA y Morales a López Obrador. Morales ya tenía conocimiento de esto gracias a las declaraciones previas del Diecinueve varios meses antes.

"Él [Villarreal Barragán] manifiesta que conoce a Pancho León, que tiene una buena amistad con él, él iba para candidato de senador y 'por medio de él nos acercamos a gente de AMLO y nos citan en Nuevo Vallarta en un hotel', y de ahí le presenta Pancho León a dos personajes de AMLO y dice: 'No me acuerdo cómo se llamaban, si yo los viera sé quiénes son'."

Reveló ante la DEA y la SIEDO lo que ofrecieron los representantes de AMLO: "Nosotros vamos a poner a la gente que ustedes necesiten y nada incómodo para que puedan trabajar.

Vamos a detener a la gente que esté en contra de ustedes", dijo el Grande.[11]

Del mismo modo que al compadre de Arturo Beltrán Leyva le constaba directamente la corrupción de García Luna, le constaba la de López Obrador.

El repudio constante del ahora presidente de México hacia García Luna luego de su arresto en Estados Unidos ocurrido en diciembre de 2019 no era porque fuera corrupto, sino porque veía en él tanto de sí mismo. Ambos con compromisos con la misma organización criminal.

El Grande afirmó que conoció directamente a López Obrador tras el cierre de campaña de Pancho León en la Comarca Lagunera. "Conoce directamente a López Obrador y dice que recuerda que le dio dinero, si mal no recuerdo eran como 500 mil dólares o algo así, y le dieron una Suburban a un general que siempre acompañaba en ese entonces a AMLO. Y que fue la única vez que lo vio, porque por órdenes de Arturo, ya ese asunto lo iba a ver directamente Edgar y eso fue lo que comentó directamente de él."

—Cuando dijo eso, ¿cuál fue la expresión en la cara de todos los que estaban ahí? ¿Marisela qué dijo? —pregunté al testigo presencial de esa declaración.

—Nada, ella no apuntaba nada. Madrigal y Joe sí apuntaban todo, al abogado gringo en ese momento sí lo dejaron apuntar.

[11] Según consta en la causa penal 44/2012, una de las declaraciones realizadas por el Grande está fechada el 19 de noviembre de 2010, coincidiendo así con el testimonio del T6 obtenido para esta investigación. De acuerdo con el testigo, una de las averiguaciones previas en las que se registró la declaración del Grande sobre AMLO fue la PGR/UEI DCS/439/10.

La declaración del Grande ante la DEA y Marisela Morales duró casi todo el día, dijo el testigo presencial. "De hecho, hubo un tiempo de descanso para comer, ya ves que los gringos hasta suspenden audiencias, ellos es su hora del lunch y les vale gorro, ellos suspenden. Suspendieron para comer y continuó hasta tarde. De hecho, se suspendió por los gringos que dijeron: 'Ya, otro día continuamos, ya con esto tenemos', y como que después ya no le estuvieron preguntando mucho los gringos." Le dijeron a Villarreal Barragán que con esa información tenían para ir con el Departamento de Justicia y comenzar a tramitar su extradición para llegar a un acuerdo. Hasta que estuviera allá volverían a hablar con él.

En 2007 el Cisen elaboró fichas con información de inteligencia de los principales integrantes de los diferentes cárteles de la droga, entre ellos de Sergio Villarreal Barragán.

Según el documento de siete páginas, se afirma que era el encargado de plaza del Cártel de Sinaloa en Durango. En el apartado "Otros integrantes de la organización" se menciona a Carlos Meraz Medina, miembro de la célula criminal del Grande e hijo del líder perredista en Durango Jaime Meraz Martínez,[12] con quien estuvo presente en el cierre de campaña de AMLO. Además, como parte del grupo criminal, se identifica a "Héctor Francisco León García (*Pancho León*), quien fue aspirante por el PRD a las elecciones municipales de julio de 2007 en Gómez Palacio".

[12] El 15 de enero de 2007 Meraz Martínez fue ejecutado en Durango junto con su esposa y uno de sus hijos. Saúl Maldonado, "Ejecutan a ex líder del PRD en Durango, a su esposa y su hijo", en *La Jornada*, 16 de enero de 2007, disponible en https://www.jornada.com.mx/2007/01/16/index.php?section=estados&article=032n1est.

* * *

El gobierno de Felipe Calderón retrasó la extradición de Villarreal Barragán hasta el final de su mandato. Ni García Luna ni el entonces secretario de la Defensa, Guillermo Galván Galván, querían que se llevara a cabo. Finalmente, en mayo de 2012, fue extraditado a solicitud de una Corte de Distrito de Texas. Durante el trayecto, el agente de la DEA Joe López conversó ampliamente con él sobre lo discutido en la reunión de 2010.

Según testigos, aproximadamente tres días después de la extradición del Grande, en sus conversaciones con miembros del Departamento de Justicia, habló de nuevo sobre lo mencionado en presencia de agentes de la DEA. Volvió a ver a Marisela Morales ya en el cargo de procuradora general de la República.

Sus declaraciones fueron consideradas confiables, corroboradas por varios testigos y elementos, y fue su testigo estrella en el juicio contra Genaro García Luna en Nueva York.

"No sé por qué la maestra [Marisela Morales] nunca actuó en ese momento contra esas personas, porque ella lo sabía", reflexiona uno de los testigos entrevistados en esta investigación periodística.

El 28 de octubre de 2020 pregunté a la persona que ocupaba una posición muy importante en la PGR cuando el Grande declaró sobre García Luna y AMLO por qué no se actuó contra ninguno de los dos, y si Felipe Calderón conocía ambos casos. La persona a la que entrevisté, cuya posición indudablemente le permitía conocer los hechos, señaló que Marisela Morales informó del tema al presidente, pero este, por cuestiones de cálculo político, no quiso que se abriera una carpeta de investigación contra López Obrador. Respecto a García Luna, el propósito era encubrirlo.

Por parte del gobierno de Estados Unidos, tampoco se hizo nada en ese momento contra ninguno de los dos: uno era secretario de Estado y el otro el autodenominado "presidente legítimo" de México. Fue hasta 2010 que la Fiscalía de Distrito Sur de Nueva York y un equipo de la DEA decidieron abrir la caja de Pandora de la elección presidencial de 2006.

10

Al descubierto

En 2010, en la barra del bar de un hotel ubicado en una de las exuberantes playas de Miami, Roberto López Nájera se reencontró con un viejo conocido. Era Mauricio Soto Caballero, el operador de la campaña de AMLO en 2006.[1]

El Diecinueve sabía que Soto Caballero quería ir a otro nivel. Deseaba ingresar a las grandes ligas del crimen organizado como asociado en el tráfico de cocaína. Mauricio había ido de vacaciones con su familia y se hospedó en el hotel Hard Rock Café.

López Nájera, con quien Mauricio había seguido en contacto a lo largo de cuatro años, dijo seguir en el negocio del narcotráfico, y que él y su acompañante querían saber si de casualidad Mauricio conocía a alguien que quisiera asociarse en un cargamento. Nada demasiado voluminoso, una pequeña prueba solo para comenzar. Él dijo que lo que siempre había querido era justo

[1] La reconstrucción de hechos en este capítulo está basada en el informe "Operation Polanco", de la DEA North Central Americas Region Mexico City Country Office y la DEA New York Field Division Organized Crime Drug Enforcement Strike Force, elaborado por el Departamento de Justicia, que consta de 30 páginas y del cual la autora obtuvo copia en 2022. Información complementada por funcionarios del gobierno de Estados Unidos involucrados en la investigación que solicitaron se reservaran sus nombres porque oficialmente no estaban autorizados a hablar públicamente.

eso. Había mordido el anzuelo, justo como lo había planeado el equipo compacto conformado por la Fiscalía de Distrito Sur de Nueva York, agentes de la DEA de Nueva York y la oficina en la embajada de Estados Unidos en México. Quien acompañaba al Diecinueve era un agente encubierto.

Lo que parecía una escena de Miami Vice era el comienzo de una investigación del Departamento de Justicia de Estados Unidos sobre el financiamiento del Cártel de Sinaloa a la campaña presidencial de 2006.

* * *

La rotación de gente de la DEA en distintas ciudades de Estados Unidos y otros países es una situación rutinaria y cíclica. En 2010 llegó a la embajada de la Ciudad de México un nuevo grupo de agentes de la DEA, había quien estaba especializado en temas de corrupción. Al trevisar los viejos casos y anotaciones es que se escuchó hablar sobre López Nájera y del financiamiento ilegal a la campaña de López Obrador.

Hubo un primer encuentro con Roberto López Nájera en una ciudad de Estados Unidos. El Diecinueve seguía siendo un colaborador activo del Departamento de Justicia, y participaba en operaciones de infiltrado, que habían sido exitosas. Lo llegaron a enviar hasta Curazao, Venezuela.

Cuando hablaron del caso de 2006 López Nájera mostró su extrañeza de que cuando había hablado de ese episodio en 2008 nadie había prestado suficiente interés en Estados Unidos, ni en la PGR.

Como en toda jugada de alto impacto, se necesitaba un conjunto de circunstancias para impulsar la delicada investigación.

A las oficinas llegó la visita de una alta funcionaria de la Fiscalía de Distrito Sur de Nueva York. Cuando le fue explicado el caso se interesó y comenzó la investigación sobre lo ocurrido con el insospechado "presidente legítimo", cuya campaña se había financiado con dinero ilegal. Se conformó un equipo compacto de la fiscalía, la oficina de la DEA en Nueva York y la oficina de la DEA en México.

Las probabilidades eran prometedoras. La Fiscalía de Distrito Sur es una de las más prestigiadas y fuertes en Estados Unidos. Apenas el 8 de marzo de 2024 logró que un jurado declarara culpable al expresidente de Honduras, Juan Orlando Hernández (2014-2022) de haber recibido pagos millonarios del Cártel de Sinaloa, que financiaron su carrera política y campaña presidencial a cambio de proteger sus actividades y cargamentos de cocaína traficados a Estados Unidos.[2]

Tras pocos días de haber dejado la presidencia en febrero de 2022 Hernández fue arrestado en Tegucigalpa con fines de extradición. Jamás lo hubiera imaginado. Aún declarado culpable con base en testigos, hasta hoy se dice inocente.

En 2010 López Obrador no tenía una posición política muy sensible, el Comité de Revisión de Actividades Sensibles (SARC, por sus siglas en inglés) del Departamento de Justicia que revisa casos de investigación sensibles nacionales e internacionales dio su consentimiento para hacer la investigación y el equipo debía

[2] María Antonia Sánchez-Vallejo, "Un tribunal de Nueva York declara culpable de narcotráfico al expresidente de Honduras Juan Orlando Hernández", en *El País*, 8 de marzo de 2024, disponible en https://elpais.com/internacional/2024-03-08/un-tribunal-de-nueva-york-declara-culpable-de-narcotrafico-al-expresidente-de-honduras-juan-orlando-hernandez.html.

entregar reportes sobre sus avances. De tener elementos sólidos probablemente podía dar su visto bueno para que incluso pudiera convertirse en un caso criminal en alguna corte federal.

* * *

Personas involucradas en la investigación me comentaron que una de las reuniones con López Nájera fue en San Diego, California, ahí llegó la titular de la PGR, Marisela Morales, y su asistente Guillermina.

Al preguntar por qué en México muchos de los funcionarios públicos acusados por López Nájera al final fueron liberados por inconsistencias en los casos armados por la PGR, incluso algunas atribuidas al propio testigo colaborador, explicaron que "los fiscales mexicanos no tienen experiencia en hacer entrevistas", y que no buscaron verificar de otras formas la información ni conseguir más pruebas. "Nunca tuvimos problemas con Nájera, nunca mintió, nunca exageró, nunca se cayó un caso donde se hubiera usado como infiltrado", dijo uno de los funcionarios que hablaron con él. "Siempre estaba temeroso de que el cártel lo pudiera matar, estaba enojado de que su hermano nunca apareció".

López Nájera aceptó ayudar en la investigación sobre López Obrador.

Todas las declaraciones sobre el caso hechas por él a los funcionarios del Departamento de Justicia quedaron registradas en reportes oficiales bajo sello. Incluyendo la conversación en Miami de Mauricio con López Nájera, la cual fue grabada. No estaban interesados en la futura carrera que el amigo de Nicolás Mollinedo, la sombra de AMLO, pudiera tener en el crimen organizado, sino que lo querían sorprender con las manos en la masa para que estuviera persuadido a cooperar en la investigación de la campaña presidencial. "Se sabía que iba a ser un caso difícil", me comentó uno de los involucrados.

Pero en agosto de 2010 tuvieron avances importantes cuando el Grande habló en la SEIDO ante los agentes de la DEA Joe López y Miguel Madrigal sobre el dinero entregado a la campaña en 2006.

* * *

En aquella época Mauricio viajaba seguido a McAllen, Texas. Ahí se reunió con el agente encubierto que vio en Miami, quien se hizo pasar por traficante de drogas. Ya no estuvo el Diecinueve, sino otro agente más.

Ahí fue más obvio que el amigo de Nico realmente quería participar en el tráfico de drogas. Dijo que quería un cargamento de cocaína y que él se encargaría de venderlo junto con sus socios, sin decir la identidad de estos. De estas reuniones el Departamento de Justicia registró audios y videos.

En un nuevo viaje a McAllen el equipo de la DEA puso a Mauricio en una posición en la que tenía que definirse. Ahí el par de agentes encubiertos le dijeron que tenían un cargamento de 10 kilos de cocaína, pero él argumentó que no estaba preparado. Le hicieron la contrapropuesta de que al menos los ayudara a guardarlo, Mauricio aceptó, los acompañó al estacionamiento, le hicieron ver la droga y se llevó la llave del vehículo. Por el pequeño servicio le regalarían un kilo de la mercancía.

Minutos después en el lugar donde se hospedaba llegaron a tocar la puerta. Eran agentes antidrogas que venían a detenerlo y lo llevaron a una oficina de la DEA donde estaba ya un agente de Nueva York. Le dieron dos opciones: o quedarse en Texas y ser presentado ante un juez por cargos de conspiración para tráfico de drogas, o tomar un vuelo a Nueva York e ir a la Fiscalía de Distrito Sur y cooperar.

Era el otoño de 2010, cuando Mauricio fue presentado en Nueva York, firmó un acuerdo con la fiscalía por los 10 kilos de cocaína y decidió confesar lo que sabía del financiamiento ilegal a la campaña de AMLO en 2006.[3]

Mauricio se quedó por algunos días en la ciudad y confesó ante funcionarios sobre la reunión llevada a cabo en Nuevo Vallarta. Confirmó los asistentes a la misma y el acuerdo entre los enviados de AMLO y el Cártel de Sinaloa sobre el financiamiento. Admitió que recibió dinero del cártel a sabiendas de que provenía del tráfico de drogas y que lo hizo con la aprobación de Nico, a quien entregó los recursos.

Dijo que el dinero ilegal había sido entregado por el Diecinueve en las oficinas de Aristóteles 131, y que el R hizo otra entrega de más recursos cuando él y Nico estaban en un restaurante en Polanco.

Bajo la condición de ayudar en la investigación se permitió a Mauricio que regresara a México.

Un integrante del equipo de seguridad de la campaña de López Obrador en 2006, con quien tuve diversas reuniones de 2022 a inicios de 2024, me afirmó desde el primer encuentro que supo que Mauricio Soto Caballero había sido detenido por la DEA y que había colaborado.

[3] En los registros públicos de los expedientes abiertos del Departamento de Justicia no se localizó un expediente a nombre de Mauricio Soto Caballero, funcionarios involucrados en la investigación explicaron que se mantuvo sellado.

* * *

En sus hallazgos el equipo de investigación supo que además del dinero a la campaña, el Cártel de Sinaloa a través de la Barbie ayudó en el plantón organizado por AMLO y sus seguidores que duró 47 días sobre Paseo de la Reforma luego de que perdió la presidencia de la República. "Llevaron comida y pagaron a gente para que se quedara", señaló uno de los investigadores.

Entre los organizadores de la protesta el cártel ya tenía buenos contactos. Nico, el inseparable de AMLO, en la entrevista de 2022 me aseguró que él y Mauricio también estuvieron involucrados en la instalación del plantón.

—Y en la toma de Reforma y esto, ¿usted hizo algo de logística, usted jugó un papel?

—Todo lo que era pegado a Andrés, y a coordinar todo lo que era el primer círculo de Andrés, con todos sus coordinadores, con Marcelo que había ganado la jefatura de gobierno.

—¿Y usted durmió en el plantón alguna vez?

—¡Sí!, ¡sí! Ahí estaba el hombre, no podíamos movernos, nomás salíamos en la mañana, se iba a bañar, no podíamos usar ya la jefatura, ya había un jefe de gobierno que era Encinas, teníamos que irnos a su casa rapidito.

—¿Y en el plantón también estuvieron Mauricio y Polimnia?

—Todos, todos. ¡Estábamos todos! —dijo con énfasis.

López Nájera reveló al equipo de investigadores del gobierno de Estados Unidos que era tal el apoyo del cártel a AMLO que pensaron en "levantar" al presidente del IFE, Luis Carlos Ugalde, para grabarlo y que reconociera que había habido "fraude electoral". Incluso se armó en la Ciudad de México un convoy para que ejecutara el operativo, ya se dirigían al IFE cuando abortaron la misión porque sus infiltrados en la Sedena les avisaron que ya estaban al tanto.

* * *

Emilio Dipp, otro testigo importante de los hechos, viajó a Las Vegas, Nevada, en la época de la indagatoria. Estaba hospedado con su familia en el hotel casino Bellagio, en el corazón del Strip, famoso por sus fuentes monumentales, cuando tocaron a su puerta. Agentes de la DEA se identificaron y pidieron hablar con él. Le aclararon que no estaba detenido para bajarle el susto.

Bajaron al bar y Dipp se bebió el whisky de un sorbo. Reconfirmó a las autoridades la reunión ocurrida en Nuevo Vallarta, dijo que acudió con Pancho León y una tercera persona. Corroboró que el candidato a senador perredista había coordinado el encuentro con el Grande, y que le regaló el costoso reloj a la Barbie.

Aseguró que estuvo presente cuando el Diecinueve fue presentado a Soto Caballero en las oficinas de Polanco, tal como López Nájera lo declaró en 2009 a la SEIDO, según consta en el documento que tengo en mi poder.

Dipp también reconoció que fue testigo en "múltiples ocasiones" de encuentros entre el enviado del Cártel de Sinaloa y Soto Caballero durante la campaña de 2006. Y que Mauricio le dijo haber recibido el dinero del cártel y haberlo entregado a Nico.

Cooperó con la fiscalía, que no levantó cargos en su contra, y se quedó únicamente como testigo. De las confesiones de Dipp se hizo un informe oficial detallado.

Todo encajaba como las piezas de un rompecabezas.

* * *

Fue cuando el equipo de investigadores decidió ir más allá. Mauricio seguía en contacto constante con Nico, y lo enviaron en dos ocasiones a reunirse con él en oficinas que AMLO tenía en la colonia Roma, en los meses de abril y mayo de 2011.

Soto Caballero registró las conversaciones con Mollinedo. Hablaron del Diecinueve y de su preocupación de que algunas personas detenidas por la PGR en el marco de la Operación Limpieza pudieran hablar de la relación entre ellos y el Cártel de Sinaloa. Nico dijo que ya había hablado con la esposa de uno de ellos y que no había de qué preocuparse.

En las grabaciones Nico había admitido los vínculos, pero para judicializar se requería trabajar más y obtener una confesión de él más explícita.

* * *

En 2009 había sido detenido por la PGR Marco Antonio Mejía López, alias *el Puma*, integrante del equipo de Nico desde el gobierno de la Ciudad de México y quien luego fue parte de la seguridad durante la campaña de López Obrador en 2006, bajo las órdenes del general Audomaro.

El Diecinueve ya había declarado que lo conoció a través de Mauricio Soto Caballero.

Cuando fungía como director del penal del municipio de Benito Juárez, cuya cabecera es Cancún, fue acusado de tener vínculos con los Zetas. Pese a las declaraciones del Diecinueve no fue vinculado al Cártel de Sinaloa. Fue exonerado por falta de pruebas de sus vínculos con los Zetas y liberado en 2013.

En febrero de 2024 afirmó que durante su detención Marisela Morales lo presionó para que declarara contra López Obrador,

Nicolás Mollinedo y Mauricio Soto; "me negué, no tenía nada que declarar en contra de ellos".[4]

"Hablaron del Puma, Mauricio y Nicolás", me afirmó uno de los agentes involucrados en la investigación.

El testigo T4, con quien estuve en contacto en varias ocasiones a lo largo de mi investigación, y quien formó parte del equipo de campaña de López Obrador en 2006, afirmó que vio a Nico en varias ocasiones en las oficinas de Aristóteles 131, en esa época. Dijo que años después supo que Mauricio había sido detenido por la DEA y que había colaborado.

Más tarde, en 2012, en el marco de la Operación Limpieza fue detenido otro miembro del equipo de seguridad de la campaña de 2006, Silvio Isidro de Jesús Hernández Soto, muy cercano al general Audomaro, señalado por el Diecinueve de estar al servicio del Cártel de Sinaloa. Tras la campaña presidencial fue nombrado director de la policía ministerial del estado de Sinaloa. La Sedena tenía acumulado un negro historial en contra de él porque su nombre había salido a relucir en casos de integrantes del Cártel de Sinaloa, además de lo dicho por el abogado de la Barbie.[5]

Silvio Isidro no fue juzgado y fue beneficiado cuando en 2013 la PGR retiró los cargos contra los militares acusados por

[4] "PGR buscó en 2009 que declarara contra AMLO usando dichos de 'Jennifer': Marco Antonio Mejía López | Video", en *Aristegui Noticias*, 13 de febrero de 2024, disponible en https://aristeguinoticias.com/1302/entrevistas-completas/pgr-busco-en-2009-que-declarara-contra-amlo-usando-dichos-de-jennifer-marco-antonio-mejia-lopez-video/.

[5] Información contenida en el archivo "Silvio Isidro de Jesús Hernández Soto" de la Sedena, que forma parte de los documentos obtenidos por Guacamaya Leaks, del cual la autora tiene copia.

narcotráfico, entre ellos el exsubsecretario de la Sedena, el general Tomás Ángeles Dauahare.

Tras la llegada de AMLO a la presidencia, el general Audomaro, como titular del Centro Nacional de Inteligencia —cargo que ocupa hasta ahora—, recomendó a Alfredo Higuera Bernal, nuevo titular de la Subprocuraduría de Investigación Especializada en Delincuencia Organizada (SIEDO, antes SEIDO), nombrar a Silvio Isidro como titular de la estratégica área de Cuerpo Técnico de Control de la PGR. En su recomendación Audomaro dijo que Silvio Isidro era muy cercano al actual titular de la Sedena, Luis Cresencio Sandoval. Cuando este se enteró, envió una carta a Higuera Bernal desmintiendo a Audomaro y de antecedentes delictivos del exintegrante de la campaña de López Obrador [6]

* * *

Durante 2011 el equipo de investigadores coordinados por la fiscalía de Nueva York estuvo trabajando por meses el caso de financiamiento ilegal y tuvo avances sustanciales, pero aún faltaba investigar más. El mayor problema que tenían era que corría el tiempo en contra.

El delito que estaban investigando tenía una prescripción de cinco años, explicó una de las personas involucradas en la pesquisa, en 2011 vencía el plazo para fincar responsabilidades, pero aún faltaba investigar más. Ellos no tenían claridad si AMLO sabía del financiamiento y si había participado de manera directa.

[6] *Idem.*

El SARC evaluó la pertinencia de continuar o no las pesquisas, cuando López Obrador anunció, en noviembre de 2011, que sería de nuevo candidato a la presidencia para las elecciones de 2012.

En una estrategia para avanzar en la investigación y superar el tema de la prescripción, los investigadores propusieron una operación para que Mauricio como *insider* sirviera como intermediario para presentar a un supuesto criminal con Nico y se ofrecieran 5 millones de dólares a la campaña, con el fin de obtener más pruebas contra él, y de ser posible contra el propio AMLO. A finales de 2011 y comienzos de 2012 el SARC decidió cerrar la investigación y así evitar que se acusara al gobierno de Estados Unidos de intervenir en los comicios. No se trató de que no hubiera un caso o que las pruebas no fueran sólidas o creíbles para continuarlo, sino más bien pesaron más los criterios políticos y el tiempo de prescripción.

Tras su colaboración, Soto Caballero fue sentenciado en la Corte de Distrito Sur en Nueva York a un periodo probatorio. En vez de ingresarlo a prisión podía mantenerse libre, pero si volvía a cometer un delito en Estados Unidos iría a prisión.

AMLO perdió la elección presidencial en 2012 ante Enrique Peña Nieto, el candidato emanado del PRI. En esa campaña también colaboraron Soto Caballero y Nico, quien siguió al lado de López Obrador hasta 2014.

Fue hasta 2018 que López Obrador logró ganar la presidencia.

* * *

La mañana del 30 de enero de 2024 publiqué el artículo "El Cártel de Sinaloa financió la campaña de AMLO en 2006/I" en la agencia de noticias alemana Deutsche Welle, donde tengo una columna semanal. Ese mismo día por la noche los medios de comunicación *ProPublica* e *Insigthcrime* publicaron información muy similar.

Al otro día en Palacio Nacional salían chispas y truenos. Miembros de su círculo cercano me afirmaron que de la Presidencia se llamó a Nico y a Mauricio para que se encargaran de desmentir la información. El presidente en su conferencia de prensa matutina en Palacio Nacional negó haber recibido dinero del narcotráfico. "Es completamente falso, es una calumnia".[7] Primero emprendió una ofensiva con quienes revelamos la investigación de la DEA hasta entonces secreta. "Tiene que decir la DEA si es cierto. No es cierto, cuál es la investigación que hicieron, cuáles son sus pruebas. Pero no la DEA, ¡el Departamento de Estado!".

Al día siguiente el presidente arremetió más duro contra el gobierno de Estados Unidos:

> Ayer que preguntó un periodista al Departamento de Justicia y declara alguien que está cerrado el caso, y que no me están investigando, y que no encontraron nada. Sí, pero esa es una cuestión informal. Yo no acepto eso. Yo lo que quiero es que el gobierno de Estados Unidos se manifieste, porque el presidente de México tiene autoridad moral y tiene autoridad política. Y si no tienen pruebas, tienen que disculparse.
>
> El presidente Biden debería de enterarse de eso, porque ¡cómo vamos a estar sentados en la mesa hablando del combate a la dro-

[7] Versión estenográfica de la conferencia de prensa matutina del presidente Andrés Manuel López Obrador del 31 de enero de 2024.

ga, si ellos o una institución de ellos está filtrando información y dañándome! —y corrigió—. No a mí, a lo que represento.

Entonces, ¡cómo vamos a estar hablando de migración y vamos a estar hablando de combate a la droga y del fentanilo si un periodista dice que tiene pruebas de la DEA!

El 2 de febrero AMLO intentó deslindarse de Mauricio Soto Caballero tergiversando el contenido de los artículos: "Ponen al que le dieron el dinero como jefe de campaña; yo no tenía jefe de campaña, creo que en ese entonces el jefe de campaña era Monreal, en 2006, y en el 12 me acuerdo que estaba Tatiana, pero yo creo que era la vocería". El 13 de enero de 2006 él mismo nombró a Jesús Ortega como su coordinador de campaña. Extraño que ahora diga que no se acuerda de lo ocurrido en ese año. "Pero el que mencionan lo he visto como unas cinco veces, sí, como cinco veces, y no tiene ninguna relación conmigo, nada", dijo tajante.

Fueron el propio Mauricio, y sobre todo Nico, quienes lo desmintieron. Públicamente Soto Caballero y Nicolás Mollinedo negaron su involucramiento con el financiamiento ilegal. Pero sus contradicciones y mentiras terminaron enredando a los tres protagonistas de la historia, ellos y AMLO, dejando maltrecha su credibilidad.

* * *

Mauricio, visiblemente nervioso, dijo a los pocos días que nunca colaboró con la DEA y que no grabó a su amigo Nico. "Los gringos son muy buenos para hacer películas", aunque reconoció que de 2002 a 2023 en Aristóteles 131 estaban sus oficinas, y que ahí conoció a Pancho León y Emilio Dipp en 2006. "Si es que hubo dinero que entregaron a la campaña de Andrés por mi lado no fue", dejando más dudas que certezas.[8]

AMLO dijo que apenas y lo había visto, pero desde 2021 Soto Caballero ha presumido su gran cercanía con el ahora presidente: "Me tocó mucho trabajar estos últimos 18 años con el actual presidente, es una persona a la cual yo admiro. Es el político más honesto y congruente que conozco". Afirmó haber participado en el equipo de López Obrador en las campañas presidenciales de 2006, 2012 y 2018. "Yo creo que estar en una campaña presidencial es una experiencia fabulosa. Lo que más me dejó a mí es haber logrado visitar casi los 2 mil 500 municipios que hay en el país al lado de él".[9]

En la operación de deslinde, Mauricio afirmó que en la empresa Leverage Consultores de la que es propietario, Nico no era socio.[10] Pero la tarjeta de presentación que tenía Mollinedo sobre su escritorio el día que lo entrevisté en 2022 era de esa empresa escrito con letras oscuras en realce sobre papel color blanco amarillento: "Nicolás Mollinedo Bastar, Consultor Asociado", y expresamente en la entrevista que le hice Nico dijo que era su socio.

[8] "'Los gringos son muy buenos para hacer películas': Soto Caballero sobre investigación de la DEA", en *Aristegui Noticias*, 3 de febrero de 2024, disponible en https://aristeguinoticias.com/0302/mexico/los-gringos-son-muy-buenos-para-hacer-peliculas-soto-caballero-sobre-investigacion-de-la-dea/.

[9] Valores Tve, "VALORES TV Presenta: La entrevista con Mauricio Soto Caballero!!!", 22 de marzo de 2021, disponible en https://www.youtube.com/watch?v=UN5XGzYWZT8.

[10] "Los gringos son muy buenos...", *op. cit.*

* * *

En los enredos de las versiones de AMLO, Mauricio y Nico el que dijo el peor guion fue este último. En una de las primeras declaraciones de Nicolás Mollinedo sobre el financiamiento del Cártel de Sinaloa, trastabillando en las palabras dijo: "Nunca, digo, eso no, eh, eh, nunca se ha logrado, nunca se dio...".[11]

Con extraña actitud declaró que la cantidad de 2 millones de dólares le parecía ridícula en comparación con los más de 600 millones de pesos que gastó AMLO en la campaña. "Andrés es una persona a través de su vida honesta, no se iba a manchar por esa mínima cantidad".

Efectivamente no fueron 2 millones de dólares, sino al menos 25, según el jefe de seguridad de la Barbie.

Nico aseguró: "Mauricio nos acompaña nada más en la campaña del 2006, él no participa en el 2012 y en el 2018 tampoco [...] En el 12 no participó con nosotros, ¡ni lo veo! [...] Decir que estuvo 18 años y que fue empleado del licenciado Andrés ¡es una mentira muy grande pues!".[12] Mauricio en repetidas ocasiones, previas a que saliera a la luz el tema del financiamiento del cártel, había dicho lo opuesto. Pero además el propio Nico me dijo lo contrario en 2022. Relajado y muy suelto al hablar dijo: "Mauricio vuelve a participar conmigo en la campaña de 2012".

Y habla de la cercanía de Mau, como él lo llama, con López Obrador. "Te cuento, le digo: 'Jefe, ¿qué cree?'. '¿Qué?'. 'Aquí

[11] Julio Astillero, "Nunca recibí dinero ilícito para campaña; AMLO no hace componendas con nadie: Nicolás Mollinedo", 31 de enero de 2024, disponible en https://www.youtube.com/watch?v=OIc-oc2DhEI.

[12] *Idem*.

Mauricio, que es pensante, trae esto. Queremos hacer un partido político'. Todavía no perdíamos, era 2012. '¿Y qué van a hacer mañana? ¿Tú te vas a ir conmigo a Los Pinos?'. 'No', le digo, yo todavía vacilaba… 'No', le digo, 'quiero estar lejos del que manda y cerca del que paga'".[13]

Nico dijo el 31 de enero de 2024 que después de 2006 ya no hubo relación entre ellos: "Yo no vuelvo a ver a Mauricio, sé que trabajó con Marcelo Ebrard, con Función Pública, hay constancia de eso, también sé que fue presidente del PRD en una delegación de la Ciudad de México".[14]

Pero en 2021 Nicolás Mollinedo me reveló que no solo mantuvieron vínculos luego de la derrota de 2006, sino que eran tan cercanos que de la tarjeta de crédito American Express de la que Soto Caballero era titular le dio una adicional a Nico, con la que de 2007 a 2008 se gastó al menos 700 mil pesos.

Y era tal la confianza entre AMLO y Mauricio, que también le dio una tarjeta adicional a José Ramón López Beltrán, su hijo.

* * *

Con la tarjeta American Express adicional sin límite de crédito el primogénito pagó viajes a diferentes destinos turísticos de lujo y gastos personales, el beneficio financiero lo ocupó durante meses hasta 2005, del cual gastó más de 100 mil pesos. Cuando se entrega una tarjeta de crédito adicional el beneficiario obtiene los privilegios, pero la responsabilidad del pago recae en el titular.

[13] Entrevista realizada por la autora para esta investigación el 2 de agosto de 2022, de la cual conserva la grabación.

[14] Julio Astillero, *op. cit.*

De 2003 a 2008 Mauricio le dio a Nico cinco tarjetas adicionales sin límite de crédito. Tan solo de marzo de 2007 a diciembre de 2008, Nico gastó 700 mil pesos con cargo a Mauricio. "Entre las compras de Mollinedo hay gastos en tiendas como Mont Blanc, Lladró, Palacio de Hierro, Nike y Rolex; restaurantes como Puerto Madero, Hooters y Angus Bar; y centros nocturnos en Cancún como Coco Bongo, Néctar Bar y Daddy'O".[15]

El caso de las tarjetas American Express fue filtrado por un supuesto empleado de Soto Caballero durante la campaña presidencial de 2018, pero fue Nico quien me confirmó en 2021 que era real. Ahora que se sabe que Mauricio ayudó a triangular el dinero del Cártel de Sinaloa a la campaña de AMLO en 2006, esos hechos toman una nueva dimensión.

—Vi en algunas noticias que decían que el señor Mauricio había pagado, le había regalado a José Ramón tarjetas de crédito —pregunté a Nico.

—Sí, eso fue en el 12. Ahí vuelve a entrar, por ejemplo, yo no tengo tarjeta de crédito, Andrés tampoco, entonces Mauricio tenía tarjeta.

—¿Ya estaba en la campaña o era como empresario?

—No, no, como amigo. Eso fue antes del 12, creo en 2010. Le dio una adicional de su cuenta, pero la pagaba José Ramón. Yo también tuve una, también yo salí ahí pero no me la pagaba Mauricio, nomás que a él le daban crédito y decía: "Tú la pagas y cada quien su cuenta". Nada más que el titular del crédito era Mau, pero no es que me lo regalara, Mau siempre está jodido

[15] Andrés Manuel: "Honestidad de la calle, corrupción en la casa", en Pejeleaks, mayo de 2018.

igual que uno —dijo con soltura—. Yo no era sujeto a crédito y él me la daba, igual pasó con José Ramón, y creo que no fue mucho, no eran millones de pesos... muchos en este país no tenemos American Express, ¡es un lujo!

* * *

Nico me aseguró en la entrevista que él y Mauricio, tras la derrota de 2012, en reunión con AMLO le dijeron que ellos querían hacer el partido político Movimiento Ambientalista Social. En vez de hacerlo ayudaron a fundar el hoy partido oficial Morena.

"Pues ya perdemos 'vamos a hacer un partido político'. Un partido político lo puedes hacer un año después de la elección", le dijo a López Obrador. "Todos somos unos apestados, todos aquí no sabemos más que hacer política, entonces le digo: 'Queremos con Mauricio hacer un partido político'. 'No', dice 'lo voy a hacer yo', entonces nosotros nos paramos.

"Y dice: 'Ya es hora, a darle, a hacer todo, a reunir los requisitos'. Decimos: 'Está bien, nos vamos a esperar', nosotros tenemos que pedirle conocimiento a él, él ya lo tenía pensado es cuando le digo: 'Usted no tiene compostura'. 'Te vamos a seguir', todavía nos fuimos a hacer Morena al Zócalo, a recabar firmas".[16]

Aunque el Movimiento Ambientalista Social, según Nico, quedó fundado en 2013, fue hasta 2019 que él y Mauricio die-

[16] En 2011 fue constituida la asociación civil Movimiento Regeneración Nacional (Morena). Entre noviembre de 2012 y 2013 realizaron la colecta de firmas y asambleas para convertirla en partido político según los requisitos del IFE. En julio de 2014 el IFE otorgó el registro a Morena como partido político nacional. "Historia Morena", en https://morenasonora.org/historia-morena/

ron el anuncio de la creación de un nuevo partido. En 2020 el INE les negó el registro.

* * *

En el contexto de lo que tenía visos de convertirse en un conflicto diplomático tras la revelación de la investigación hecha por el Departamento de Justicia, diferentes autoridades de Estados Unidos dijeron en los días y semanas subsecuentes que no hay en este momento una investigación contra López Obrador.

La disculpa que esperaba el presidente nunca llegó. Ningún funcionario de ese país ha negado que existió la investigación sobre la campaña de 2006, ni desmintió los hallazgos revelados por mis colegas y yo el 31 de enero.

* * *

A finales de 2020, en una reunión en la que estuve presente en unas oficinas del Departamento de Justicia en Nueva York, tuve conocimiento de que un equipo estaba analizando la posibilidad de reabrir la indagatoria sobre el financiamiento del crimen organizado a la campaña de López Obrador. Se encontraban presentes un importante fiscal, agentes de la DEA y otras autoridades.

Estaba el ambiente propicio para hacerlo. En diciembre de 2019 habían arrestado a García Luna, y en octubre al extitular de la Sedena, el general Salvador Cienfuegos, ambos por haber recibido pagos de integrantes del Cártel de Sinaloa a cambio de protección.

La reacción de López Obrador primero fue indiferente, y luego fue virulenta ante la detención de Cienfuegos, quien es muy cercano el general Sandoval, actual jefe del Ejército. Esto hizo que el presidente Donald Trump presionara al Departamento de Justicia para que de manera inusitada se retiraran los cargos, no por falta de mérito sino por cuestión política, y se deportara al general para ser juzgado en México. Al llegar fue exonerado de modo instantáneo.

Este acto desalentó, al menos en ese momento, continuar investigando los financiamientos ilegales a AMLO.

Había muchos elementos para hacerlo.

11

Y también el Cártel de Tijuana

Una soleada mañana de agosto de 2006, el lujoso yate *Dock Holiday*, con 11 pasajeros a bordo, zarpó del puerto de La Paz, Baja California Sur. El clima era ideal para la pesca, pero ese día los únicos pescados fueron ellos.

La embarcación se encontraba a 24 kilómetros de la costa de Baja California Sur, en aguas internacionales, cuando fue interceptada por la Guardia Costera de Estados Unidos, deteniendo a todos los que estaban a bordo, incluido Francisco Javier Arellano Félix, alias *el Tigrillo*, el poderoso líder del Cártel de Tijuana, fundado y comandado por él y sus hermanos desde la década de los ochenta. Tenía una orden de captura de la Corte Federal de Distrito Sur de California.

Steve Duncan, agente especial del Departamento de Justicia de California, trabajó con la fiscalía del Distrito Sur de California desde 2006 hasta 2010. Durante meses entrevistó al Tigrillo y así descubrió otros secretos sobre la campaña de AMLO en 2006.

* * *

En nuestro caso, en el Distrito Sur de California, a muchos de estos individuos se les permite cooperar, y es parte de nuestro

> sistema aquí. Te he escuchado hablar muy negativamente sobre cómo hacemos las cosas aquí —dijo riendo—. Yo siento lo mismo, pero ese es nuestro sistema.
>
> En el sistema federal, si los narcotraficantes asumen la responsabilidad en un informe o cooperan, obtienen una reducción de tiempo, por lo que la mayoría de estos muchachos, si se les permite, hablarán y dirán lo que saben.

Steven lleva sobre sus hombros una exitosa carrera de 32 años en las fuerzas del orden. Es experto en pandillas callejeras, pandillas carcelarias y cárteles de la droga mexicanos. Estuvo durante dos décadas como oficial en grupos de trabajo de la DEA y el FBI, y fue parte del equipo que desarticuló una buena parte del Cártel de Tijuana. Pero la carga de saber tanto no siempre es reconfortante.

A principios de 2024, aceptó concederme una entrevista para esta investigación, gracias a la invaluable ayuda de mi colega, el periodista y documentalista francés Romain Bolzinger. Su miniserie *Narco Circo*, lanzada en 2023, ha planteado con elementos y dureza la simulada guerra contra las drogas.

—Estás sentado en la misma habitación con estos tipos [narcotraficantes], a veces durante años, hablando con la persona sobre a quién ha matado, cuáles son sus rutas de drogas, quiénes son sus enemigos, cómo se comunican, a quién han corrompido.

—Esto sucedía entre 2006 y 2010, cuando yo era parte de ese grupo de trabajo. Me senté con muchos de estos tipos durante un largo periodo y tomé notas, tomé notas sobre todos los que fueron corruptos. Corrompen a alguien en cada rama del gobierno. En cada rama del gobierno tienen a alguien, no todos, pero ya sabes, tener al presidente es un *deal*.

De todas sus entrevistas, conserva los apuntes como un arqueólogo conserva los vestigios de un periodo de la humanidad, esperando que estos algún día, al ser analizados, puedan dar respuestas para entender el presente. Él me reveló el contenido de uno de esos apuntes de sus conversaciones con Javier.

> Sobre AMLO fue en 2007 cuando estaba sentado en el cuarto con Javier Arellano Félix [fue en San Diego, en la oficina de la fiscalía, el Tigrillo tenía 36 años]. En los primeros encuentros, él tenía una lista de información que dar. Habitualmente, el abogado hace una lista y la entrega al fiscal, quien la comparte con los agentes que están en el caso, y uno ve la lista… ¡eran muchas, muchas cosas! Cada encuentro trataba sobre un tema diferente. Desde el primer encuentro, Javier habló de AMLO.
>
> Los Arellano dieron dinero a la campaña presidencial de López Obrador porque pensaron que iba a ganar.

Esto le reveló Francisco Javier a Steven. Habrían sido entre 1 y 2 millones de dólares. Lo irónico es que los Arellano Félix eran acérrimos enemigos del Cártel de Sinaloa, particularmente del Chapo y el Mayo, quienes a través de Arturo Beltrán en esa elección habían entregado una cantidad mayor.

El vehículo para llegar hasta la campaña del candidato de la coalición Por el Bien de Todos, López Obrador, fue uno de los sicarios más sanguinarios de la organización, muy activo en Baja California, con conexiones con la dirigencia nacional del PRD. "Cotorro fue quien se reunió con el secretario de [Leonel] Cota Montaño, Saúl González", abundó el Tigrillo.

César Niebla Lerma, alias *el Cotorro*, era uno de los pasajeros detenidos del yate *Dock Holiday*. Fue extraditado a México en diciembre de 2006 para enfrentar cargos por todos los homicidios cometidos por órdenes del Cártel de Tijuana. Fue sentenciado en México a 101 años de prisión en 2010 y aún está vivo cumpliendo su condena.

Leonel Cota Montaño era el líder nacional del PRD, el partido que encabezaba la coalición que patrocinaba la candidatura en 2006 del hoy presidente. Había sido gobernador de Baja California Sur (1999-2005) y presidente municipal de La Paz (1996-1999). José Saúl González Núñez fue su secretario particular cuando este era gobernador y cuando fue dirigente del PRD. Ahí fue cuando el Tigrillo afirma haber enviado el dinero.

El entonces coordinador de la campaña de AMLO, Jesús Ortega, ha dicho que en 2006 Leonel Cota era quien manejaba los recursos económicos del PRD. Al inicio del sexenio de AMLO, lo nombró secretario ejecutivo del Sistema Nacional de Seguridad Pública y subsecretario de la Secretaría de Seguridad Pública y Protección Ciudadana del gobierno federal. Luego fue nombrado titular de Seguridad Alimentaria Mexicana (Segalmex) y en marzo de 2024 renunció a ese puesto para sumarse a la campaña presidencial de la morenista Claudia Sheinbaum.

González Núñez, por su parte, siguió cercano al exgobernador. Fue designado como secretario de Seguridad Pública y Tránsito cuando la hermana de Cota Montaño, Rosa Delia, era la presidenta municipal (2008-2011). Su gestión como encargado de la seguridad pública fue muy cuestionada por supuestos casos de protección de su policía a narcotraficantes, en particular al grupo de Adelaido Soto Aguilar, alias *el Güero Layo*. En 2018 fue candidato del Partido Verde a la alcaldía de La Paz y perdió. Actualmente es el secretario general de gobierno de Baja California Sur, nombrado por el gobernador de Morena, Víctor Castro Cosío.

Según reportes periodísticos, la Sedena ha investigado a Cota Montaño desde hace tiempo, incluyendo este sexenio, por "una constante relación con mensajeros del narcotráfico". Un informe de inteligencia de la Sedena fechado el 6 de agosto de 2020 señala que el empresario Francisco Gonzalo Gastillo Geraldo pidió dinero a un sujeto que el Ejército vinculó con el narcotráfico para cubrir las deudas de apuestas de Cota Montaño, con la expectativa de que este sería nombrado nuevo secretario de Seguridad a nivel federal.[1] Al final no fue nombrado en esa posición.

Francisco Javier Arellano Félix también reveló a Steve que en 2006 Jorge Hank Rhon, presidente municipal de Tijuana (2004-2007), mandó a su jefe de seguridad a pedirle que diera 2 millones de dólares mensuales para apoyar la campaña del candidato presidencial priista Roberto Madrazo, contrincante de AMLO. "Javier pensó que era extraño porque Hank Rhon tenía mucho dinero y nunca le dio el que le pidió", pero sí pagó un soborno a su jefe de seguridad.

Sobre si el equipo de la fiscalía de California dio seguimiento a estas revelaciones de financiamiento a políticos, en tono de frustración Steve respondió que no. En ese momento tenían otras prioridades que atender, estaban enfocados en capturar a Eduardo Arellano Félix, su sobrino, Fernando Sánchez Arellano, y su lugarteniente estadounidense, Gustavo Rivera. Tardaron, pero lo lograron.

Se enfocaron en revelaciones del Tigrillo que pudieran conducir a detenciones de otros narcotraficantes, sicarios y lavadores de dinero, y no en la estructura política indispensable para

[1] María Idalia Gómez, "Leonel Cota bajo vigilancia del Ejército", en *Eje Central*, 28 de abril de 2023, disponible en https://www.ejecentral.com.mx/la-portada-leonel-cota-el-contacto-con-el-narco.

que los cárteles operen con alto grado de impunidad en México. En 2007, Javier Arellano Félix fue sentenciado a cadena perpetua, pero en 2015 esta fue reducida a 25 años de prisión. "El señor Arellano proporcionó información veraz. La información que aportaba era como un sueño hecho realidad" y se le reconoció haber cooperado "desde el primer momento de su detención", según quedó asentado en la Corte Federal de San Diego.[2]

"Queríamos algo que pudiéramos hacer ahora, y por eso no nos detuvimos en la historia, no nos detuvimos en el presidente o la corrupción", dijo Steve.

"Pero creo que llegó al punto en que el gobierno de Estados Unidos se dio cuenta de que México no estaba lidiando con la información que compartíamos con ellos, así que comenzamos a hacer nuestras propias investigaciones. Cuando estos tipos son extraditados, nos dicen todas estas cosas", dijo Steven con convicción, refiriéndose a investigaciones como la hecha sobre Genaro García Luna o el general Salvador Cienfuegos.

"Finalmente lo están haciendo porque se dieron cuenta de que México no iba a hacer nada al respecto."

Sobre su perspectiva como exagente de las fuerzas del orden sobre la decisión política tomada por el gobierno de su país en 2011 de no continuar la investigación sobre el financiamiento de AMLO, el exagente de la DEA fue preciso:

> Creo que a veces se toman decisiones para evitar que la relación entre México y Estados Unidos empeore demasiado, aunque se den

[2] "Francisco Javier Arellano Félix libra cadena perpetua", en *Debate*, 19 de junio de 2015, disponible en https://www.debate.com.mx/policiacas/Francisco-Javier-Arellano-Felix-libra-cadena-perpetua--20150619-0152.html.

cuenta de que Obrador es una porquería... estos tipos en la cima del gobierno de Estados Unidos reciben información sobre lo que está pasando en México, ¡y saben! Simplemente no quieren arruinar la relación, así que Obrador no está engañando a nadie.

* * *

"Sabemos la información que tenemos. Y sabemos que esa información ha sido precisa. Y así ahora tenemos a alguien sentado en la presidencia de México que sabe que tenía gente a su alrededor que estaba recibiendo dinero del cártel", comentó uno de los agentes relacionados con las investigaciones a la campaña de López Obrador.

"Cuando llega AMLO al poder comenzó a amarrar las manos a la DEA. Los cárteles en México solo le han tenido miedo a la DEA, a ser extraditados. A los agentes que debían llegar a México comenzaron a retardarles las visas, se prohibió que funcionarios mexicanos se reunieran con nosotros."

* * *

"Yo pensaba: 'Este güey no va a ganar'", comentó el testigo que presenció la reunión en Nuevo Vallarta y la entrega de dinero en manos del ahora presidente en el hotel El Campestre, en Gómez Palacio, sobre la llegada de AMLO al poder en 2018.[3]

Entre otras cosas, los enviados de AMLO a Nuevo Vallarta en el primer encuentro habían prometido que los gringos "se

[3] Se trata del mismo testigo que se identifica como T5 en el capítulo 8. La autora lo entrevistó en varias ocasiones sobre los hechos de 2006.

van a la chingada". El testigo era muy escéptico de que eso pudiera cumplirse.

> Yo me equivoqué, sí cumplieron todo lo que prometieron. Que los gringos se fueran, que los iba a traer cortos. No le llamaba entonces "abrazos, no balazos", sino que quería tener al pueblo en paz. Todo lo que les prometió Obrador son cosas que están sucediendo ahora, le está cumpliendo al Cártel de Sinaloa, los narcotraficantes son los más felices de que él esté en el poder.
>
> Yo lo veía muy cabrón, pensaba: 'No va a cumplir'. ¡Y mira! ¡Sí cumplieron!

Dijo con un dejo de estupor.

* * *

Arturo Beltrán Leyva no vivió para recoger los frutos de su inversión y simpatía por AMLO. Encarcelados sus hermanos, la Barbie, el Grande, el Indio y sus principales socios y lugartenientes, otros son los que también aportaron a la millonaria colecta y han vivido lo suficiente para disfrutar de los beneficios.

* * *

—¿Qué piensa de que López Obrador esté en el poder? —pregunté en 2021 al jefe de seguridad de la Barbie, testigo presencial de los acuerdos hechos por el equipo de campaña de AMLO y el Cártel de Sinaloa en 2006.[4]

[4] Se trata del mismo testigo que se identifica como T2 en en los capí-

—Pues obviamente dice el dicho que "el que persevera alcanza", y él le invirtió 12 años de campaña y obviamente hubo gente que creyó en él y otra gente que no. Eso del Ovidio obviamente fue más que claro —dijo refiriéndose a la insólita liberación del Ratón, el menor del clan de los Chapitos, ocurrida en 2019—. Él [AMLO] lo manejó como para proteger a la ciudadanía, pero le repito, si de aquel lado fue que lo apoyaron pues obviamente está de ese lado... son ahijados del otro señor, del que no se nombra, el de la M —dijo en tono de respeto y temor refiriéndose al Mayo Zambada.

* * *

Los otros beneficiarios que cobran buenos dividendos de la inversión a largo plazo realizada por el Chapo, uno de los aportadores de la colecta de 2006, son sus hijos, el cuarteto criminal de los Chapitos. A pesar de que su padre pasará el resto de su vida en una fría prisión en Estados Unidos, en su ausencia han edificado su reino bajo la protección del gobierno de Andrés Manuel López Obrador.

Una buena compensación para su apoyo constante.

En el año 2006 el Cártel de Sinaloa había dado dinero a la campaña de todos los candidatos presidenciales, incluyendo la de Andrés Manuel López Obrador.

Para el 2012, mientras el Chapo y su brazo derecho, Dámaso López Núñez, padre del Mini Lic, apoyaron con recursos eco-

---

tulos 6 y 9. La autora lo entrevistó decenas de veces en 2021 para el libro *Emma y las otras señoras del narco*, México, Grijalbo, 2021, y para esta investigación.

nómicos al candidato del PRI, Enrique Peña Nieto, los Chapitos hicieron su propia apuesta.

"En el año 2012 los Chapitos apoyaron a López Obrador", aseguró categórico Dámaso López Serrano, alias *el Mini Lic*, exsocio y amigo de los Chapitos. "El Chapo se molestó, pero ellos no hicieron caso, ellos ya tenían un acercamiento."

En 2012 el Mini Lic era muy amigo y socio de Iván, el líder del clan. "Yo estaba presente cuando le dijo a su papá 'hay que apoyar a López Obrador'", entonces candidato de la coalición Movimiento Progresista. El Chapo no prestó atención y junto con el Licenciado dio millones de dólares a la campaña del PRI, aseguró el Mini Lic.

"Después de esa reunión me fui a Guadalajara y los Chapitos sí apoyaron a López Obrador. En ese tiempo tenían un contacto con alguien de Guadalajara que les decía que había que apoyar a AMLO, yo estuve también en esa junta en una casa en Guadalajara". Ahí Iván y Alfredo Guzmán Salazar había vivido su infancia.

* * *

De acuerdo con uno de los operadores más cercanos a AMLO que lo ha acompañado desde la jefatura de gobierno hasta ahora, la operación de 2006 a 2012 en su presidencia paralela, la fundación de Morena como asociación civil y luego como partido político, la realización de consejos y comités en todo el país, más la campaña presidencial ininterrumpida, era de al menos 10 millones de dólares mensuales. Cuando Marcelo Ebrard ganó la jefatura de gobierno en 2006 le entregaba dinero del presupuesto de la Ciudad de México, otra parte del financiamiento venía de empresarios y otra de cárteles de la droga.

"Del 100 por ciento de los recursos que realmente se gastaron el 60 por ciento venía del narco" afirma el testigo.[5] López Obrador y su equipo crearon diversas organizaciones civiles para fondear su movimiento.[6] Y crearon su propio medio de difusión oficial *Regeneración*, "El periódico de las causas justas y del pueblo organizado". A lo largo de ese tiempo hubo diversas denuncias sobre irregularidades en las finanzas de dichas organizaciones, todo el dinero canalizado eran aportaciones en efectivo hecho por donantes tanto "ciudadanos" como funcionarios públicos vinculados al movimiento de AMLO. De nueva cuenta, así como ocurrió en la campaña presidencial de 2006, en 2012, la coalición Movimiento Progresista fue el único que el IFE determinó había rebasado los topes de gastos de campaña, erogaron oficialmente 62.7 millones de pesos más.

Las finanzas de la campaña de AMLO y la de Peña Nieto eran hoyos negros. Al candidato priista se le descubrió un financiamiento paralelo de dinero de origen desconocido a través de tarjetas Monex repartidas antes del día de la elección. De uno y otro representante ante el IFE se presentaron quejas por "uso de recursos de procedencia ilícita". El PRI acusó a AMLO de un financiamiento ilegal de al menos mil 200 millones de pesos. Movimiento Progresista acusó al PRI de haber recibido al menos

[5] La autora ha entrevistado al informante identificado como T3 desde el 2021. Todas sus declaraciones de un mismo evento, cuestionados por la autora a lo largo de cuatro años, fueron consistentes.

[6] Del 2005 al 2018 crearon las asociaciones u organizaciones civiles No nos vamos a dejar, Proyecto Alternativo de Nación, Proyecto Movimiento de Regeneración Nacional, A.C., Honestidad Valiente, A.C., Austeridad Republicana, Proyecto Alternativo de Nación, A.C., No nos vamos a dejar, A.C., Movimiento Nacional en Defensa del Petróleo, Movimiento en Defensa de la Economía Popular, y Sin Maíz no hay País.

120 millones de pesos fuera de la ley. Al final ambas campañas fueron exoneradas por el IFE.

* * *

En 2018 los Chapitos no cambiaron ni de jinete ni de caballo y apostaron de nuevo por AMLO en la carrera presidencial.

12

El reino

A inicios de 2018 un elegante restaurante de Culiacán cerró sus puertas para dar cabida a una singular convención de negocios que revolucionaría el mercado de las drogas y multiplicaría el poder del Cártel de Sinaloa.

A nombre de los Chapitos convocaron a la reunión José Ángel Canobbio Inzunza, alias *el Güerito*, Óscar Noé Medina González, alias *el Panu*, y Jaime Fernández, alias *el Jimmy*. Parecía más una tardeada de preparatoria que una reunión de narcos. Estaba lleno de muchachos de entre 18 y 21 años, no mayores que eso. El objetivo era hacerles una propuesta de negocio tan apetitosa que fuera imposible rechazar.

José Ángel Canobbio Inzunza, nacido el 25 de mayo de 1980 en Culiacán, Sinaloa, tres años mayor que Iván Guzmán Salazar, fue uno de los edificadores del reino de los Chapitos, es su socio y amigo. Y hay quienes afirman que es pieza fundamental de su facción, si el mayor de los Guzmán fuera detenido su sucesor sería sin duda él. Tiene dos hermanos, Alejandro y Jorge Abraham Canobbio Inzunza, este último fue detenido en 2011 en Estados Unidos por querer cruzar la frontera con 25 mil dólares en efectivo, firmó un acuerdo de culpabilidad y estuvo detenido solo 60 días. Dámaso López Serrano, alias *el Mini Lic*, lo describió como inteligente y siniestro.[1] Si hay que matar a alguien no le importa llevarse de por medio a mujeres y niños. "Canobbio es 'Oiga, ahí va saliendo del kínder con su hijo', '¡Dénle! Traten de no darle a los niños, pero si no, ni modo, es daño colateral'. Así es, por eso es más malo que Iván todavía."

* * *

La reunión era para el lanzamiento de un nuevo producto.

"Era para decir de la nueva droga, había llegado una nueva droga, que era mejor que la cocaína, que el cristal y que la heroína. Explicaron que esta droga era mejor que la cocaína porque te daba más ganancia y el consumidor la iba a pedir por montones, ¿por qué?, porque si la cocaína te daba 30 minutos de energía, el fentanilo te daba de 10 a 12 horas", reconstruyó el momento el testigo a quien he identificado como T1, un importante socio de los Chapitos de 2010 a 2023 que estuvo en dicha reunión.[2]

"Bueno, en ese entonces no dijeron que era fentanilo, decían las M30, las famosas pastillas azules. Podía tragarse, podía molerse y ser aspirada, o podía ser calentada y por la vena inyectada. De un kilo creo que sacas 15 y de esos 15 agarras uno y de

[1] La autora entrevistó a Dámaso López Serrano a principios de octubre de 2024 en una ciudad de Estados Unidos, purgó su condena como narcotraficante y ahora es un importante testigo colaborador del Departamento de Justicia de Estados Unidos.

[2] La autora entrevistó al testigo T1 en octubre de 2023 en una ciudad de Estados Unidos, quien colabora con el Departamento de Justicia de ese país.

ese uno haces 10, por eso el margen es muy grande, el que traía un kilo de fentanilo puro hacía millones".

El propósito de la reunión era crear un nuevo mercado de consumidores. Los jóvenes que estaban comenzando a vender el cristal producido por los Chapitos debían comenzar a cambiar el producto por las M30.

"Dijeron que iba a ser un boom, le regalaron 5 mil pastillas a cada uno, para empezar a ofrecer". Los distribuidores tenían que regalarlas a su vez al consumidor final.

"De esa reunión se desprende Markitos Toys y el Kastor, ellos fueron de los que hicieron millones de dólares con el fentanilo". El primero es Marcos Eduardo Castro Cárdenas, alias *Markitos Toys*, y el segundo Mario Alberto Jiménez Castro, alias *el Kastor*, por quien ahora el Departamento de Justicia ofrece una recompensa de un millón de dólares; está acusado de tráfico de fentanilo a Estados Unidos y de lavado de dinero para los Chapitos.

"Y al principio ellos [los Chapitos] te fiaban, '¿cuántas quieres, güey?, ¿10 mil, 50 mil, 100 mil?', decían: 'Yo te las fío, aquí te las apunto chuchuchu, fiado', fletes fiados, el chiste es que pegara. ¡Cómprennos!, ¡cómprennos!, y ya fue cuando todo mundo empezó que era una fiebre".

Culiacán fue el epicentro de la fiebre del oro azul, las M30 comenzaron a ser producidas por millones. Los jóvenes se volvieron los principales distribuidores, y comenzaron a crear líneas de tráfico a Estados Unidos, era allá donde se estaba creando el mercado. "El dinero comenzó a multiplicarse", dijo el testigo tronando los dedos, "y en cuestión de nada ya era un dinero que se veía, era porque cuando empezaron a entrar aquí a Estados Unidos, pues era algo nuevo".

"Al principio, hace cinco o seis años, se hablaba de un margen de producir una pastilla de fentanilo, te costaba dos dólares y la podías vender en Nueva York a 30 dólares por pastilla y ya con flete y taca taca taca". El costo de colocar una pastilla en Nueva York era de cinco dólares, la ganancia neta por cada píldora era de 25 dólares. "Un amigo no vendía si no eran al menos 10 mil pastillas. Son 250 mil dólares. ¡Era un margen! y estamos hablando que no mandaban 10 mil, sino 50 mil, 100 mil".

Fue justamente con esos jóvenes que ganaban millones de dólares que los Chapitos edificaron su reino. Ambiciosos, kamikazes e incondicionales.

* * *

—Cuando comenzó la época del fentanilo empezó a hacerse mucho dinero a costillas de eso. Se ven cosas que no se veían antes. Diez Lamborghini guardados en Culiacán, ¡¿Cuándo se habían visto?!, ahora cualquier gente tiene un Lamborghini, un Ferrari a costillas de eso, del dinero que deja el fentanilo, ¡es una exageración el margen de utilidad que da el fentanilo!

—¿A los Chapitos no les daba envidia que otros ganaran tanto dinero? ¿No les dio inseguridad? —pregunté al testigo.

—¡No!, al contrario, porque como los están haciendo ganar mucho dinero entonces es: "¿Quieres traer gente armada?". "Okey, pues, ¿me da permiso de traer unos tres, cuatro, cinco armados?" "Sí, okey, tú los vas a pagar, pero a la hora que yo los necesite pues obviamente son míos, van a usar mi nombre, son gente de los Chapitos, tú les pagas, tú pagas esos cinco, 10, 50 gentes armadas, pero yo te voy a dar el radio, cuando yo ocupe un apoyo tienes que responder" —con esa dinámica en tiempo récord construyeron un ejército bien equipado y leal—. La apuesta de ellos fue jóvenes y el miedo. "Hay que apoyar a los jóvenes", ¿qué decían los jóvenes?: "No nos hacen nada, podemos hacer lo que queramos, nadie nos hace nada porque tenemos a los jefes", ¿qué decían los demás?: "Qué mal, pues yo también quiero el apoyo de ellos". Y empezó a crecer, muchísimo, no se imagina la cantidad, si usted se para en un antro en Culiacán y se da cuenta del dinero que corre. Se ven morrillos de 17, 18 años.

Narró que en una ocasión que fue a un antro en Culiacán vio a un adolescente de entre 15 y 16 años con un outfit de 200 mil pesos, con relojes, los fajos de dinero en la mesa. Fin de semana tras fin de semana se comenzaron a multiplicar en Culiacán, Mazatlán y otras ciudades de Sinaloa estos niños despilfarrando fortunas instantáneas generadas por el oro azul, sin importar la estela de muerte que dejaba a su paso.

En ese contexto de excesos y excentricidad Iván y Alfredo son los reyes de la fiesta en los lugares de moda nocturnos. El Chapito llama la atención por las decenas de radios que pone sobre la mesa cuando llega, mientras que Alfredillo, violento como es, en un inquietante contraste de personalidad desde hace cerca de dos años a donde quiera que va, como si fuera Paris Hilton, lleva consigo a su perro Blue, un gracioso y esponjado mini Pomerania que lo acompaña igual a reuniones de narcos que a la discoteca. Lo porta en brazos o en una bolsa de marca que carga en el hombro, mientras en la cintura porta su arma de fuego. Lo peina y lo acaricia constantemente.

En una ocasión un amigo suyo estaba cargando y arrojando al aire al perrito y Alfredo se enojó, "¡Así no! ¡Dámelo! Lo vas a estresar". Tiene otro perro idéntico llamado Roy, pero Blue es el consentido.

* * *

"Cuando empezaron a entrar con el fentanilo a Estados Unidos, pues era algo nuevo, empezó a matar mucha gente porque ellos tenían una receta, pero mucha gente comenzó a copiar y mataron a mucha gente", recordó el Mini Lic cuando fue testigo de los inicios de la peligrosa droga.

En un inicio Iván, el jefe del clan de los Chapitos, experimentaba inhumanamente con migrantes que se quedaban en la zona de vías de tren ubicadas tras la capilla del santo de los narcos, Jesús Malverde, en la zona centro de Culiacán. "Les daban pastillas a los loquitos, a los centroamericanos drogadictos que se vienen de allá del sur, en las vías del tren para calarlas. Si se morían decía: 'Bájenle la potencia, que se murió'. Hubo un tiempo que los centroamericanos ya no quisieron probar, a la gente le comenzó a dar miedo, se estaban muriendo. Para ellos la vida de la gente no vale nada. Ya después comenzaron a darles a animales, se las daban a perros, a caballos para probarlo."

* * *

Con la misma intensidad que los Chapitos generaban riqueza, también infundían temor. José Angel Canobbio fue uno de los estrategas.

"Era empresario. Es muy inteligente, muy metódico, calculador. No sé si es de Los Mochis, pero tiene familia ahí, él se iba a esconder allá antes. No sé hasta dónde estudió, lo que dicen es que fue gerente de una agencia Mercedes Benz; es una persona que te habla bien inglés, es súper inteligente. Ha viajado mucho. Primero comenzó a trabajar con el hijo del Azul, con Juan José [Esparragoza Monzón], *el Azulito*. Él tenía un camino derecho, pero después lo torció", dijo el T1.[3]

> Él fue de los que empezaron con "Iván, ¡hay que meter miedo!, hay que arremangarlos". Es de los que cuando tiene que matar y quitar gente y quitar lo que esté en frente, él no se tienta el corazón para limpiar el camino. Es el principal operador de los Chapitos para tráfico y organización, y tiene muy buenos contactos con el gobierno.
>
> A cualquier persona normal que usted le pregunte en Culiacán, en cualquier ranchería de Sinaloa que ellos estén, los pistoleros de los Chapitos ahí están, golpeando y tableando gente a diestra y siniestra. La gente no los quiere y la misma gente de ellos con estas palabras lo han dicho: "Ellos tienen amigos de miedo, tienen muchos amigos porque los amigos tienen miedo de ser enemigos de ellos", "¿Amigos o enemigos? Amigos, ¿me vas a matar?, mejor soy tu amigo". Mucha gente les saca la vuelta, o sea ya si te vas al fondo, llegas a la ciudad y en la ciudad te encuentras a una persona normal, te va a decir que tienen miedo, que prefieren al Mayo. Son dos caras de la moneda, obviamente si le preguntas a un pistolero te va a decir: "Yo doy la vida por ellos", porque sí la dan, o sea, es real, es real totalmente, pero la gente en los pueblos no, 99 por ciento de su gente son malditos, abusones y no les importa nada.

"José Ángel Canobbio es muy importante", dijo por su parte el Mini Lic, "él es el que paga más nómina de todos, tiene su

[3] *Idem*.

propia línea de tráfico de droga, pero también trabaja con Iván y con Ovidio. Paga muchos sobornos a autoridades".

* * *

Para la construcción de su imperio los Chapitos no solo necesitaban mucho dinero y ejércitos para infundir terror, era indispensable contar con el respaldo del gobierno local y federal. Apostaron por AMLO en 2018.

"Supe que había una relación desde el mundial, desde 2018, cuando Jimmy Fernández empezó a hacer público y empezó a decirles a sus amigos que había que apoyar a Rocha Moya y a AMLO. Jimmy es el mejor amigo de Iván, es su damo de compañía, su diversión". El mundial ese año se llevó a cabo del 14 de junio al 15 de julio. La elección presidencial y para renovar la Cámara de Diputados y Senadores se realizó el 1 de julio de 2018.

Rubén Rocha Moya, profesor normalista, originario de Badiraguato, Sinaloa, como el Chapo Guzmán, era candidato a senador de la coalición Juntos Haremos Historia conformada por Morena-PT-PES, que postulaba a AMLO como candidato a la presidencia.

Rocha Moya había sido candidato del PRD a la gubernatura de Sinaloa en 1998, en la que contendió contra el priista, Juan Millán. Perdió la elección a nivel estatal, pero ganó los sensibles municipios de Badiraguato, Salvador Alvarado, Guamúchil, Angostura y otros de la región del río Evora de importancia estratégica para el Cártel de Sinaloa por su colindancia con el estado de Sonora, donde también la organización criminal tiene hegemonía y controla la frontera para el trasiego de drogas a Estados Unidos.

Fue coordinador de asesores del gobernador del PRI Jesús Aguilar Padilla (2005-2010).[4] También fue subdirector del Instituto de Seguridad y Servicios Sociales de los Trabajadores del Estado (ISSSTE) durante el sexenio de Enrique Peña Nieto y fungió de nueva cuenta como coordinador de asesores del también gobernador del PRI, Quirino Ordaz, hasta 2017, cuando se fue a Morena como coordinador estatal del partido de AMLO.

"Hubo apoyo económico para Rocha Moya, se le estaba apoyando con vistas a la gubernatura, ya traían ellos el plan, era una inversión a largo plazo", dice el testigo por parte de los Chapitos. Se afirma que es José Ángel Canobbio quien tiene contacto directo con uno de los hijos de Rocha Moya.

* * *

Tras el triunfo de López Obrador, los Chapitos se volvieron más siniestros. Con una rabia frenética. Al chofer y pariente de un enemigo suyo, de apenas 19 años, lo levantaron en Culiacán. Vivo se lo dieron como pedazo de carne a uno de los tigres que coleccionan para su entretenimiento.

"Esto fue en octubre de 2018, le dijimos que se saliera, pero no se quiso salir porque tenía el respaldo de su suegro, que su suegro andaba con el Mayo. Lo levantaron. Los Chapitos le reclamaban que les había robado y se lo echaron a un tigre. El tigre le arrancó una mano y los genitales", narró turbado el T1.[5]

[4] Currículum oficial de Rubén Rocha Moya, Cámara de Senadores LXIV Legislatura, cuando Jesús Vizcarra, empresario, amigo y compadre del Mayo era secretario de Desarrollo Económico.

[5] La autora entrevistó al testigo T1 en octubre de 2023 en una ciudad de Estados Unidos; él colabora con el Departamento de Justicia de ese país.

El cuerpo lo fueron a tirar al pueblo donde vivía su familia.

Quisieron tirárselo a su mamá en frente de su casa, pero en ese momento se estaba pavimentando una calle de concreto, entonces había un hoyo gigante por el medio, no pudieron entrar. Ese día en la madrugada a las 4:00 de la mañana lo tiran por la calle principal. En el reporte forense salió todo, estaba todo rasguñado, los genitales se los arrancó el tigre y el pedazo del brazo desde el codo, que la mano se la quitaron por ratero [...] Un tío de él lo encuentra, se iban a trabajar en la madrugada a regar las parcelas y ven un bulto, y dice que el cuerpo estaba todavía calientito, o sea lo acababan de matar.

En la tortura contra el muchacho se supo que estuvieron presentes Canobbio, el Panu, el Chore y Néstor Isidro Pérez Salas, alias *el Nini*.

* * *

El Mini Lic conoció al Nini cuando buscaba trabajo de sicario. Lo describió como un trastornado que asesina por hobby. "En los inicios del Nini me pedía trabajo a mí, tenía amistad con mi secretario. ¡Era un niño!, estaba chaparrito, flaquito, era un niño".

Dámaso recordó que su secretario le dijo un día: "¡Hey!, este morrillo dice que él quiere y que él hace lo que le mandes". "Pero cuando lo veo es como un niño de secundaria. No me acuerdo cuántos años tenía, pero de físico ¡era un niño de secundaria!". El Mini Lic no quería contratarlo.

Y entonces él para demostrar su valor andaba en una camioneta a las 4:00 de la mañana y él estaba hablando con mi secretario y le decía: "Ira, güey, escucha para que veas que yo lo que me pongan a hacer". Y se estacionó y se escucha el grito, porque mi secretario estaba grabando. "¡Hey! ¡Ven! ¿Qué hubo? ¿Qué andas haciendo?", era como un albañil o algo así porque le dijo: "Yo voy aquí para chambear". "Ah, ok", dijo el Nini y comenzó a dispararle y arranca la camioneta y dice a mi secretario: "¿Escuchaste? Acabo de matar, y ahorita me voy a encontrar a otros tres". Ya mi secretario le dijo: "Te van a matar por hacer eso", y dijo: "¡No!, para que veas. Dile a tu patrón que para que vea que yo me animo, al que me pongan yo...". Y después mató a un doctor que estaba haciendo ejercicio, igual en la mañana como a las 5:00. Desde ahí lo tengo odiado.

El Mini Lic no contrató al Nini, pero el Panu, uno de los principales operadores de Iván, le vio talento. "Y lo que sea de cada quién, porque yo acepto, lo mandaban a hacer cosas y las hacía. '¡Mata a aquel!', y decía: 'Sí', no preguntaba ni por qué o cómo, él solo iba y lo hacía. Entonces Iván lo jaló con él. El Panu ya salió mal con el Nini porque el Nini se alborotaba mucho y quería andar matando y el Panu dijo: 'No'."

De acuerdo con el Mini Lic, fue el líder de los Chapitos quien supo sacarle jugo al instinto asesino del Nini. "Iván dijo: 'Ven, ¡yo sí te voy a dar!', e Iván lo agarró". Iván comenzó dándole al Nini un ejército de 30 personas armadas, luego 50 con vehículos blindados. Terminó teniendo más de 100.

El Panu, el Nini y Jorge Humberto Figueroa Benítez, alias *el 27*, están coacusados con los Chapitos en Nueva York por tráfico de fentanilo a Estados Unidos. A los tres se les adjudica ser los jefes de las fuerzas armadas del clan de los hermanos Guzmán.

* * *

Corrían las primeras semanas de la llegada de AMLO al poder. Ese día estaba preocupado porque tenía ya tres días que había perdido contacto con sus hijos mayores, Andrés y José Ramón López Beltrán, y no sabía dónde estaban. Sus hijos andaban solos sin escolta y sin ningún tipo de vigilancia.

Fue su hombre de toda confianza, el general Audomaro Martínez Zapata, recién nombrado director del Centro Nacional de Inteligencia, el encargado de localizarlos. Los ubicaron gracias a un general en situación de retiro que tenía una antigua relación con el Cártel de Sinaloa. Así supo el presidente que sus hijos estaban bien, solo andaban de fiesta con un primo y unos amigos: los Chapitos.[6]

Se mandó un avión militar y civiles de toda la confianza de AMLO y sus hijos a recogerlos. Al llegar al aeropuerto de Culiacán el emisario del presidente fue recibido por una comitiva que ya lo esperaba para llevarlo hasta donde estaban Andy y Joserra, como se conoce a los hijos mayores de López Obrador. Por supuesto no podía ir acompañado de los militares. Quienes lo esperaban eran el sobrino del mandatario y el Nini, famoso por su violencia y masacres. Ya la Sedena lo tenía bien fichado por el asesinato de elementos del ejército en 2016.

* * *

[6] La información fue proporcionada por un testigo directo de los hechos. Fue entrevistado por la autora. La primera vez fue a mediados de 2021, la última vez en diciembre de 2023, con la distancia de ese tiempo contó la misma versión.

Los militares se quedaron esperando en el aeropuerto y el emisario del presidente se fue con el Nini. Llegaron a un poblado que estaba a más de dos horas de distancia de Culiacán. Una propiedad de los Chapitos en las inmediaciones de una zona con dunas; ahí estaban con Iván, el líder del clan criminal. Los hijos de AMLO y su primo se habían entretenido con intensas excursiones en racers, droga y mujeres. El enviado de AMLO los encontró en calidad de bulto y quiso llevárselos.

Los Chapitos, socios, amigos y lugartenientes tradicionalmente organizan excursiones en los vehículos deportivos todo terreno, hay rutas como "el Cosalazo", donde se atraviesa las montañas de la Sierra Madre Occidental, ríos y veredas. Hay ocasiones que cuando quieren organizar cónclaves lo hacen en los racers porque todos van con pasamontañas y cascos, van en grupos numerosos y son inidentificables. La mayoría de las rutas las hace el Cártel de Sinaloa.

"No te los puedes llevar, son mis invitados", dijo Iván molesto. Tenía los ojos inyectados, como quien no había dormido durante largas horas y estaba drogado.

Desde 2014 Iván tiene una orden de aprehensión vigente por narcotráfico girada por una corte federal de California, y a finales de 2021 el Departamento de Justicia de Estados Unidos lo puso en la lista de los "más buscados" y actualmente ofrece una recompensa de 10 millones de dólares a quien ayude a su captura.

"Si no me los llevo se va a hacer un desmadre", dijo el enviado.

El Nini, quien habitualmente es impulsivo, entendió la situación, porque sabía que el ejército los estaba esperando en el aeropuerto. Intervino: "Deja que se los lleven, ya llevan acá más de tres días. Yo los voy a escoltar hasta el aeropuerto".

El enviado notificó que ya había recuperado a los hijos del presidente y envió una foto para probar que, aunque en estado deplorable por la parranda, estaban íntegros.

Al llegar a la Ciudad de México los llevaron a un departamento en Santa Fe, propiedad de un contratista de Pemex, y que los hijos de AMLO usan como si fuera propio. Llegaron médicos militares y les dieron atención médica para desintoxicarlos.

Se afirma que Iván hacía acuerdos con Andy y Joserra. Se afirma que le entregó 100 mil dólares a Andy y un costoso reloj como uno de los primeros regalos.

Durante los primeros años del sexenio a los Chapitos les gustaba ir a bares de la Ciudad de México, donde según afirma el Departamento de Justicia de Estados Unidos el clan tiene un importante centro de operaciones, incluyendo un centro de distribución de fentanilo.

Sus lugares preferidos son, por ejemplo, Grand Piano Lounge, en Paseo Arcos Bosques, Santa Fe, y el República del Distrito, ubicado en Presidente Masaryk, Polanco. Se han reunido con los hijos de AMLO y algunos amigos suyos. El testigo T3 del círculo más cercano al presidente afirmó que hay videos de algunos de esos encuentros.

* * *

"Los hijos AMLO tienen un primo por parte de su familia materna, no sé el nombre porque no quise meterme mucho porque en el momento era muy delicado, pero la información venía de un círculo cercano a Iván. Fue en el Culiacanazo, en 2019, cuando supimos de esta información, un sobrino de AMLO tenía relación en Culiacán con los Chapitos, él era la fuente que llevaba y traía mensajes... veía al hijo de AMLO y el hijo de AMLO llevaba el mensaje a AMLO", confirmó el testigo T1, quien en aquella época era integrante del Cártel de Sinaloa.[7]

"Iván le regaló al primo una casa enorme en Culiacán y cada vez que llegaba el primo a Culiacán fiestas, mujeres y lo que quisiera, lo tenían súper consentido. Esta información la recibí al menos un mes después del Culiacanazo y ya fue cuando nos dijimos mmm por eso soltaron a Ovidio, sí había una relación muy fuerte entre AMLO y el Chapo".

* * *

"Todos en Culiacán ya sabíamos que iba a ganar López Obrador. Desde la segunda elección los Chapitos ya estaban apoyando a Andrés Manuel, eso ya todos lo sabíamos". dijo con voz firme Guillermo Michel Hernández, conocido en las filas de los Chapitos como *el Lagartijo*, a quien Los Alegres del Barranco le compusieron en 2021 un popular narcocorrido, coincidiendo con el testigo T1, aunque fueron entrevistados en diferentes años y lugares.

Luego de varias semanas comunicándonos a distancia, coordinamos el encuentro. Fue en una ciudad de Estados Unidos. Al igual que el Mini Lic, aceptó que su nombre fuera publicado. Decidió salir del Cártel de Sinaloa en 2021 para darle otra vida a su hija, y en 2022 cruzó a Estados Unidos y se hizo informante del gobierno de ese país.

[7] La autora entrevistó al testigo T1 en octubre de 2023 en una ciudad de Estados Unidos; él colabora con el Departamento de Justicia de ese país.

Lo que vivió y atestiguó es fundamental para entender los entretelones de la complicidad entre el gobierno federal y local emanado del partido Morena con el Cártel de Sinaloa, particularmente con los Chapitos. Ahora colabora con autoridades de Estados Unidos en la lucha contra el fentanilo, la información que me compartió ya la conoce el gobierno de ese país.[8]

El Lagartijo no pasa de los 40 años, comenzó siendo escolta en las filas de Noel Salgueiro, alias *el Flaco*, líder del grupo armado Gente Nueva, que por órdenes del Chapo llegó a Chihuahua a pelear la plaza a los Carrillo Fuentes, dicha guerra dejó un mar de sangre y convirtió a Ciudad Juárez en la ciudad más violenta del mundo. El Lagartijo se hizo leyenda cuando en una operación imposible rescató a un narcotraficante de manos del ejército por órdenes del Chapo Guzmán. Fue detenido en México alrededor de 2009 con un cargamento de cocaína. Estuvo preso en diversos penales, incluyendo las Islas Marías.

"En Culiacán ha habido lo que es la narcocultura siempre. Yo desde niño crecí con eso, mis juegos eran una camionetita y le echaba ramas verdes y decía que traía mariguana", recordó en tono reflexivo, casi como si estuviera pensando en voz alta. "Yo veía a mi mamá que sembraba amapola. Mis tíos sembraban mariguana, o sea, para mí era normal eso. Ahorita en Culiacán 70 por ciento de la sociedad tiene un amigo o un familiar trabajando en la mafia, tú quitas la mafia de Culiacán, y Sinaloa se viene abajo. Hay muchos hoteles, muchos restaurantes, muchas em-

[8] La autora estableció contacto con Guillermo Michel Hernández, alias *el Lagartijo*, desde 2023. Se encontró con él durante una sesión de tres días de entrevista a inicios de 2024 en Estados Unidos, de la cual conserva la grabación.

presas que tienen muchos empleados, pero en realidad no hacen nada, son pa lavar dinero."

El Lagartijo fue liberado en 2016 luego de purgar su condena. Llegó a Culiacán a trabajar para Alejandrina Gómez, quien encabeza una organización llamada pomposamente Cuerpo Diplomático Internacional, del que ella se asume como delegada y que en Sinaloa le permite entrar a diferentes prisiones y abogar por los derechos de los narcos. Usa ropa con esos logotipos, se cuelga en el pecho gafetes de la organización y pega calcomanías en sus vehículos que le dan cobertura e impunidad. Al Lagartijo le consta que en realidad ella y su esposo, Martín Villa, son contrabandistas de combustible, cigarros y fentanilo, trabajan para el Cártel de Sinaloa, primero para la facción del Chapo con David Medina, alias *el Venado*, y ahora para los Chapitos.

Alejandrina es hija de Carmelo Avilés y sobrina del tristemente célebre narcotraficante Pedro Avilés. Es peligrosa y vengativa, afirmó el Lagartijo. Muy amiga de Emma Coronel Aispuro, la esposa del Chapo Guzmán, y de María Fernanda, una de las esposas de Iván Gastélum, alias *el Cholo*, lugarteniente del esposo de Emma, con quien fue arrestado en Los Mochis en enero de 2016. Las tres, junto con el Lagartijo, hicieron un cuarteto casi inseparable. Ellos supieron con anticipación que Emma iba a entregarse al gobierno estadounidense e iba a colaborar. Para el Lagartijo, por amistad, la esposa del Chapo es un tema vetado en sus colaboraciones con ese gobierno, aseguró que no hablará de ella ni con ellos ni en la entrevista que aceptó darme.

Existen registros públicos de que Alejandrina fungía como una especie de jefa de relaciones públicas de Emma haciéndola ver como alma de la caridad. En 2018 le hicieron un generoso reportaje, en el que aparecía con la esposa del Chapo regalando juguetes a niños con cáncer en el Hospital Pediátrico de Sinaloa.[9]

El Lagartijo formó parte del brazo armado del Venado. Ahí conoció a Edgar Isabel Román Martínez, alias *el 22*, del cuerpo de sicarios de los Chapitos, ultimado en una incursión de sicarios al Hospital de Culiacán en octubre de 2023. Y también conoció a Iván Guzmán, el líder de los Chapitos, al Nini y Kevin Daniel Castro Beltrán, alias *el Kevin* o *el Jefe 200*, quien según el Lagartijo fungía como secretario de Iván. No conoció directamente a Canobbio, pero supo de su poder.

Afirmó que, aunque el Nini era el responsable de las fuerzas armadas de los Chapitos para custodiar Culiacán, Iván tiene su propia escolta integrada solo por militares de élite retirados, cuyo jefe es un sujeto apodado *Kalimba*. Mientras que Canobbio tiene su propio grupo de fuerzas especiales llamados los F.

"Iván es el jefe, pero el mero bueno es José Ángel [Canobbio], es el que mueve todo, ¡ese es el mero bueno del cártel! Si quitan a José Ángel se acaba el cártel. ¡Así de fácil! Él es el que tiene el control de todo."

Hasta ahora no se conoce que ni el gobierno de México ni el de Estados Unidos tengan en la mira al poderoso Canobbio. Del Nini, el "guía de turistas" de los hijos de AMLO en los racers, afirmó: "Al Nini yo lo conozco y sé que mata mujeres, mata niños. A él no le importa nada".

[9] Diana Hurtado y Vanessa García, "Así ayudó Emma Coronel a los niños con cáncer", en *Debate*, 2 de noviembre de 2018, disponible en https://www.debate.com.mx/emma-coronel-hospital-pediatrico-sinaloa-ninos-con-cancer-l201811020001.html

Yo hablaba con personas que trabajaban con él, nadie lo quería, estaba ahí porque los Chapitos lo pusieron, golpeaba a su gente, los tableaba, los humillaba. Ese mata por matar, golpea a sus empleados nomás por golpearlos. Si tiene un enemigo, no lo mata, primero va sobre la familia. Antes se prohibía matar a una mujer o a un niño, cuando él entró cambió todo porque no le importaba enviar a sus plebes, y si no encontraban a quien andaban buscando "bájenle a la mamá", le matan a la mamá, a la hermana, al hijo.

El Venado fue asesinado por Jesús Alejandro Sánchez Félix, alias *el Ruso*, un lugarteniente del Mayo, quien tenía un pleito a muerte con los Chapitos, que casi le cuesta a Zambada una guerra con los hermanos Guzmán. Al morir el Venado dejó varados en Tijuana cientos de kilos de fentanilo que sus hermanos y Martín Villa pusieron a disposición de Iván, y el Lagartijo se quedó de nuevo trabajando al lado de Villa, con los Chapitos.

Antes de las elecciones de 2018 la DEA estaba muy activa en Culiacán, tanto que los Chapitos les pusieron vigilancia cuando llegaban a hospedarse al hotel Lucerna. "El Jefe 200 me decía: '¡Hey! Fíjese de todos los movimientos de la DEA". Era a lo único que realmente le tenían miedo, dijo el Lagartijo.

En julio de 2018 AMLO ganó la presidencia. El gobernador del estado era el priista Quirino Ordaz. El entonces secretario de seguridad pública de Sinaloa, Cristóbal Castañeda, estaba al servicio del cártel, pero era afín a la facción del Mayo Zambada, con los Chapitos tenía constantes roces porque se sentían los amos de Culiacán.

En diciembre de 2018 hubo un atentado a un jefe policiaco. "Mi primo trabajaba en la policía estatal, yo hablé con él y le dije: '¡Hey! Tú eres mi primo y yo no quiero que nos encontremos un día de estos y agarrarte a granadazos, mejor habla con tus jefes y hay que llegar a un arreglo. En esos días el Nini había atacado a un comandante. Después de ese atentado hubo un acuerdo". La negociación se llevó a cabo en la Isla Musala, y fue encabezada por B1, el secretario de Canobbio, y así el grupo de élite de la policía estatal se puso a modo con los Chapitos. Se les comenzó a pagar en una nómina paralela y la protección era solo para los jefes. Entregaron un radio a cada comandante, Canobbio comenzó a tener comunicación directa.

Un día un comandante a sueldo le avisó al Lagartijo que se estaba armando un operativo grande, se estaban moviendo el ejército. Era impulsado por la DEA. Hasta el último momento el policía supo que iban hacia el restaurante Cayena, en el Desarrollo Urbano Tres Ríos. Así el Lagartijo logró avisar a Iván y por un pelo logró escapar.

* * *

El rol como parte del cuerpo de seguridad de Alejandrina Gómez y Martín Villa permitió al Lagartijo constatar que de 2019 a 2021 se instalaron laboratorios de fentanilo por todo Sinaloa, era más fácil que abrir una tienda de abarrotes.

Uno de los que tiene los laboratorios más grandes de fentanilo es Leobardo García Corrales, alias *el Lobas* o *Don Leo*, compadre del Chapo, muy amigo de Alejandrina Gómez. Se ubican en los municipios de Cosalá y Elota. Un día transportando un paquete del mortal químico al laboratorio de Don Leo, el Lagartijo se intoxicó y terminó en el hospital en la sala de urgencias.

* * *

Es tal el dinero que se gana con la peligrosa droga que cualquiera en Sinaloa se siente con el talento para procesarlo y fabricar las M30.

"Tengo un amigo que yo no sabía que se dedicaba a eso, él tiene mucho ganado y tiene nueve ranchos con riego. Él tenía un laboratorio en una casa que tiene en el rancho, nadie sabíamos, ¡porque tenía dinero!, ¡yo no sé por qué se metió ahí!

"Esta persona es de rancho y no creo que sea ni químico, no tiene ni estudios y esta persona tenía una máquina para hacer pastillas", dijo el Lagartijo riendo con ironía, "¡imagínate qué tan fácil es que esta persona haga pastillas!, y las mandaba para Estados Unidos con unos de mis sobrinos". El ganadero mandó unos cargamentos de pastillas a Canadá con sobredosis de fentanilo y se le murió un cliente, por lo que huyeron. "Uno de mis sobrinos trabaja con él... y huyeron a Canadá, estaban ganando mucho dinero de las pastillas".

* * *

Cuando comenzó el boom del fentanilo en Sinaloa, en 2019, 2020, al Lagartijo le tocó ir a recoger al aeropuerto a clientes que llegaban de Estados Unidos, negros y dominicanos principalmente, a hacer la compra en Culiacán.

"Iban muchos morenos de Nueva York, bueno, a mí me tocó ir a recoger a varios al aeropuerto de Mazatlán, al aeropuerto de Culiacán, y llegaban los morenos y se llevaban a uno de sus clientes, volaban a Culiacán con ellos para que probaran el material en Culiacán, a mí me tocó tener a dos en mi casa de seguridad en Culiacán."

Los mayoristas venían con su cliente, lo usaban como conejillo de indias "para probar, para checar la calidad de la mercancía.

De repente el Jefe 200 decía yo tengo tantos kilos, eran varias personas, porque Martín se dedicaba a conseguir clientes y cruzar la droga".

Se mandaban las muestras en polvo a los potenciales clientes mayoristas. El conejillo de indias "probaba y decía y hablaba con su jefe en Nueva York, 'no pues la primera muestra da un siete, de uno al 10', al otro día probaba otra, 'no pues esta da un ocho', y aunque estuviera muy buena la mercancía él decía que era un ocho porque eran órdenes que traía de decir que estaba baja para comprarla a menor precio".

"Me tocó ver, ¡y muchas veces!, que estaba muy fuerte y caían y me tocaba revivirlos. ¡Cómo se me iba a morir un ciudadano americano ahí en la casa!, me tocaba echarle sal por la boca, agua, o inyectarle agua con sal en la vena." Lo cual, dijo, es un remedio casero a falta de naloxona, la sustancia reconocida por los doctores para atender la sobredosis de fentanilo.

"El problema que pasa con los morenitos es que para aumentar sus ganancias en Estados Unidos entre más fuerte esté para ellos es mejor, porque ellos la cortan una, dos y tres o cuatro, cinco veces, el detalle es que no sacan las matemáticas, no las hacen muy bien, y entonces meten la droga al mercado muy fuerte y en México lo que están haciendo es que es una competencia por hacerla más fuerte", porque los mayoristas de estados Unidos es lo que piden.

Muchos de los clientes de los Chapitos también son dominicanos, como Félix Herrera, quien usaba en el Bronx la guardería Niño Divino como tapadera de su negocio de fentanilo, causando la muerte por sobredosis al pequeño Nicholas.

"Ya nadie quiere hacer tratos con los dominicanos porque no pagan. Como ya nadie confía en ellos se llevan a un primo, a un familiar y te lo dejan empeñado, como promesa de pago". Pero luego no regresaban por los parientes. A un amigo del Lagartijo le pasó y tenía al dominicano lavando coches.

El control de los Chapitos en Culiacán era absoluto.

* * *

Pasaban las 3:00 de la tarde del 17 de octubre de 2019 cuando el Lagartijo escuchó a través de la línea de radios de los Chapitos el llamado general de alistarse para el combate. En el Desarrollo Urbano Tres Ríos de Culiacán había una intensa refriega. Habían capturado a Ovidio Guzmán López, *el Ratón*. Y su hermano Iván movió a todas sus fuerzas armadas para liberarlo.

En su vehículo blindado, encabezando un convoy se dirigió al núcleo del conflicto. "No pudimos porque ya estaba cerrado todo, ya estaban los enfrentamientos muy duros y no pudimos. El Nini dice por el radio: '¡Levanten a todos los guachitos que tengan ubicados!, ¡a toda la familia de los guachitos!'." Fue cuando el Chito, un pistolero de los Chapitos, le dijo al Lagartijo que había que ir a la unidad habitacional militar Guadalupe localizada en el centro de la ciudad. El Lagartijo no pudo reaccionar cuando todo se salió de control.

—¡A la unidad habitacional, a la unidad habitacional, la de la veintiuno! —dijo el Chito por el radio.

—¡Fierro, plebada! ¡Jálense a la unidad habitacional de los soldados en la veintiuno! ¡Levanten las familias de soldados! —tomó el Nini el mando.

"Yo ya me quedé. '¡Bestia, la cagaste, güey!', le dije. '¡Ya la cagó este güey!', dije yo porque a mí no me gusta eso de meterse con la familia, eso no. Yo digo: 'Tú eres de la mafia, tengo un problema contigo, tú y yo lo arreglamos'. No me da por meter a la familia".

"Entonces como él ya había reportado por el radio de nosotros y dijo el Nini: '¡Jálense, jálense!', pues ahora vamos a tener que ir porque el Nini ya vio el radio que se está comunicando, ya sabe que soy yo, ahora voy a tener que ir, y pues tuve que ir porque ya era una orden".

Cuando llegó al lugar ya había otros sicarios, pero sin vehículo blindado, y no se aproximaban por temor a una reacción armada de los militares. Las órdenes de atacar la unidad habitacional eran del Nini, el Kevin y el B1. "Hubo una pausa en la frecuencia donde Ovidio habló."

—¡No, plebada! ¡Relájense! Ya me entregué, y ya valió madre, y me cargan —dijo Ovidio y los radios quedaron en silencio.

—¡No, carnal! —dijo Iván por el radio.

"Como que se le quebró la voz a Iván, como que quiso llorar", recordó el Lagartijo reviviendo la intensidad del momento.

—¡Le vamos a dar hasta donde tope! —continuó Iván.

—No, carnal, les estoy diciendo que no, ya paren esto por favor —pidió Ovidio.

—¡No! Aquí no se va a hacer lo que tú digas —dijo Iván llorando—. ¡Plebada, denle con todo!

13

La embajadora del Cártel de Sinaloa

Ahí vino una nueva oleada de ataques de la llamada chapiza. "Ya fue cuando entró el 22 y se dejaron ir con todas las blindadas, fueron con las camionetas para matar a todos los soldados, la orden ya la había dado Iván".

En la unidad habitacional del ejército estaba el comando de los Chapitos dispuesto a atacar.

"Yo tenía camioneta blindada. Dije: 'Si hay soldados, pues voy, me balacean de regreso, nada más'. Y estos vieron que yo me fui de frente y me siguen todos. Cuando llegamos a la unidad habitacional, ahí me tocó estar en la primera puerta. Yo llegué a la primera casetita y me paré." Lo que vio el Lagartijo fueron niños jugando futbol en la calle de la unidad y esposas de militares con bebés en brazos.

"Lo primero que me vino a la mente fue: 'Estos güeyes van a matar a los bebés, estos tipos van a levantar a los niños'. Entonces, cuando yo llego y me paro, empiezo a ver a los niños. Me bajo y tiro al aire pa que corran, pam, pam, pam, pam."

Los que iban con el Lagartijo lo imitaron. Los civiles corrieron a refugiarse en los domicilios. Un jefe de sicarios levantó a un militar y al vigilante.

"El Nini empezó a decir por el radio: 'Levanten a la familia, levanten a la familia'. Yo tiré con un lanzagranadas a unos carros.

No lo hice con intenciones de hacer daño, le tiré a unos carros que estaban estacionados y creo que incendié un tráiler, pero mi intención era que la gente se fuera de ahí porque los iban a agarrar. Yo vi cómo agarraron a uno, lo que no quería era que agarraran niños. Luego me subí a la camioneta y me fui. Muchos de ellos tiraron balazos a los departamentos. Llegué a un cine que está en la Isla Musala, y ahí se estaban reagrupando más camionetas."

—¿Por qué la policía local no intervino? —pregunté al Lagartijo.

—Trabajan para los Chapitos, ellos no se iban a meter.

Un grupo de policías de la SSP de Sinaloa quedó atrapado en un restaurante, entre ellos estaba su primo.

"Nos tenían rodeados y nos balacearon las camionetas, nos balacearon los rinos y estábamos rodeados. Me dice mi primo: '¿Qué rollo?'. Me habló la mamá de él también y yo me agüité, me sentí mal, dije: '¿Y si matan a mi primo? Mi tía capaz que me va a culpar a mí'."

El Lagartijo habló con el piloto de Iván, a quien conocía bien, y logró convencerlo de que dejaran que los policías estatales se fueran.

"'¡No disparen, ellos son de los nuestros!', les dijo a todos el piloto de Iván por el radio general abierto. '¡No les hagan nada! Por favor, una copia a todos los que están enterados.' 'Fulano, enterado.' 'Zutano, enterado.' Cuando estaba dando las órdenes por el radio, ellos ya iban a entrar al Sushi Factory a matar a todos porque la orden era matar a todos."

Salieron agachados, con los rifles hacia abajo, se subieron a sus unidades y se fueron. "Ya cuando andaban en la otra punta de la ciudad me hablan y el comandante me habla casi llorando, porque ellos ya estaban muertos. Gracias a eso, yo me hice amigo de los comandantes del estado porque vieron que sí los apoyé, que sí los protegí". A partir de ahí, le dieron al Lagartijo una placa de la policía y un radio matra, de uso exclusivo del gobierno, con el que podía conocer todos los operativos. Además, tenía el radio de los halcones, un radio con la frecuencia del 22 de Guamúchil, un radio con la frecuencia de los Cholos, y un radio general, que es el que traen todos los empleados de los Chapitos en Culiacán.

"Ya cuando sueltan a Ovidio, lo escoltan más de 70 camionetas y lo llevan hasta Jesús María, hasta su rancho, y los hermanos de David Medina se comienzan a hacer cargo de su seguridad", recordó el Lagartijo.

* * *

Lo ocurrido en el llamado "culiacanazo" es el producto de una cadena de corrupción y negligencia atribuible tanto al gobierno estatal de Sinaloa, del priista Quirino Ordaz, cuya policía estaba al servicio de los Chapitos, como al alcalde en turno de Morena, Jesús Estrada Ferreiro, quien llegó al poder en la elección de 2018 y era otro siervo del reino de los Guzmán. También, a la propia Sedena, que de forma cómplice permitió que se apropiaran de la ciudad.

La intención de capturar a Ovidio no fue iniciativa del alto mando del Ejército, sino de un área de inteligencia, impulsada por la DEA. AMLO declaró que fue él mismo quien liberó a Ovidio para proteger a la población civil. Sin embargo, no explicó que también lo hizo para beneficiar al amigo de sus hijos. No hubo sanción para los funcionarios corruptos.

El 28 de octubre siguiente, la Sedena hizo un diagnóstico del poder de los Chapitos en Culiacán. Las 13 páginas del reporte son una declaración del fracaso de todos los niveles de gobierno ante el fenómeno criminal de los Guzmán, quienes operan con un alto nivel de organización y sofisticación.[1]

Se afirma que los Chapitos tienen vigilancia permanente en la ciudad a través de personal que opera en empresas y comercios, autolavados, franeleros, taxistas, puestos de periódicos y vendedores ambulantes, para observar y reportar el movimiento de autoridades y grupos antagónicos. Han instalado sus propias antenas de radiocomunicación de alta frecuencia para llevar a cabo actividades, además utilizan en su mayoría teléfonos celulares y radios digitales, lo que les permite encriptar sus comunicaciones.

"Cooptan autoridades de los tres niveles de gobierno para evitar ser capturados o bien que, en su caso, la averiguación previa correspondiente no sea integrada correctamente, de tal forma que, en caso de ser detenidos, el delito no sea considerado grave y su liberación sea a corto plazo o de inmediato."

"También utilizan algunos miembros de las corporaciones policiales y ministeriales, tanto locales como federales, como informantes" para conocer operativos en su contra. Cuentan con transporte terrestre, aéreo, férreo y marítimo para el tráfico de droga, siempre innovando nuevos modos. Los grupos armados al servicio de los Chapitos cuentan con técnicas de combate y

[1] "Estudio para reorientar el despliegue operativo de la 9/a ZM, fechado el 28 de octubre de 2019, que forma parte de los archivos confidenciales obtenidos por Guacamaya Leaks, de los cuales la autora tiene copia.

entrenamiento, así como un "empleo organizado de las armas de fuego". Tienen campos de tiro, y no se descarta que personal con adiestramiento policial o militar les imparta el empleo táctico del armamento y formaciones básicas de combate.

"Para llevar a cabo ejecuciones de forma aislada, en primera instancia privan de la libertad a sus víctimas, las cuales son torturadas comúnmente con el fin de obtener información y posteriormente ejecutarlas." Además, cuentan con una variedad de armamento, como fusiles automáticos, "AK-47, AR-15, M-4, M-1, P-90, pistolas calibre 9 mm, .38 súper, 5.7 × 28 mm, ametralladoras calibre .50 y 7.62 × 51 mm, fusiles calibre .50, aditamentos lanzagranadas, lanzacohetes y granadas de mano, así como autos blindados".

Los distintos grupos armados al servicio del clan de los Guzmán se distinguen con leyendas o imágenes: los Ninis, los Ranas y los Chimales. El osado cinismo es tal que usan prendas de vestir, principalmente gorras, con imágenes o siglas del grupo criminal al que pertenecen, e incluso el apodo o el rango que ocupan, "con la finalidad de distinguirse entre ellos, así como de la población civil". No permiten realizar ninguna actividad delictiva sin su consentimiento previo.

* * *

Fue justamente la liberación de Ovidio lo que dio mayor poder e influencia a los Chapitos y detonó su época más fructífera y peligrosa, señala el expediente criminal abierto contra Iván y Alfredo Guzmán en una corte federal de Nueva York,[2] lo cual coincide con los cinco años de gobierno de López Obrador.

"En Culiacán y en muchas otras partes de Sinaloa —asegura el documento—, los Chapitos exigen a la población el pago de impuestos, no solo para dar permiso de traficar droga en su territorio, sino también para distribuir productos de consumo masivo como cerveza, papel de baño y aparatos electrónicos. Las armas de fuego son portadas abiertamente durante el día en la ciudad por los traficantes y sicarios leales a los Chapitos.[3]

Los Guzmán multiplicaron su producción de drogas. "Iván Archivaldo Guzmán Salazar ha declarado a sus asociados que el cártel busca inundar los Estados Unidos con fentanilo para llenar las calles de drogadictos. En mayo de 2022, durante una reunión con otros miembros del Cártel de Sinaloa, Ovidio Guzmán López reconoció que los usuarios pueden morir si la mezcla está un poco mal hecha."[4]

Con todo y la barbarie ocurrida en el culiacanazo, Rubén Rocha Moya, candidato de la alianza Morena-Partido Sinaloense (Pas), apoyado en sus aspiraciones por López Obrador, acudió de nueva cuenta a pedir ayuda al Cártel de Sinaloa para que respaldaran su candidatura a la gubernatura de Sinaloa, cuyas elecciones serían el 6 de junio de 2021.

Desde sus primeros días como senador, Rocha Moya hablaba de sus contactos con el Mayo Zambada. Lo mencionaba incluso

[2] Expediente criminal 1:23-cr-00180-KPF abierto en la Corte de Distrito Sur de Nueva York, del cual la autora tiene copia.

[3] *Idem.*

[4] *Idem.*

con integrantes de Morena en Sinaloa, como si eso le otorgara algún tipo de estatus superior. Para la candidatura de Morena a la gubernatura en las elecciones de julio de 2021, se había reunido con el Mayo y este ya había dado su "bendición". Contendió en alianza con el Pas, dirigido por Héctor Melesio Cuén, quien fue alcalde de Culiacán de 2011 a 2012. En 2013 Cuén había sido el artífice de convertir en diputada local a una de las parejas sentimentales del Chapo, Lucero Guadalupe Sánchez.

Sin embargo, Rocha Moya también necesitaba el apoyo de los Chapitos. Para lograrlo hubo reuniones con Iván en Culiacán, y al menos una con Aureliano Guzmán Loera, su tío, en La Tuna, Badiraguato, en la casa de Consuelo Loera, la madre de Joaquín Guzmán Loera, a quien AMLO saludó personalmente en 2020 durante los peores momentos de la pandemia de covid-19. La condición de los Chapitos y su tío para ayudar a Morena fue que se frenara cualquier persecución y órdenes de captura con fines de extradición.

En otra reunión, también llevada a cabo en Culiacán, Iván, con pistola en la cintura y protegido por un amplio grupo de personas armadas, dio instrucciones para que integrantes de grupos musicales famosos, con influencia entre la población y muchos conocidos por cantar narcocorridos, grabaran videos para apoyar la candidatura de Rubén Rocha Moya y se difundieran en redes sociales. "Los músicos con Rocha Moya" era el plan propagandístico. En esa reunión, la gente de Iván Guzmán ya había recibido playeras promocionales de la campaña de Rocha Moya.

Anuncios propagandísticos de campañas de candidatos de Morena en Sinaloa llegaron a usar como fondo musical narcocorridos famosos en el estado. Por ejemplo, la música del corrido "Javier De los Llanos" del grupo Calibre 50 acompañó la campaña de José Paz López Elenes, entonces candidato de Morena-Pas a la presidencia de Badiraguato, y actual alcalde.

En abril de 2021 el mismo Rocha Moya grabó un video, el cual aún circula en Facebook, agradeciendo el apoyo de los músicos a su campaña.

"Panchito Arredondo es mi amigo —dijo—, él me lo dijo personalmente, me explicó cómo estaba el rollo. Nini estuvo metiendo dinero a muchos artistas que comenzaban a despuntar, incluyendo a Panchito, les puso un representante que les conseguía giras y de todo lo que ganaban le daban un porcentaje", explicó el Lagartijo. En la campaña de Rocha Moya, el Nini fue quien organizó la junta con los músicos para que lo apoyaran grabando mensajes y tocando en sus eventos gratis.

En la campaña, el Nini en persona hizo recorridos en su camioneta Lamborghini Urus roja con un logotipo de Morena pegado atrás. El compromiso de Rocha Moya con los Chapitos era que les iba a dar la Secretaría de Seguridad Pública del Estado; ellos querían como secretario a César Abelardo Rubio, quien ocupó ese puesto en Culiacán en 2016 y era afín a su grupo criminal. Además de propaganda, los Chapitos hicieron una importante contribución económica a las aspiraciones de Rocha Moya, quien es muy cercano a López Obrador.

* * *

En la paradisiaca playa de Barras de Piaxtla, del municipio de Elota, Sinaloa, llegó a tiempo una embarcación con 10 millones de dólares a bordo. El donativo a la campaña de Rocha Moya venía de parte de René Bastidas Mercado, alias *el 00* o *el René*, encargado de plaza del Cártel de Sinaloa en Baja California Sur, militante de la facción de los Chapitos. Dámaso López Serrano, alias *el Mini Lic*, supo de primera mano que el clan de los Guzmán le pidió la aportación. "Les trajo el dinero en lancha desde Baja California Sur, se lo entregó a los Chapitos. Lo descargaron frente a la Cruz de Elota", explicó.[5] De ahí movieron el dinero a Dimas, en el municipio vecino de San Ignacio, y se afirma que fue canalizado a la campaña de Rocha Moya.

La información del testigo coincide con una revelación hecha por una delegada del Bienestar en Sinaloa, Rocío Jocelyn Hernández Jiménez, quien estuvo operando para Morena en la campaña de Rocha Moya en 2021. "Nunca pude saber de quién eran, pero llegaban con maletas de dinero a la casa de campaña. Mi exmarido trabajaba conmigo ahí, él fue el que me dijo: 'este dinero lo traen de allá'. Le dije: '¿Pero quién es su contacto, o sea, quién se los da?'. Dijo: 'No he logrado saber, solo sé que es Isidro'."[6] De acuerdo con los testimonios que he recabado en mi investigación, incluyendo el de Guillermo Michel Hernández, alias *el Lagartijo*, Néstor Isidro Pérez Salas, alias *el Nini*, fue uno de los operadores de los Chapitos para que el hoy gobernador llegara al poder.

En un comunicado del 11 de marzo de 2024 el gobierno de Sinaloa afirmó: "No existe el más mínimo elemento ni eviden-

[5] La autora entrevistó a Dámaso López Núñez, quien fue integrante de la cúpula del Cártel de Sinaloa en octubre de 2023. Luego de purgar su condena se convirtió en testigo colaborador del Departamento de Justicia de Estados Unidos.

[6] Héctor de Mauleón, "Maletas de dinero y desvíos del bienestar", en *El Universal*, 4 de marzo de 2024, disponible en https://www.eluniversal.com.mx/opinion/hector-de-mauleon/maletas-de-dinero-y-desvios-del-bienestar/.

cia alguna de que este triunfo electoral haya sido resultado del apoyo del crimen organizado".

* * *

René Bastidas Mercado, nacido el 12 de noviembre de 1982, ingresó en el mundo criminal como principiante en las filas de Dámaso López Núñez, alias *el Licenciado*, padre del Mini Lic. Las primeras responsabilidades que le dieron fueron como pistolero del municipio de Elota, con una población de poco más de 55 mil habitantes, un lugar estratégico para la organización criminal por el amplio litoral con el océano Pacífico y porque colinda con Culiacán. Luego ascendió y se convirtió en encargado de plaza en Baja California Sur, donde se volvió en contra de los Dámaso y se pasó al bando de los Chapitos. Reportes militares lo señalan como precursor de la violencia en Baja California Sur, Elota y San Ignacio.[7]

Pero la aportación del 00 al candidato de Morena a la gubernatura no era desinteresada. Se trataba de una apuesta por la carrera política de su pareja sentimental desde hacía más de 10 años: Ana Karen Val Medina, entonces de 33 años, quien sin ninguna profesión ni experiencia previa, de la nada saltó a la política como candidata del Partido del Trabajo (PT), aliado de Morena, a la presidencia municipal del municipio de Elota. Si alguien conocía el vínculo entre el 00 y Ana Karen era el Mini Lic, información que pude confirmar con otros testigos, incluyendo vecinos de Elota.

[7] "Agenda Estatal de Temas de Interés", 2019, 3 ZM. "Actividades Relevantes de la S-2", diciembre de 2017. Documentos confidenciales de la Sedena obtenidos en los archivos de Guacamaya Leaks, de los cuales la autora tiene copia.

José René conoció a Karen cuando ella estudiaba la preparatoria. Ese mismo año, el 00 tuvo su primer cargo importante en Elota para comenzar a operar el trasiego de drogas para el Cártel de Sinaloa. "Ahí fue cuando se supo que Ana Karen, una niña bien, estaba con René... yo los veía juntos, andaban en restaurantes", comentó una persona que conocía a la pareja. Solían ir con frecuencia a la Unidad Deportiva en el municipio. "Ana Karen formó en aquel entonces un equipo de futbol femenil y René iba a verlas entrenar. Ya era encargado de plaza, y en ese entonces el Licenciado le estaba dando más poder", añadió.

En junio de 2021, luego de una costosa campaña electoral en la cual se repartieron dádivas y se organizaron eventos masivos repletos de personas con camisetas y banderines de la campaña, pagados con recursos presuntamente de procedencia ilícita, Ana Karen ganó de manera apabullante la presidencia municipal de Elota para el periodo 2021-2024. Desde 2001 el PT no ganaba compitiendo solo ninguna alcaldía en Sinaloa. Pero en 2021 Ana Karen arrasó, obtuvo el triple de votos que su contendiente más cercano, el priista Tomás Roberto Amador. Y se impuso también ante la candidata propuesta por Morena en alianza con el Pas. Tras su toma de protesta, ella se asumió morenista y dijo estar comprometida con la autodenominada Cuarta Transformación.

"¡Fue exagerado lo que ellos dieron, él [Bastidas Mercado] metió mucho dinero en esa campaña! Las despensas que ellos daban eran de tres mil pesos cada una... y la gente se enamoró, y la muchacha hasta la fecha sigue ayudando."

Pero no fue la relación con el narcotraficante lo que la hizo saltar a la fama pública nacional, sino la fotografía con su rostro pegado al del presidente Andrés Manuel López Obrador en un íntimo gesto en Palacio Nacional, en la Ciudad de México, que ella misma posteó en sus redes sociales.

* * *

Ana Karen, en su rol de alcaldesa de Elota, acudió el 8 de marzo de 2022 como invitada al evento Mujeres Líderes Transformando la Historia de México, organizado para conmemorar el Día Internacional de la Mujer y encabezado por AMLO, en el que participó un pequeño grupo de invitadas, entre ellas la peculiar embajadora del Cártel de Sinaloa. Llamó la atención la deferencia pública mostrada por el mandatario hacia la joven alcaldesa. En una de las fotografías más difundidas públicamente, López Obrador recargó su mejilla en la oscura y larga cabellera de la atractiva Ana Karen, vestida con una vaporosa blusa blanca y un entallado pantalón verde esmeralda que marcaba su pequeña cintura y abundante derrier. En reciprocidad, ella devolvió el gesto de confidencia y colocó su mano en el vientre del mandatario. En otro de los registros aparece AMLO saliendo de la puerta principal de Palacio Nacional siguiendo a Ana Karen por detrás, colocando su mano en su hombro para llamar su atención, gesto que ella respondió con una cálida sonrisa.

El lenguaje corporal de amabilidad extrema del presidente fue tendencia en redes sociales. "¿Quién es Ana Karen Val, la mujer que robó la atención de AMLO?" y "¿Quién es Ana Karen Val Medina, la mujer que 'robó' las miradas en el evento del 8M de AMLO?", fueron algunos de los titulares en los medios de comunicación.

Pero lo que entonces no se sabía es que Ana Karen era no solo la presidenta municipal de Elota, sino también la pareja sentimental del 00, quien tiene estrechos vínculos con los Chapitos, los cuales ejercen control sobre el municipio de Elota y sus alrededores.

"La gente en Elota la quiere mucho, pero René es un sanguinario de lo peor", dijo una de las personas entrevistadas. Con dinero proveniente del tráfico de drogas, la pareja ha sido benefactora de la pequeña localidad.

Así como Ana Karen postea en sus redes sociales fotografías de sus eventos como alcaldesa junto a Rocha Moya e incluso con Claudia Sheinbaum, también postea fotografías personales con maquillaje, indumentaria y poses que más evocan a las de las esposas de los Chapitos y a la propia Emma Coronel, que a una austera seguidora de la 4T. Llama la atención en particular una imagen de finales de 2023 donde la pareja del 00 imita a la esposa del Chapo y posa vestida de negro, cabellera suelta, maquillaje profesional y una enorme corona dorada sobre la sien.

Aunque en febrero de 2024 Morena hizo pública su lista de candidatos y en ella aparecía Ana Karen como candidata a la alcaldía de Elota, a principios de abril, cuando ocurrió el registro, ya no fue incluida.

* * *

Curiosamente, entre 2020 y 2021, uno de los hijos de AMLO fue visitante distinguido de Elota. En esa ocasión no fue Iván, el líder de los Chapitos, el anfitrión, sino Leobardo García Corrales, *Don Leo*, quien conocía al Lagartijo y quien tenía en esa época laboratorios de fentanilo. Se afirma que el hijo del presidente se transportaba en una Suburban blanca. Leobardo, asociado a los Chapitos, le mostró unos terrenos en la zona.

Leobardo trabaja para el Cártel de Sinaloa desde hace al menos 15 años; es originario del pueblo Potrerillos y creció en la organización bajo el cobijo del Licenciado, cocinando metanfetaminas. Cuando ocurrió la fractura en la facción del Chapo, él se quedó del lado de los Guzmán. Actualmente tiene un expediente abierto en la Corte de Distrito Sur de Nueva York, acusado de producción y tráfico masivo de fentanilo, junto con Martín García Corrales, Humberto Beltrán Cuen y Anastasio Soto Vega. La DEA ofrece 4 millones de dólares por la captura de Don Leo, quien se mueve con soltura en México, haciendo negocios criminales tanto en Sinaloa como en la Ciudad de México.[8]

* * *

Los operadores de los Chapitos, con quienes trabajaba el Lagartijo, Alejandrina Gómez y Martín Villa, además de dedicarse al tráfico de fentanilo, junto con dos empresarios de Chihuahua radicados en Sinaloa, uno identificado como el Flaco, tienen una amplia red de importación de combustible desde Estados Unidos, que ingresa en México sin pagar impuestos. Abastecen ilegalmente a gasolineras y empresas en Sinaloa a un costo mucho menor, lo que genera ganancias gigantescas. También se dedican al contrabando de cigarros ilegales, que distribuyen en negocios establecidos en casi todo el estado, negocios de los que deben pagar ganancias a los Chapitos.

El Flaco contaba con escoltas proporcionados por la Dirección de Servicios de Protección de la Secretaría de Seguridad

[8] Expediente criminal 1:23-cr-00136-JLR abierto en la Corte de Distrito Sur de Nueva York, del cual la autora tiene copia.

Pública del estado de Sinaloa, uno de ellos era un funcionario al que conoció como Chicho.

Fue así como el Lagartijo supo de primera mano los arreglos entre los Chapitos y Rubén Rocha Moya para que ganara la gubernatura en las elecciones de 2021. Chicho se fue de escolta y chofer del candidato de Morena. "Él sirvió de enlace entre Rocha Moya y la mafia." El Flaco financió con al menos 15 millones de pesos la campaña de Rocha Moya. "Le pidieron un tráiler prestado a Martín Villa para que recogiera unas despensas y las llevara a Badiraguato; el que iba manejando era cuñado de Martín. De hecho, ese mismo tráiler era el que usaban para traficar la droga", dijo riendo el Lagartijo. "El Flaco y su hermano estaban apoyando a Rocha Moya para que ganara y los negocios siguieran funcionando." El Lagartijo estuvo en diversas reuniones donde se habló concretamente del apoyo de los Chapitos a Rocha Moya.

"A mí me llamaron y me pidieron que los ayudara con los votos en Badiraguato, porque soy de allá. Que yo hablara con la gente de rancherías y que votaran todas por él. Lo único que tenía que decirle era a una persona en un rancho y ahí ellos se encargaban, la gente me conocía porque regalaba despensas y toda la gente hacía lo que yo les decía. Entonces, le dije a Chicho: 'Ojalá gane Rocha Moya y ojalá no se le olvide después el favor que le estamos haciendo'." La conversación era por teléfono. "Rocha Moya estaba ahí con Chicho, y me escuchó y me mandó un audio: 'Nunca nos vamos a olvidar de los amigos y menos de los amigos de Chicho'. Los amigos de Chicho éramos los de la mafia."

Días antes de la elección "Chicho me llamó y me dijo que si le podía ayudar porque iban a hacer unos operativos para levantar personas que fueran de los partidos de oposición. Chicho y el Nini estuvieron haciendo eso. Así de lleno estaba Rocha Moya metido con la mafia, andaban levantando a los del PRI y a los del PAN, a los encargados de sectores, a los encargados de compra de votos".

"Chicho salió a hacer esos operativos con elementos de los servicios de protección del Estado", detalló el Lagartijo. Los levantones perpetrados por el Cártel de Sinaloa el día de la elección fueron documentados y denunciados.[9]

De las 15 elecciones a gobernador que se disputaron en México ese día, con el apoyo total del Cártel de Sinaloa, Rocha Moya no solo ganó con 56.60 por ciento de los votos, sino que fue el candidato más votado de todos.[10]

Después de la elección, en un rancho de Ovidio "estuvieron Iván, Alfredo, José Ángel y Rocha Moya, y otro que estaba con Rocha Moya, Ovidio Limón, y estuvo César Rubio. César Rubio era exsecretario de seguridad pública del estado de Sinaloa y la junta era porque el acuerdo que había hecho Iván con Rocha pues era apoyarlo para que les diera la seguridad del estado con César Rubio, eso ya estaba puesto, la junta esa fue con ese motivo, que quería la seguridad del estado y ya estaba hablado", me afirmó uno de los asistentes al encuentro.

[9] Héctor de Mauleón, "El día que el Cártel de Sinaloa se robó la elección", en *El Universal*, 18 de agosto de 2021, disponible en https://www.eluniversal.com.mx/opinion/hector-de-mauleon/el-dia-que-el-cartel-de-sinaloa-se-robo-la-eleccion/.

[10] Carlos Velázquez, "Rubén Rocha Moya, de Morena-Pas en Sinaloa, fue el más votado de los 15 candidatos a gobernadores en el país", en *El Financiero*, 14 de junio de 2021, disponible en https://www.elfinanciero.com.mx/estados/2021/06/13/ruben-rocha-moya-de-morena-pas-en-sinaloa-fue-el-mas-votado-de-los-15-candidatos-a-gobernadores-del-pais/.

Días después Rocha Moya informó a Iván que había intentado cumplir y nombrar a Rubio, pero que desde el gobierno central le habían mandado a Castañeda. Iván se molestó mucho, porque sabía que ese mando estaba al servicio del Mayo.

Castañeda presentó su renuncia al cargo en agosto de 2023, siendo sucedido por Gerardo Mérida Sánchez. Sin embargo, la continuidad en el cargo de Mérida Sánchez está en riesgo debido a las acciones emprendidas por los Chapitos.

* * *

"El presidente de México no es AMLO, el presidente de México es el Mayo", han comentado autoridades del Departamento de Justicia de Estados Unidos al Mini Lic en algunas de las múltiples reuniones de colaboración.

14

Viejo diablo

A sus 75 años, Ismael *el Mayo* Zambada, de piel morena y cabello habitualmente teñido, se mantiene en buena forma, pese a su adicción a la cocaína. De estatura que ronda en el 1.80, con brazos fuertes, y una barriga apenas perceptible, tiene sus achaques. Padece de una diabetes controlada y de una fastidiosa rodilla que se inflama tanto que deben sacarle el líquido con una aguja con cierta regularidad.

Tras más de medio siglo invicto como cabeza del Cártel de Sinaloa, hasta él sabe que no es inmortal. Con la mayoría de sus hijos mayores detenidos y liberados gracias a su cooperación con la justicia de Estados Unidos: Vicente, Ismael, *el Mayito Gordo*, y Serafín, los únicos herederos que le quedan de prospecto para su facción del Cártel de Sinaloa son Ismael Zambada Sicairos, mejor conocido como *el Mayito Flaco*, y sus hijos gemelos Emiliano y Porfirio, todavía menores de edad, y a quienes en broma sus huestes apodan *los Revolucionarios*.

El Mini Lic, como hijo del Licenciado y luego como miembro directo de la cúpula del cártel, lo llegó a conocer bien, tratándolo de 2005 a 2017. Lo describió como un hombre de autocontrol envidiable, tanto, que es bueno para hacerle el tonto cuando alguien lo engaña. Prefiere calcular su golpe, nada de prisas, excepto cuando se trata de su familia.

> Es un hombre correcto, obviamente con palabras como sinaloense, pero más cuidadas, aunque es enérgico y con su familia es otro, es autoritario y habla con groserías, "hijo de su chingada madre", "este pendejo", cosas así, con su familia saca su verdadero yo y explota. No es malvado, pero le gusta que se haga lo que él diga, sea lo que sea, le gusta tener la última palabra y por todos los medios trata de que se haga lo que él dice.

Gracias a sus buenas conexiones con el gobierno federal fue de los primeros en tener su vacuna contra el covid-19. "Se la mandó el secretario, es amigo de mi papá", dijo uno de sus hijos al Mini Lic. Toda la familia del capo se vacunó sin demoras.

Su debilidad es su hijo mayor, Vicente, alias *Vicentillo.*

> Yo pienso que lo ama y lo hizo a su molde, es lo que quería, es lo que necesitaba, entonces por eso fue tan duro para él perderlo y ver a sus otros hijos que no sirven para nada. Vicente le hacía absolutamente todo. Entonces él era sus ojos completamente. Todo mundo lo dice, los otros hijos lo dicen: "El consentido es Vicente". Sus pistoleros decían que Vicente era el jefe perfecto, Vicente era un dios, así en Culiacán es bien visto como un dios.
>
> Para Iván, Vicente siempre fue una competencia, siempre, o sea, desde el principio. Cuando Iván fue creciendo y escuchaba de Vicente, decía: "¡Ese pincha verga, ¿qué le ven?, ¿no ven que se iba a entregar?!", y le molesta que hablen de Vicente, porque escucha que la gente lo sigue alabando; hasta el día de hoy lo siguen alabando.

Vicente Zambada Niebla, *Vicentillo,* era el heredero natural del reino del Mayo, pero ya no quería estar en la organización, por lo que inició acuerdos con la DEA cuando fue detenido en México en 2009 y extraditado a Estados Unidos en 2010. Gracias a su cooperación con el Departamento de Justicia y a los acuerdos previos entre agentes de la DEA con el Chapo y el Mayo de dar información de sus enemigos a cambio de protección, se le dio una baja sentencia y ahora está libre en Estados Unidos con su esposa e hijos.[1] Se supone que formalmente fuera del cártel.

> Le hacen corridos de que va a volver y va a ser jefe otra vez, y que la gente lo está esperando. Y mucha gente en verdad piensa que va a volver, que el Mayo se retira y que Vicente sí va a pelear y acabar con todo el mal que reina sobre la tierra. ¡En serio! Porque a mí me decían, cuando yo estaba allá me decían: "Estamos esperando a Vicente" —dijo el Mini Lic con ironía—. Y el Mayo pa empezar no lo va a dejar. Si vuelve va a tener que pelear porque todos los Chapos lo quieren matar.

Tras el juicio del Chapo en el que Vicentillo declaró en su contra, los Guzmán no lo perdonan.

"El Mayo vive de hacer favores para que todos estén en deuda con él", explicó el Mini Lic. "Es muy inteligente, tiene experiencia que le ha dado todos estos años."

* * *

Ismael Zambada, quien de adolescente lavaba las llantas de los camiones de carga de un ingenio azucarero, ahora es propietario

[1] Anabel Hernández, *El traidor. El diario secreto del hijo del Mayo*, México, Grijalbo, 2019.

de un vasto imperio ilegal, pero sobre todo legal. Como Michael Corleone de la saga *El Padrino*, se empeñó a través de sus conexiones políticas en ir lavando el dinero criminal de la familia para convertirlo en legal. La estrategia fue larga y quirúrgica.

Hoy es propietario de decenas de miles de cabezas de ganado fino de engorda y miles de hectáreas de terreno que cultiva en Sinaloa, Sonora, Yucatán y otras partes de México. Tiene gasolineras, constructoras, plazas comerciales, empresa productora de leche y un largo etcétera.

Sus dominios donde mayor tiempo pasa van desde la sindicatura de Eldorado hasta pasando El Álamo, en el municipio de Culiacán. Ahí es donde se encuentra la propiedad con más valor sentimental. Es una hacienda donde vive su esposa Rosario Niebla, la mamá de Vicentillo y tres hijas: María Teresa, Midiam y Mónica.

El Mayo se siente tan protegido por el gobierno desde hace lustros que cuando está en su territorio no usa escoltas. Él mismo puede estar recorriendo solo sus establos de ganado.

"Para él está Vicente y las vacas, nomás", dijo el Mini Lic sobre las prioridades del poderoso capo. Y recordó que algunas de las juntas criminales las sostuvo con él y su padre justo entre las vacas.

* * *

Para el manejo de sus negocios legales e ilegales el Mayo se apoya en sus relaciones con el gobierno. Es un diablo en el arte de las relaciones públicas, pero no es un hombre de ideologías, es un narcotraficante que igual ha negociado con el PRI, con el PAN y con Morena.

Uno de sus secretarios fue Mauricio Gastélum Hernández, empresario que murió de covid en diciembre de 2020. "Le manejaba la mayoría de los negocios al Mayo", dijo el Mini Lic. Varias veces a la semana Gastélum se reunía con el secretario de Gobierno de Sinaloa, Gerardo Vargas Landeros, quien ocupó el flamante puesto durante el mandato de Mario López Valdez, mejor conocido como *Malova* (2011-2016). Lo iba a visitar al Palacio de Gobierno con portafolios en mano.

"Ese era un prepotente a muerte", dijo el Mini Lic sobre Vargas. Lo vio en reuniones con el Mayo, y en reuniones con él y su padre. "Este iba mínimamente una o dos veces a la semana a comer con el Mayo cuando Gerardo Vargas era secretario de gobierno de Malova. Lo encontré a veces, también fue a vernos a nosotros."

Vargas les informaba hacia dónde iba a ser el desarrollo de Culiacán para que el Mayo y Gastélum compraran propiedades a bajo precio que luego revendían al gobierno a montos superiores. Al pagar el Mayo con dinero del estado inmuebles adquiridos con dinero de procedencia ilícita era un perfecto esquema de lavado de dinero. A cambio Vargas Landeros podía disfrutar de lujosas propiedades.

> Mauricio era de los más millonarios del Cártel de Sinaloa. Era el secretario del Mayo, le digo secretario porque le cargaba los teléfonos, y le hacía las reuniones y siempre lo acompañaba. Él iba a Palacio de Gobierno a reunirse con los políticos.
>
> Porque iba a ver a mi papá y llegaba con nosotros a las 10:00 de la mañana. "Licenciado, llegué tarde porque vengo del palacio de gobierno." "¿Y eso?, ¿fuiste a sacar una licencia o qué, güey?" "No, es que me reuní con este político, estaba viendo un nuevo proyecto".

El padre del Mini Lic se preocupaba y le decía que era mejor hacer esas reuniones en una oficina privada y no en el Palacio de Gobierno, "No, pues es que es más fácil. ¿Quién se va a imaginar? Entro con mi portafolio", respondía Gastélum diciendo que era menos sospechoso ver a los funcionarios en sus oficinas. ¿Quién se iba a imaginar que un narcotraficante podía entrar y salir como "Juan por su casa"?

Las afirmaciones que hizo el Mini Lic confirman y complementan información que ya había sido publicada por medios de comunicación en Sinaloa en 2015 sobre las irregularidades en operaciones de venta de terrenos y renta de propiedades al gobierno de Sinaloa por parte de Gastélum Hernández, identificado por el Mini Lic como secretario del Mayo. Fue detenido por la Secretaría de Marina en el condominio de lujo Península, ubicado en la costera de Mazatlán. En dicho operativo se descubrió que varios funcionarios del estado ocupaban algunos de los costosos departamentos, entre ellos Vargas Landeros.[2]

Otro de los buenos contactos de Zambada ha sido Faustino Hernández, el presidente de la Unión Ganadera Regional de Sinaloa (UGRS) de 2010 a 2017, ha sido diputado local por el PRI. "Es compadre del Mayo", afirmó el Mini Lic.

A través de la UGRS el Mayo ha obtenido préstamos del gobierno para sus ranchos. El Mini Lic explicó que en realidad

[2] Ismael Bojórquez, "El extraño señor Gastélum", en *Ríodoce*, 26 de julio de 2015, disponible en https://riodoce.mx/2015/07/26/el-extrano-senor-gastelum/. "El nuevo hospital de Culiacán endeudaría a los próximos cinco gobernadores: 'Noroeste'", en *Aristegui Noticias*, 21 de julio de 2015, disponible en https://aristeguinoticias.com/2107/mexico/hospital-de-culiacan-el-expediente-oculto-investigacion-de-noroeste/.

cualquiera puede ir a la organización y pedir financiamiento para acondicionar un terreno para algún tipo de cría de animales. Pero no todos son atendidos con tantas facilidades, velocidad y montos.

> Obviamente llega la familia del Mayo: "Oye, quiero hacer un rancho". "Ah, ¿cuánto ocupas?", y ahí le regala 3 o 4 millones. Llega un cuñado del Mayo: "Oye, tengo también yo un terreno para construir un rancho". "Pues ponle nomás que vas a tener patos, ¿okey?", y el gobierno les regala. Si el gobierno da recursos para 100 por ciento, pal Mayo debe ser 80, para él y su familia. Así te lo digo, porque nosotros también obtuvimos un apoyo y Faustino Hernández nos lo dio.

Pero no les dieron las mismas cantidades que a los Zambada.

"Llegaban los presidentes municipales '¿Oiga, qué quiere?', 'Es que si quiere le doy construcciones. Si quiere cree una constructora y yo le pago todas las obras a usted'". Así el Mayo provee de servicios o productos al gobierno, incluso en la rama de la construcción. Crea empresas y cierra empresas de la noche a la mañana, le asignan contratos, subcontrata, cobra grandes cantidades del presupuesto público. "Nomás puro ganar, ganar y ganar". Algunas de las empresas estaban a nombre de Mauricio Gastélum Hernández.

—¿Pero por qué si tienen dinero usan el del gobierno? —pregunté al Mini Lic.

—Cualquier narcotraficante, todos quieren más, aunque tengas 10 veces más que Slim, van a querer más y más, por eso siempre están haciendo negocios con el gobierno, "dame", "¡Hey, tú, dame!", "¡Hey, tú, el contrato dámelo!", así.

Otro integrante del Cártel de Sinaloa entrevistado afirmó que la familia de Faustino tenía negocios vinculados a los del Mayo. No en el ramo ganadero.

"Te hablo de enero, febrero, marzo, abril [2023] que estaba con todo, con todo, cocinando, o sea ahí mismo cocinaban que cristal, fenta, hacían pastillitas de las M30." El informante señaló que Faustino es compadre del Mayo y René Bastidas: "Tenía el permiso pa tener laboratorio, allá en un rancho que tenía Faustino en la costera", y era su hijo quien traficaba la droga a Estados Unidos.

Vargas Landeros fue candidato a presidente municipal de Ahome, Sinaloa, en 2021 por Morena y ganó. En 2024 de nuevo es candidato por Morena para reelegirse en el cargo.

* * *

Respecto a los negocios criminales el Mayo posee tal experiencia, "renombre" y capacidad de seducción que trabaja prácticamente en "piloto automático". Vive de su leyenda.

"Él agarra a todos los [narcotraficantes] millonarios y los cobija y los va absorbiendo sin que se den cuenta", explicó el Mini Lic detallando el modus operandi. Invita a su casa a los grandes transportistas que mueven cargamentos de cocaína de Sudamérica a México, los trata como invitados VIP, les da de comer de los quesos que él mismo produce, su esposa, la mamá de los Revolucionarios, hace las tortillas ella misma y las pone en la mesa. Hace sentir a todos únicos y especiales y comienza la seducción.

En una siguiente fase los invita a dormir en su casa haciéndoles sentir que confía en ellos, conviven con su familia. "Entonces los otros: '¡Ah, mira! Me lleva con sus hijos, su mujer me regala, me hace tamales, me hace quesos', entonces se sienten como parte de la familia. Es un cerebro."

Al final, describió el Mini Lic, son los fleteros quienes se ponen a la orden y ahí el Mayo les pide mover un cargamento para él. "Él no se adueña, pues, porque no ocupa adueñarse, pero al final de cuentas la ruta que ellos crearon, ya el Mayo puede hacer con ella lo que quiera". Al final los socios se sienten privilegiados y protegidos y se integran a su estructura. A diferencia de los Chapitos, él no acapara, él comparte el negocio y lo multiplica sumando más jugadores. "De la nada ya los carga con 10 teléfonos y no se dan cuenta. Terminan pensando: '¡Yo estoy manejándole los negocios al Mayo! Yo le manejo al capo de capos'." Y además son los que terminan financiando la operación de tráfico de drogas y el Mayo solo recibe las ganancias.

"Así es su firma de seducción y de empoderarse de todo. Sus socios ven a las personas que van con el Mayo, el político este, el otro político, el que quiere ser político, el empresario, y pues se llenan de ver nomás el poder. Acaba de estar el más asesino de Sinaloa y a la hora vino el secretario del gobernador, y después vino el empresario, es un mundo, es un desfile que pasa por ahí", dijo porque él mismo lo presenció.

* * *

Con un mundo que en lo general se amolda a sus deseos, para Ismael Zambada México es un tablero donde él pone y quita las piezas a voluntad. Por eso en la elección presidencial de 2018 su orden fue clara y ese día corrió como mantra en la línea de radios de su facción.

"¡Plebada, hay que apoyar a AMLO!" "Plebada, hay que votar por Rocha Moya", "¡Pura gente del Mayo Zambada", "Plebada, ¡puro Morena!", revivió el testigo T1, entonces integrante del Cártel de Sinaloa, quien estuvo en Culiacán ese día. "Ya sabíamos que la tenía ganada", dijo. Meses después el Lagartijo me diría lo mismo.

—Ya era orden desde tiempo antes de las elecciones que "Todo Morena", "Hay que apoyar a Morena", "De aquí a 20 años Morena va a estar al frente del país" —reveló en entrevista quien ahora colabora con el Departamento de Justicia de Estados Unidos.[3]

—¿Eso decían?

—Sí. Ese día en la noche me acuerdo de que nosotros estábamos con Chuy Valdés y estaba muy enojado porque dice: "Apoyaron todos a Morena". Chuy Valdés era por el PRI, pero ganó todo Morena. Ganó Estrada que estaba muy bien con el Mayo y los Chapitos, él estaba muy bien con los dos, pero principalmente con el Mayo.

Se refería a Jesús Antonio Valdés Palazuelos, mejor conocido como Chuy Valdés, quien fue diputado local (2007-2010), diputado federal (2012-2015), presidente municipal de Culiacán (2017-2018) y secretario de Agricultura y Ganadería durante la administración de Quirino Ordaz.

En 2018 Chuy Valdés buscaba la reelección como presidente municipal de Culiacán. Arropado habitualmente por el Cártel de Sinaloa, ese día se sintió descobijado. Como la orden era

[3] La autora ya se refirió a este testigo en los capítulos 1, 11 y 12 como T1.

apoyar a AMLO y Morena el cártel movió el voto hacia su candidato a alcalde Jesús Estrada Ferreiro, quien ganó la elección, al igual que Rubén Rocha Moya ganó la curul de senador.

Valdés Palazuelos es otro político que juega en ambos bandos. Pidió al Mini Lic y al Licenciado asociarse para traficar droga. "Nos dijo que él de corazón hubiera preferido ser narcotraficante. Cuando estábamos nosotros allá Chuy Valdés dijo: 'Oigan, ¿qué? ¿No hay chance de invertir? Se gana aquí [en la política] pero también quiero tener otra entrada de cash'", dijo el Mini Lic cuando lo entrevisté.

"Dio un dinero, la verdad solo se lo aceptamos porque insistió, le dijimos: 'Nosotros te vamos a traer y te vamos a dar ganancia'. Era el presidente municipal de Culiacán y nos manejaba la policía. Nos dio 100 mil dólares y me acuerdo de que le dimos aproximadamente unas cinco veces. Como cinco veces le dimos de ganancia como 50 mil dólares". Después el Mini Lic y su padre le dijeron que no podían seguir con la operación. "No somos sus trabajadores", recordó el ahora testigo colaborador del gobierno de Estados Unidos, ni él ni su padre quisieron que el alcalde los agarrara de empleados.

En 2021 otro de sus compañeros del PRI y compadre del Mayo fue damnificado por los juegos políticos del Cártel de Sinaloa. Fue Faustino Hernández, quien compitió por la presidencia municipal de Culiacán. En los operativos de los Chapitos para neutralizar a la oposición y llevar a Morena a la gubernatura, un grupo de los pistoleros del Chore, Valerio y el Piro empezaron a amedrentar al círculo cercano de Faustino, "le quitaron un costal con 5 millones de pesos que era para comprar votos. El hijo de Faustino andaba bien agüitado porque les habían quitado el dinero de la campaña", recordó el testigo T1 el episodio.

Quien ganó Culiacán en 2021 fue de nuevo el candidato de Morena, Jesús Estrada Ferreiro.

A Chuy Valdés el enojo con Morena ya se le pasó. En 2023 renunció al PRI y anunció que había sido invitado a sumarse a Morena y su candidata presidencial. "Nos invitó Claudia Sheinbaum a participar en este proyecto de nación, el cual estamos muy contentos por la invitación, pero sobre todo muy comprometidos en Sinaloa, creemos que con ella nos va ir muy bien." Actualmente es candidato del Partido Verde Ecologista al Senado.

Igual pasó con Faustino Hernández, quien buscó un acercamiento con el partido de AMLO en 2023 y llamó a la "unidad" en torno a Claudia Sheinbaum. Se dijo afín a la 4T.

* * *

Dentro del grupo criminal se llegó a hablar de reuniones en el Salado para apoyar a Morena y a su candidato presidencial en 2018 tanto económicamente como en la movilización del voto. Se decía que había estado López Obrador con Zambada.

El flujo de dinero del Mayo para financiar las aspiraciones presidenciales de AMLO no era algo nuevo. No venía solo de aquella colecta de 25 millones de dólares de 2006, en la que Arturo Beltrán Leyva había sido el conducto principal para hacer llegar el dinero. En realidad venía desde al menos 2003, según confesó su hermano Jesús Zambada García, alias *el Rey*, durante los juicios contra el Chapo Guzmán y García Luna llevados a cabo en la Corte de Distrito Este de Nueva York en 2018 y 2023, respectivamente.

El Rey Zambada fue detenido en 2008 por elementos de la Policía Federal en el marco de la guerra con Arturo Beltrán

Leyva; en su captura participó junto con los federales Sergio Villarreal Barragán, *el Grande*. El hermano del Mayo buscó apoyo en las fuerzas leales de la PF y en la policía de la Ciudad de México, pero no pudieron llegar a tiempo. En 2012 fue extraditado a Estados Unidos y comenzó a colaborar. Ahora está libre.

El 20 de noviembre de 2018 el Rey Zambada declaró en el juicio contra el Chapo que entregó millones de dólares para la campaña presidencial de AMLO a Gabriel Regino, quien era subsecretario de Seguridad Pública en la Ciudad de México cuando López Obrador era el jefe de gobierno. AMLO ya era presidente electo de México.

El abogado de defensa del Chapo, William Purpura, en el contrainterrogatorio preguntó al Rey quién era Gabriel Regino, y el hermano del Mayo respondió que una persona que fue funcionario del gobierno de López Obrador en la Ciudad de México.

—¿Cuál es la relación entre Regino y López Obrador?, avanzó la defensa. Pero enseguida el fiscal pidió al juez no permitir la pregunta.

—¿Cuánto dinero fue pagado a Regino en 2005?

—Algunos cuantos millones de dólares —respondió el hermano del Mayo.

Mencionó que Regino les dijo que iba a ser el próximo secretario de Seguridad Pública, "y si ese era el caso era para nuestra protección".

El 19 de noviembre la fiscalía había interpuesto una moción para impedir que la defensa preguntara sobre esos hechos bajo el argumento de que eso podía dañar la relación diplomática con México. En un documento fechado el 15 de enero de 2019 que consta en los archivos de la corte la fiscalía reconoce que efectivamente el Rey Zambada afirmó que le dieron a Regino millones de dólares. "El soborno en cuestión fue pagado a un individuo asociado con la fallida campaña presidencial, cerca de una década atrás, del actual presidente de México", quedó escrito en referencia a AMLO como presidente electo. Pidió al juez que ese documento se mantuviera sellado, es decir, no de acceso al público, porque si se revelara su contenido "podrían afectar negativamente la voluntad de los gobiernos extranjeros de extraditar acusados, perjudicando así la aplicación de la ley o eficiencia judicial", además de que dichos sobornos no estaban relacionados con los hechos por los que se estaba juzgando al Chapo.[4]

El 13 y 14 de febrero de 2023, durante el juicio a Genaro García Luna, el Rey Zambada repitió la misma versión, incómodo por los cuestionamientos.[5]

—Usted también habló acerca de Gabriel Regino, ¿correcto? —cuestionó el abogado de defensa de García Luna, César de Castro.

—Sí —respondió el Rey Zambada.

—De la Secretaría de Seguridad Pública del Distrito Federal, ¿correcto?

—¡Sí!

[4] Documento número 551, caso 1:09-cr-00466-BMC-RLM, Departamento de Justicia de Estados Unidos, 15 de enero de 2019, firmado por Richard P. Donoghe, fiscal de la Corte de Distrito Este de Nueva York, del cual la autora tiene copia.

[5] La autora tiene copia de la transcripción oficial elaborada por la Corte de Distrito Este de Nueva York de lo afirmado por Zambada García el 13 y 14 de febrero de 2014, así como de la conversación *sidebar* entre el juez, los fiscales y la defensa de García Luna.

—Usted dijo haberle pagado 3 millones de dólares, ¿correcto?

—Sí, algo así.

Al día siguiente De Castro continuó, de modo enredoso, pero al final el Rey clarificó.

—¿Y usted recuerda haberles dicho [a la fiscalía] que usted pagó 7 millones de dólares a través de Gabriel Regino, cuando el señor López Obrador corría por la presidencia? —insistió De Castro confundiendo la campaña presidencial del 2000 por la del 2006, ya que dijo que AMLO había competido contra Fox cuando en realidad había competido con Calderón.

—Yo recuerdo haberle pagado dinero, que de acuerdo con él era para la campaña, pero no pagué a López Obrador —dijo el hermano del Mayo aclarando que el dinero no lo entregó directamente al candidato.

La fiscal Saritha Komatireddy, quien representaba a la parte acusadora, protestó por las preguntas, se suspendió el interrogatorio y fuera de la audiencia pública, en una discusión privada (*sidebar*) con el juez Brian Cogan, De Castro dijo que las afirmaciones de Zambada habían quedado escritas en el reporte DEA6s y DEA302. El juez apuntó que el testigo no negó los hechos, la fiscal reconoció que lo había dicho y para impedir que se profundizara advirtió de la inconveniencia de seguir por esa ruta en el interrogatorio porque se trataba de AMLO. "Tengo algunas preocupaciones por el testigo, estamos hablando del actual presidente, y el testigo tiene familiares en México. No esperábamos esto."

Estuve presente en la audiencia donde el Rey Zambada declaró esto. Los medios de comunicación mexicanos generaron confusión argumentando que el hermano del Mayo dijo que eso nunca había sucedido. En realidad, lo que dijo es que sí pagó el dinero a Regino para la campaña de López Obrador, pero el pago no fue directo al candidato.

Las horas siguientes López Obrador elogió al hermano del Mayo y negó el financiamiento del Cártel de Sinaloa a su campaña.

"Estamos hablando de la mafia del poder que dominó por mucho tiempo en el país, es no solo la delincuencia organizada, sino la delincuencia de cuello blanco, entrelazada, nutrida, alimentada mutuamente. Lo de ayer es una muestra clara, el quererme involucrar este abogado falsario, calumniador, chueco. Resultó más derecho Zambada", afirmó el presidente un día después. "¡No, no somos iguales! Nosotros no somos mafiosos ni somos corruptos". Las afirmaciones del Rey estaban documentadas en los informes de la DEA.

Regino negó haber recibido sobornos, "Me han mencionado porque estamos en un contexto político donde se pretende vincular a otras personalidades, así es la política, así es el proceso penal y estamos acostumbrados a ello".

* * *

De acuerdo con el testimonio del Rey durante el gobierno de AMLO en la Ciudad de México, la capital del país era una bodega de cocaína para el Cártel de Sinaloa. Cuando él era responsable de recibir toneladas de cocaína en el Aeropuerto Internacional de la Ciudad de México la droga se almacenaba en bodegas en la ciudad, y para moverse tranquilamente como lo hacían él y el Mayo, no solo contaban con la protección de García Luna en la AFI, sino también de la policía capitalina que los escoltaba.

Gabriel Regino, apodado *el Tigre*, durante la jefatura de gobierno de AMLO ocupó puestos en el área de asuntos internos de la policía capitalina junto con un grupo de policías constantemente señalados por corrupción, uno de ellos Hermenegildo Lugo Lara, alias *el Chino*.

Marcelo Ebrard fue titular de la Secretaría de Seguridad Pública (SSP) capitalina de 2002 a 2004. En 2002 Regino fue nombrado subsecretario, por instrucciones de López Obrador, me aseguró uno de los más allegados al hoy presidente. "Era los ojos de AMLO en la SSP." De 2004 a 2008 el titular de la dependencia fue Joel Ortega, y pese al cambio Regino estuvo como segundo de abordo hasta septiembre de 2006.

Así como existieron investigaciones oficiales sobre la corrupción de García Luna y su equipo, como la indagatoria de la PGR conocida como "Caso Futbolero", el cual revelé desde mi libro *Los señores del narco*, también las hubo sobre Regino y su gente. El Cártel de Sinaloa tenía penetradas ambas instituciones.

En un informe que por las fechas de los hechos relatados data de 2004 o 2005 cuando Regino era subsecretario,[6] se afirma que este "cuenta con dos personas que se encargan de apoyarlo en todo tipo de trabajo". Uno de ellos, Lugo Lara, había estado preso en 1989, en el 2000 trabajó en la PGR, y quedó asentado que "actualmente se encuentra adscrito a la SSP, a la dirección de Asuntos

[6] La autora tiene copia del informe al que se refiere. Junto con esto existen noticias públicas de las indagatorias sobre irregularidades en la SSP de la Ciudad de México durante la administración de AMLO como jefe de Gobierno (2000-2005). Agustín Salgado, "Bajo investigación los 500 elementos de Fuerzas Especiales de la SSP", en *La Jornada*, 22 de abril de 2004, disponible en https://www.jornada.com.mx/2004/04/22/041n1cap.php?origen=capital.php&fly=.

Internos, se anexa oficio UPC/0189/2004". Se afirma que, junto con otros funcionarios de esa dependencia, el comandante Ignacio Perales Gómez, de la Procuraduría General de Justicia del DF —ejecutado en la Ciudad de México en junio de 2006—, y Domingo González, director del Centro de Mando de Operaciones Especiales de la AFI,[7] "dan protección al C Juan José Esparragoza Moreno alias *el Azul* y el Mayo Zambada, dedicándose al traslado de droga, secuestro y custodia de las personas antes mencionadas, esto en el perímetro de la Zona Rosa, Polanco y Las Lomas". Se proporcionan detalles de vehículos civiles usados para dichas actividades, las placas de estos y que eran estacionados en las oficinas de la Zona Rosa de la policía capitalina.

Se enumera a al menos otros ocho jefes de la policía y de la procuraduría capitalina, entre ellos "Carlos Camacho, director jurídico de la policía auxiliar, quien es compadre de Esparragoza Moreno", y el comandante Luis Morales Villanueva, adscrito a las fuerzas especiales Cobra Uno. "No omito en manifestar que la esposa de Luis Morales Villanueva es sobrina del Lic. Bejarano". Y se menciona a un sujeto llamado Carlos Guzmán, quien se hacía llamar Tigre Dos, el cual tenía, según el reporte, "una relación no apropiada con el Lic. Regino García".

Regino decía que si ganaba AMLO, iba a ser el próximo secretario de Seguridad Pública federal e incluso procurador. Luego aceptó conformarse con el cargo de titular de la SSP en la Ciudad de México con Marcelo Ebrard, quien ganó la elección para ser jefe de Gobierno como abanderado de la misma coalición Por el Bien de Todos.

[7] Domingo González es mencionado por la autora desde el libro *Los señores del narco*, México, Grijalbo, 2010, pp. 412, 419, 430.

* * *

El testigo T3 afirmó que tuvo conocimiento directo de que Regino fue a recoger sobornos del Cártel de Sinaloa, maletas de dinero en efectivo, cuando era subsecretario. Algunas de las entregas fueron en el fraccionamiento Tamarindos, en Cuernavaca, Morelos, y otras en casas de seguridad en Lomas de Chapultepec, en la Ciudad de México. "Andrés Manuel lo sabía, no podía ignorarlo."

El dinero, dijo, al menos en una ocasión se llevó a una residencia en el condominio de súper lujo La Toscana, ubicado en Paseo de los Laureles número 265, delegación Cuajimalpa, edificado en la Colina del Perro, símbolo de la corrupción del presidente José López Portillo, donde construyó una mansión. En ese lugar, afirmó el T3, había dos residencias que llegaba a usar López Obrador y donde también se hacían reuniones de carácter político. "Andrés Manuel no iba en esos tiempos por el dinero, mandaba a Nico. Recuerdo tres maletas entregadas en La Toscana. Nico las tomó y las subió al coche de Andrés, usaba el Tsuru blanco y una camioneta gris de la Fiscalía de la Ciudad de México."

* * *

"Gabriel Regino sí trabajaba para la oficina", afirmó uno de los integrantes del Cártel de Sinaloa en aquella época. "Cuando López Obrador gobernaba la Ciudad de México el Cártel de Sinaloa tenía libertad total, el vínculo directo era con el Chino", quien fue interno del Reclusorio Oriente de la Ciudad de México en 2006, en la llamada zona VIP, junto con Juan José Álvarez Tostado, uno de los socios y operadores del Cártel de Juárez, asociado con el Cártel de Sinaloa, y Luis Camarena González, integrante del cartel colombiano Valle del Norte, yerno del narcotraficante Armando Olivares, del Cártel de Juárez.

Antes de ocupar cargos públicos Regino tenía un despacho de abogados, donde trabajaba con Miguel Ángel Mancera, quien después trabajo con él en la SSP capitalina.

Mancera fue electo jefe de Gobierno de la Ciudad de México (2012-2018). Regino era subsecretario y al mismo tiempo seguía atendiendo su despacho. Con ambos roles hacía visitas a la zona VIP de la prisión: "Hablaban, pero Regino, como subordinado, trabajaba asuntos legales del Rey Zambada. En una ocasión ahí delante de todos Luis Camarena lo cacheteó", en reclamo por algo que no había cumplido, aseguró el testigo que conocía muy bien a los capos alojados en la cárcel administrada por el gobierno de la Ciudad de México, quienes gozaban de privilegios.

El 3 de diciembre de 2006, cuando Ebrard estaba por designar a su gabinete, se hizo público un informe que lo señalaba de haber recibido depósitos de integrantes del Valle Norte, y de haber obtenido un departamento en un lujoso fraccionamiento de Polanco, del contrabandista Rodrigo Mora.[8] En ese tiempo Regino negó lo primero y de lo segundo reconoció que había sido en pago a sus servicios como abogado.

* * *

Dentro del círculo de colaboradores de López Obrador afirman que después de haber sido electo como presidente AMLO

[8] "Ligan con narco a Gabriel Regino", en *Reforma*, 3 de diciembre de 2006.

se ha reunido con el Mayo en al menos dos ocasiones. Una en diciembre de 2018, casi después de haber tomado posesión. Uno de los encuentros habría ocurrido en la Ciudad de México.

Lo que es un hecho es que desde que López Obrador se sentó en la silla presidencial comenzó a tomar medidas que sabía beneficiaban al Cártel de Sinaloa. Y no es solo la implementación de su política pública de "abrazos, no balazos" hacia los cárteles de la droga. Sino la decisión fundamental de la persona a la que nombró titular de la Subprocuraduría Especializada en Investigación de Delincuencia Organizada (SEIDO), la única responsable de investigar y presentar cargos judiciales contra narcotraficantes: Alfredo Higuera Bernal.

Y aunque oficialmente en julio de 2019 fue el fiscal general, Alejandro Gertz Manero, quien anunció el nombramiento, quien tomó la decisión fue AMLO.

Higuera Bernal fue secretario ejecutivo del Consejo Estatal de Seguridad Publica de Sinaloa. Fue procurador general de Sinaloa de 2008 a 2010, cuando el gobernador era el priista Jesús Aguilar Padilla. Fue subprocurador en la PGR de 2005 a 2007, en los dos últimos años de Fox y el primero de Calderón. Con Peña Nieto ocupó el cargo de fiscal para el caso Ayotzinapa.

"Higuera Bernal está con el Mayo", afirmó categórico el Mini Lic. Y no era la primera vez que el funcionario era relacionado directa o indirectamente con el Cártel de Sinaloa. Se le señaló por presuntamente haber sido invitado a la boda del Chapo con Emma Coronel en 2007. Un documento interno de la PGR y un testigo protegido señalaron a su hermano, Gilberto Higuera Bernal, como responsable de haber realizado los nombramientos de delegados de la PGR "de acuerdo con los intereses y conveniencia de diferentes capos de la delincuencia", entre ellos el Chapo y el Mayo Zambada.[9]

Cuando AMLO fue electo y comenzó a anunciar que iba a meter a la cárcel a los corruptos, Alfredo Higuera Bernal y su familia estaban muy preocupados. Su hijo Alfredo Higuera se desahogaba con sus amigos y hablaba de los planes de irse a vivir a otro país. "Andaba bien asustado [Alfredo Higuera Bernal] porque dijo: 'Si AMLO empieza a meter a todos los corruptos me van a meter a mí', traía miedo, él estaba listo pa irse a otro país", reveló en 2023 en entrevista un testigo de su entorno.[10]

Cuando López Obrador asumió el poder lo citó y le mostró una serie de documentos. De acuerdo con lo contado por el propio hijo del hoy titular de la SEIDO, AMLO le dijo: "Ahí está todo lo que tú has hecho, lo bueno y lo malo, hay unas cosas malas, pero de ti depende, ¿te vienes conmigo o quieres que eso salga a la luz?". Higuera Bernal dijo: "Yo estoy con usted", y le anunció que le iba a dar la titularidad de la SEIDO.

Ahora a su hijo Alfredo los amigos le hacen bromas: "Oye, ¿no que tú te ibas pa Cuba, verga, pa Venezuela?, ¿por qué no te fuiste?", a lo que el hijo del subprocurador se defiende: "Hey, güey, no seas mamón".

Cuando a Alfredo Higuera jr. alguien de sus amigos le hacía bromas pesadas, respondiendo en el mismo sentido les decía "¿Quieres ser el 44?", un comentario mordaz relacionado con la

9 Investigación interna de la PGR denominada "Caso Futbolero", de la cual la autora tiene copia desde 2009. Además de los señalamientos a Gilberto Higuera Bernal, asimismo se menciona al entonces titular de la AFI Genaro García Luna y su equipo más cercano por dar protección también al Cártel de Sinaloa.

10 La autora tiene grabada la entrevista al testigo.

indagatoria de su padre sobre los 43 normalistas desaparecidos en Iguala en 2014.

"Pero sí están bien agarrados ahora, Alfredo [hijo] trae escolta y todo, ahorita en Culiacán, ellos son de Culiacán pues."

Tras los hechos del llamado Culiacanazo, por un tiempo el titular de la SEIDO movió a su familia de la ciudad por miedo a que los Chapitos tomaran represalias en su contra.

* * *

Los principales protagonistas de la trama que vinculan los apoyos a las aspiraciones presidenciales de AMLO con el Cártel de Sinaloa están conectados a lo largo del tiempo y trabajaron conjuntamente en puestos diversos en distintos momentos. No eran extraños, se conocían.

Cuando Higuera Bernal fue procurador de Sinaloa, el director de la policía ministerial bajo sus órdenes fue Silvio Isidro de Jesús Hernández Soto. Sí, el mismo militar que había sido escolta de AMLO en la campaña presidencial de 2006 bajo las órdenes del general Audomaro, quien acompañó a AMLO a recibir medio millón de dólares de manos del Grande en Gómez Palacio. El mismo Silvio Isidro que, de acuerdo con integrantes del Cártel de Sinaloa entrevistados para esta investigación periodística, recibía sobornos de la organización criminal. El mismo que fue detenido en 2012, acusado por Roberto López Nájera de trabajar para el Cártel de Sinaloa. Y sí, el mismo militar que Higuera Bernal volvió a contratar en 2019 en un cargo importante cuando fue nombrado titular de la SEIDO y le dio el puesto del Cuerpo Técnico de Control de la FGR, una de las áreas más sensibles de la institución. En el argumento de Higuera Bernal a la Sedena de por qué designó a Silvio Isidro, dijo que había sido a petición de Audomaro; no mencionó que también había sido un muy cercano colaborador de él.

Silvio Isidro tiene una conexión histórica con el Chapo Guzmán. Él estaba a bordo del avión militar que transportó al capo de Chiapas a Toluca en 1993, la primera vez que fue arrestado. En aquel vuelo Guzmán Loera confesó ampliamente las redes de corrupción tejidas en el entonces gobierno de Carlos Salinas de Gortari, pero luego fue silenciado. Al final de las cuatro cuartillas que quiso desaparecer la Sedena, pero de las cuales tengo copia, aparece como testigo Silvio Isidro de Jesús Hernández Soto, quien junto con el general Audomaro es uno de los personajes centrales en la trama del financiamiento del Cártel de Sinaloa a la campaña presidencial de 2006, y que se repitió en 2012 y 2018.[11]

* * *

Desde 2014 hay una guerra declarada de los Chapitos contra el Mayo, que este último ha tratado de retrasar lo más posible, explicó el Mini Lic. "Decían que el Mayo había traicionado al Chapo y pues querían cobrarle." Además, se acumula con aquel incidente de la orden de Vicentillo de abrir fuego contra su hermano Edgar en 2008. Y el resentimiento de que el Mayo no los apoyó con gente armada ni en el Culiacanazo ni en el arresto de Ovidio en Jesús María en 2023.

[11] Procuraduría General de Justicia Militar, Policía Judicial Fed. Militar. Subjefatura OPTVA, 9 de junio de 1993, del cual la autora tiene copia.

Hasta ahora el Mayo ha cedido a todo lo que ha querido Iván. Hubo un tiempo en que el mayor de los Chapitos incluso impuso al Mayo que nadie de su gente podía entrar armada a Culiacán, y él aceptó. "Ya entendió que los Chapitos son peores que los Arellano Félix, matan familiares, roban propiedades. Si se desata la guerra con ellos y pierde, su familia será extinguida, le van a matar gente hasta que se cansen, y sus negocios pasarán a manos de ellos, sobre todo los legales, que es lo que más le importa al Mayo."

Al clan de los Guzmán "les gustan las guerras porque nunca han perdido una. Ellos se creen los más poderosos de Sinaloa, dicen 'Nadie ha logrado lo que los Chapitos, nadie ha doblegado al gobierno como los Chapitos', en su mentalidad así es".

De parte del Mayo se afirma que saben lo que se viene, ellos y sus asociados ya están comprando departamentos en Querétaro, Guadalajara, Ciudad de México, Monterrey, porque saben que lo que se viene es "algo grande". "Él no quiere una guerra, va a evitarla a toda costa... su propia gente lo dice: 'El señor no va a pelear, no va a hacer nada', los mismos secretarios de Iván, todos ahí dicen: 'Mayo, viejo pendejo'."

Sobre Ismael Zambada Sicairos, quien encabeza la lista para ser el heredero del Mayo, dice que "sí quiere pelear, pero su papá lo calma. El Mayito Flaco ya vio las cosas, lo que se avecina, ya sabe, ya se está preparando, y él quiere actuar; porque sabe que si no actúa se los van a acabar. Él sabe, él lo sabe y lo ha dicho, yo sé, y si no juega con las mismas reglas que ponen los Chapitos va a perder".

En el Cártel de Sinaloa no hay lealtad, "de eso no hay, no existe, aquí es sálvese quien pueda, y todo es con base en mentiras, aunque quieran jugar a que no es así", dijo el Mini Lic con un dejo de pesar.

Reveló que el Chapo, antes del juicio en Nueva York, contrario a lo que se había pensado, sí llegó a considerar dinamitar todo el cártel.

* * *

"El Chapo antes de irse a juicio quiso hacer un arreglo para sus hijos. Había dicho que sí cooperaba pero que a sus hijos les quitaran los cargos y pudieran vivir en Estados Unidos."

De acuerdo con lo que el Mini Lic supo, los fiscales comenzaron a evaluar la información valiosa que el Chapo podía darles, de cuántos políticos, presidentes, empresarios y narcotraficantes. Pero otros fiscales que llevaban años investigando a los Chapitos se negaron a llegar a un acuerdo así. La contrapropuesta fue que se entregaran en Estados Unidos, se declararan culpables, cooperaran, hicieran un tiempo de cárcel y fueran liberados con base en su cooperación. Pero el Chapo quería todo o nada. Se fue a juicio y lo sentenciaron a cadena perpetua. El Mini Lic supo de esto cuando estaba en la antesala de testificar en contra de su socio y su compadre en Nueva York. Al final su testimonio no fue necesario, aunque lo contaron para reducirle la condena como si hubiera declarado, según las reglas del sistema judicial estadounidense.

—¿Y qué hubiera podido decir el Chapo si hubiera llegado a un acuerdo? —pregunté al Mini Lic

—¡De todo! Presidentes de la República, políticos. ¡Nombre!

* * *

La tensión que se vive dentro del Cártel de Sinaloa es la de quien camina sobre un acantilado en un puente colgante con las cuerdas podridas. Ahí está justo parado Andrés Manuel López Obrador, quien hizo acuerdos con los dos.

Desde finales de 2023 el presidente ha hecho llegar un mensaje al Mayo y los Chapitos. Les pidió que durante la época electoral eviten las confrontaciones entre ellos y la violencia, que el gobierno no va a perseguir a ninguno, pero que necesitan el apoyo para Claudia Sheinbaum. AMLO se comprometió a que si gana la elección presidencial durante el gobierno de ella nadie los va a perseguir. Es decir, los "abrazos, no balazos" están garantizados para ambas partes.

15

La heredera

Era julio de 2021 cuando en el restaurante Azur, ubicado en la torre del Grand Fiesta Americana que se yergue a un costado del verdísimo Bosque de Chapultepec, se llevaba a cabo una particular reunión de negocios.

A unos pasos, en Paseo de la Reforma, transcurría el típico bullicio de la hora de la comida en la Ciudad de México: los oficinistas buscaban un lugar donde comer rápidamente, los niños salían de las escuelas, el tráfico era infernal, el transporte colectivo abarrotado, y el cielo encapotado, como era habitual en esa época del año.[1]

La mayoría de los reunidos en la mesa no pasaban de los 45 años. Cualquiera hubiera podido confundirlos con empresarios que, al haber perdido su reservación en los exclusivos sitios de la zona, habían encontrado refugio en el bien acondicionado pero discreto restaurante. Dado que el encuentro era rápido, ni siquiera se tomaron la molestia de pagar un privado que les cobraba al menos 5 mil pesos la hora para hablar de sus delicados asuntos.

[1] La autora reconstruyó los hechos narrados aquí basándose en lo dicho por un testigo presencial entrevistado a finales de 2023. La autora conserva la grabación de dicha entrevista.

Quien llevaba la batuta en la conversación era un hombre de 34 años, delgado, de tez morena clara, con calvicie prematura, cejas y barba espesa: José Ángel Zazueta Rivera, mejor conocido en el mundo criminal como *el Flaco*, considerado por el Departamento de Justicia de Estados Unidos como un operador clave del Mayo Zambada y uno de los principales traficantes de fentanilo.

Nacido el 15 de agosto de 1987, a su corta edad el Flaco ya controlaba, desde 2020, el Aeropuerto Internacional de la Ciudad de México (AICM) para el Cártel de Sinaloa. Desde hace décadas es una de las principales plataformas en sus operaciones de tráfico de drogas a escala mundial.

El papel que otrora había tenido el Rey Zambada, hermano del Mayo, en la Ciudad de México, ahora lo tiene el Flaco. Con decenas de miles de dólares mensuales soborna a la estructura de la Secretaría de Marina, Secretaría de la Defensa Nacional, Guardia Nacional y autoridades aduaneras que operan en el aeropuerto, y corrompe a las autoridades de la Ciudad de México, gobernada por el partido Morena.

De las toneladas de cocaína provenientes de Sudamérica que periódicamente llegan al AICM, algunas se reenvían en otros vuelos a su destino final, y otras son transportadas a alguna de las múltiples bodegas que el Flaco tiene en la Ciudad de México. Una de las más grandes se localiza en la ecléctica colonia Roma, que saltó a la fama mundial con *Roma* del director mexicano Alfonso Cuarón, la cual le valió el Oscar a la mejor película extranjera en 2019. Ahí, a la vista de todos, en uno de los puntos más concurridos de la capital mexicana, tiene uno de sus principales centros de distribución de todo tipo de drogas, incluyendo fentanilo. El Flaco es el principal operador del Mayo en la Ciudad de México. Se ha ganado ese papel a pulso.

* * *

A los 32 años, en 2019, Rivera Zazueta fue enviado a Italia para abrir un nuevo canal de tráfico de cocaína a Europa para el Cártel de Sinaloa. Ingenioso, pretendía comenzar una ruta aérea desde el insospechado aeropuerto de Catania en Sicilia, que habitualmente no ha sido utilizado para grandes operaciones trasnacionales de tráfico de droga. Estaba asociado en la misión con dos guatemaltecos, Daniel Esteban Ortega Ubeda y Félix Rubén Villagrán López, Luis Fernando Morales Hernández y Salvador Ascencio Chávez.[2]

En la operación estaban involucrados cómplices en México, España e Italia. El plan consistía en hacer una prueba mandando algunos kilos de cocaína para luego enviar el primer embarque grande, de al menos 1.5 toneladas. El principal comprador de la mercancía era la 'Ndrangheta, un grupo mafioso de Calabria y uno de los más importantes distribuidores de cocaína en el continente.

El Flaco explicó a sus cómplices que utilizaría aviones privados para el tráfico de la droga, ya que aunque habitualmente usaba aeronaves comerciales que salen de México, desafortunadamente no había compañías interesadas en hacer vuelos directos a Catania. Para garantizar que había sido meticuloso en la organización de la operación, aseguró que el piloto que tripularía el avión sería uno muy experimentado que ya había trabajado para Joaquín Guzmán Loera, *el Chapo*.[3]

[2] Expediente judicial 1337/2020 de la Dirección Distrital Antimafia de la Procuraduría de la República en Catania, del cual la autora tiene copia.

[3] Información obtenida de las interceptaciones hechas por las autoridades judiciales en Italia, cuyas transcripciones se encuentran en el expediente

Todo hubiera salido como el Flaco esperaba de no ser porque no había contado con que un grupo de investigación del crimen organizado en Catania había recibido el pitazo de la operación desde sus inicios. A diferencia de lo que sucede en México, la lucha antimafia en Italia es la más antigua y experimentada del mundo, y cuentan con un eficiente sistema de interceptación e infiltrados que les permite tener éxito en muchas de las operaciones.

Al monitorear las conversaciones entre el Flaco y sus cómplices, las autoridades italianas descubrieron algunos detalles del operador del Mayo Zambada. Su padre manejaba miles de casas de cambio y contaba con contactos en la CIA. Tenía entonces como pareja sentimental a una nieta del otrora poderoso Amado Carrillo Fuentes, *el Señor de los Cielos*, pero en sus viajes de negocios se hacía acompañar de una mujer llamada Karla Daniela Ramírez Pérez, quien entonces tenía 27 años de edad.[4]

El Flaco era un turista mundial. Viajaba constantemente entre los continentes de América, Europa y Asia. Contaba ya con una eficiente operación de tráfico de cocaína, que le permitía mover de 500 a 800 kilos a la semana en 2019.[5]

Desde entonces, el Flaco tenía en su bolsillo a funcionarios del gobierno de Andrés Manuel López Obrador, incluyendo altos

judicial 1337/2020 de la Dirección Distrital Antimafia de la Procuraduría de la República en Catania, del cual la autora tiene copia.

[4] Información obtenida de las interceptaciones hechas por las autoridades judiciales en Italia cuyas transcripciones se encuentran en el expediente judicial 1337/2020 de la Dirección Distrital Antimafia de la Procuraduría de la República en Catania, del cual la autora tiene copia.

[5] *Idem*.

mandos de la Guardia Nacional, militares y políticos mexicanos.[6]

En 2019 Rivera Zazueta pensaba abrir una fábrica de jabón en Europa para el Cártel de Sinaloa, utilizando la empresa como fachada para sus negocios criminales.[7]

Luego de meses de paciente investigación, el 23 de enero de 2020 la policía italiana realizó la detención de Villagrán López y Ortega Ubeda. Se les confiscaron 35 mil euros, sus teléfonos celulares y un cargamento de 385 kilos de cocaína. Fueron condenados a 12 años de prisión en 2021. Al Flaco no pudieron arrestarlo, ni a los otros involucrados. Su carrera criminal siguió creciendo hasta convertirse en uno de los principales traficantes de fentanilo hacia Estados Unidos. Gracias a eso, estaba sentado plácidamente esa tarde en el Anzur del Grand Fiesta Americana.

* * *

Durante esa comida, comenzaron a hablar de "Claudia", refiriéndose a Claudia Sheinbaum, entonces jefa de gobierno de la Ciudad de México y ahora candidata presidencial del partido oficial Morena para las elecciones del 2 de junio de 2024.

El Flaco comía con narcotraficantes que buscaban asociarse con él, ya fuera para el tráfico de cocaína o de fentanilo. Estaban abiertos a cualquier opción. Rivera Zazueta era la garantía de un buen negocio.

El brazo operativo del Mayo pagaba sobornos en el AICM de mil a 2 mil dólares por kilo de cocaína a las autoridades, para

[6] *Idem.*
[7] *Idem.*

asegurar el paso. De esos sobornos, 50 por ciento era para funcionarios de la Marina, 30 por ciento para los de la Sedena y el 20 por ciento para la Guardia Nacional.

Llegaban aviones cargados en esa época. Con la protección de las autoridades del gobierno de AMLO, sacaban la mercancía y la escoltaban hasta la bodega seleccionada en la Ciudad de México, donde quedaba segura la mercancía. El propio Rivera Zazueta iba a ver a las autoridades y entregaba las mochilas de dinero; no mandaba a otros a hacer el pago, sino que le gustaba hacerlo personalmente para establecer relaciones de complicidad sólidas. Se afirma que hasta ahora continúa el mismo mecanismo.

Mientras el grupo comía y hablaba de futuros negocios, entró una llamada a uno de los narcos sentados en la mesa, socio del Flaco. Horas antes, un cliente suyo había mandado a recoger unos kilos de cocaína. Ya se le había advertido al mensajero que no se fuera por la salida a Toluca rumbo a La Marquesa, porque ahí había elementos de la policía que ya tenían experiencia en distinguir los carros que traían "clavo", los compartimentos secretos para esconder la droga.

—Oigan, a ver, ¡un contacto! Es que me agarraron a un muchacho, le dije que no se fuera por ahí —dijo el narcotraficante en cuestión, preocupado de que se perdiera la mercancía—. Es que no queremos hablar con Claudia para esto. ¡Oiga, usted! ¡A ver a qué hora! —dijo a otro que estaba en la mesa, indicándole que contactara a alguien más.

—No, me cuelga, el que yo conozco me cuelga si le hablo —respondió el aludido.

—¡Ni modo! —dijo el socio del Flaco—. Vamos a tener que hablar con Claudia. ¡Ah, nos va a quitar una feria!

Llamó a una persona que afirmaba ser el intermediario con la jefa de gobierno, quien le recordó la regla. El gobierno de la Ciudad de México iba a intervenir, pero la mitad de la mercancía se la quedaban las personas que la gobernante designara y la otra regresaba a las manos de los traficantes.

A nombre de Claudia Sheinbaum se pedía el pago del favor en especie, no en dinero. Si hacía el trato, tenía que perder 20 de los 40 kilos de cocaína que se estaban transportando. El narco estaba furioso y empezó a maldecir.

—¡Siempre es la misma verga con ella, güey! Nos trae a todos en verguiza, decomisando para quedarse con la mitad, y si no le das la mitad te detiene y te quita todo.

—¿Quién? —preguntó uno de los presentes que no conocía la movida.

—La Claudia Sheinbaum.

—¿No es la jefa de gobierno de aquí?

—Esa p... ¡se pasa! Nos tiene de los huevos a todos.

Se lamentó que la jefa de gobierno ya no los dejara trabajar "como antes", cuando solo se pagaban sobornos en dinero. Ahora, cuando alguien le pedía interceder para liberar un cargamento, "hay que darle su mitad, ¡si estás bien con ella!, porque si no tienes relación con ella te quita todo". El Flaco y su socio tenían esa conexión y las veces que llegaban a pararles droga, ese era el arreglo con el gobierno de la capital. Quienes no tenían la fortuna de la conexión perdían todo. La droga no era decomisada, sino iba a un "hoyo negro" gestionado por las propias autoridades.

Con esos costos, se dijo, más valía del aeropuerto subir la mercancía a otro avión. Al final, el narcotraficante aceptó el acuerdo y el mensajero recuperó ese mismo día los 20 kilos de cocaína que le tocaban; el resto se lo quedaron las autoridades capitalinas.

Hablaron también de cómo el gobierno alteraba los decomisos de droga y era práctica común que se quedaran con ella y la vendieran. De un kilo de cocaína la dividían y fabricaban más para sustituirla por la mercancía real. Si se le hacía un test, salía positivo, pero la droga era de muy baja concentración. En Estados Unidos, dijeron, se verifica la pureza. "¿Sabes cuántos millones es eso?".

"La política es lo mejor, mejor hay que ser políticos —rieron—. Hay que ponerse trucha para meterse a la política, es la mejor mafia, ¡imagínate un puesto de esos! ¡Cuántos no caen al día!". La Ciudad de México es uno de los principales *hubs* de droga en México, llega de Sudamérica la cocaína y de ahí se distribuye hacia otros destinos. Y de acuerdo con la acusación criminal abierta en Nueva York contra los Chapitos, ellos tienen en la capital un importante punto de distribución de fentanilo.

El Flaco no es envidioso con sus contactos, quienes afirmaban actuar en nombre de Claudia Sheinbaum, y los compartía con los miembros de su grupo.

La conclusión a la que llegaron todos aquel día es que de momento era mejor seguir así.

"Toca estar con ellos porque ella va a ganar."

Justo días antes, el 5 de julio, López Obrador había comenzado a destapar los nombres de quienes serían los prospectos de su partido Morena para sucederlo en la presidencia en 2024. El primer nombre que pronunció fue el de Claudia Sheinbaum.

El grupo del Flaco tenía la convicción de que la elegida sería ella. "Vamos a apoyar a Morena", dijeron en la mesa del Anzur. "Puro Morena".

Un funcionario del gobierno federal, cercano al presidente, me confirmó la versión. Incluso sabía que el caso había ocurrido en la salida a La Marquesa, antes de que yo lo mencionara.

* * *

El 30 de enero de 2023 el gobierno de Estados Unidos puso en la mira al Flaco. El secretario de Estado de Estados Unidos, Antony Blinken, y el Departamento del Tesoro lo acusaron de ser uno de los principales traficantes de fentanilo hacia ese país.

"José Ángel Rivera Zazueta es el líder de una organización de producción y tráfico de drogas cuya base de operaciones está en Culiacán, Sinaloa, y la Ciudad de México", afirmó el gobierno estadounidense. Claudia Sheinbaum aún era la gobernante de la capital mexicana.

"La red de Rivera Zazueta opera a escala global con nodos en Estados Unidos, México, América del Sur y Central, Europa, Asia, África y Australia. Rivera Zazueta importa precursores químicos de China a México, que luego se utilizan para fabricar drogas sintéticas, como fentanilo, éxtasis, metanfetamina cristalina, 2C-B y ketamina", señaló el comunicado emitido por el Departamento del Tesoro.

De acuerdo con la acusación, el Flaco ha trabajado con la empresa de transporte de productos químicos china Shanghai Fast-Fine Chemicals, la cual "ha enviado varios precursores químicos, a menudo con etiquetas falsas, a organizaciones de tráfico de drogas en México para la producción ilícita de fentanilo destinada a los mercados de EE. UU". Denunciaron que usa el seudónimo de José Ángel Rivera Salas y que sus cómplices en el tráfico de fentanilo son Nelton Santiso Águila y Jason Antonio Yang López.

"Adicionalmente, Rivera Zazueta es responsable del movimiento de grandes cantidades de cocaína desde Colombia hacia Estados Unidos, España, Italia, Guatemala, México y otros países de Europa y Centroamérica."

* * *

Pero para el Flaco, aunque la declaración del gobierno de Estados Unidos lo preocupó durante algunos días, no fue motivo suficiente para detenerse. Aunque su fotografía y nombre comenzaron a circular por todas partes, cuenta en México con su propio centro cambiario y opera a la luz del sol sin que ninguna autoridad del gobierno lo moleste.

El 15 de noviembre de 2011 en Mexicali, Baja California, el Flaco creó la empresa Mia Centro Cambiario o Centro Cambiario California, según consta en la escritura de la creación de la empresa de la cual obtuve copia en una investigación periodística que realicé sobre el personaje. Está asociado con Miriam Anahid Ramos Santana, originaria de Mazatlán, Sinaloa. Cada uno tiene 500 acciones de la empresa, de un total de mil.[8]

El centro cambiario ha operado con el aval de la Secretaría de Hacienda del gobierno federal de México y la Comisión Nacional Bancaria y de Valores, según documentos oficiales que obtuve. El rastreo que realicé indica que el centro cambiario opera actualmente al menos en dos sedes ubicadas en Mexicali, Baja California, una de las principales bases de operaciones del Cártel de Sinaloa, localizada en la frontera con Calexico, California.

La empresa ha podido realizar compraventa de billetes, piezas acuñadas y metales comunes, cheques de viajero, piezas metá-

[8] La autora posee una copia del acta constitutiva de Mia Centro Cambiario, con el folio mercantil 3802 registrado ante el notario Ramiro E. Duarte Quijada en Mexicali, Baja California. La existencia de esta empresa fue revelada en el artículo "El Flaco tiene su propio centro cambiario en México", publicado por la agencia de noticias alemana Deutsche Welle en febrero de 2023.

licas acuñadas en forma de moneda y documentos a la vista denominados y pagaderos en moneda extranjera, según las facultades definidas por la ley en México. Es decir, una especie de juguetería para el Cártel de Sinaloa.

Existen al menos otras dos personas implicadas en la empresa: Janneth Payán Leyva, quien fungió como representante de la empresa ante el fedatario Ramiro E. Duarte para registrar los acuerdos de la asamblea de socios llevada a cabo en 2014, y el comisario de la compañía, Carlos Alberto Prieto Jiménez.

Desde 2011 hasta ahora, incluso después de la orden de aprehensión girada por el gobierno de Italia en 2020, de la cual medios de todo el mundo dieron noticia, la empresa del Flaco opera e incluso está registrada como empresa PyME en un directorio empresarial de Baja California.

Un experto en materia de lavado de dinero, a quien consulté para esta investigación, me indicó que un centro cambiario, a diferencia de una casa de cambio, no puede hacer transferencias internacionales, pero sí puede hacer cambios de divisa y compraventa de metales.

Un centro cambiario al servicio del Cártel de Sinaloa les permitiría introducir en el sistema bancario el dinero proveniente de la venta de drogas, el cual generalmente está en dólares.

* * *

Desde el primer año de su administración, Claudia Sheinbaum incluyó en su equipo de gobierno a un jefe policiaco que nunca antes había sido parte de su equipo y que no tenía ninguna conexión con el movimiento de izquierda que ella dice encabezar, ni con el partido Morena. Nombró como secretario de Seguridad

Ciudadana a Omar García Harfuch, hombre que hoy es de los más cercanos a Claudia Sheinbaum, pese a ser integrante del grupo de amigos y colaboradores de Luis Cárdenas Palomino, el siniestro brazo derecho de García Luna, ambos acusados en Estados Unidos por proteger al Cártel de Sinaloa.

García Harfuch cuenta con un negro historial de corrupción. Ingresó en la Policía Federal en 2008 sin ninguna preparación policiaca ni licenciatura, bajo la protección de Cárdenas Palomino. Reprobó sus exámenes de confianza en 2009 y 2011 y en ellos confesó tener tratos con la delincuencia organizada. Aunque los órganos internos de control de la PF iniciaron su proceso de expulsión, al final permaneció en la dependencia gracias a la intervención de Cárdenas Palomino, su mentor[9] y con quien trabajó en la época en que este último estaba al servicio del Cártel de Sinaloa. No solo les daba protección, sino que también los ayudaba directamente en el tráfico de drogas y realizando operativos en contra de los grupos enemigos. Fue él quien firmó cada una de las promociones de Omar en la PF.[10]

Durante el sexenio de Enrique Peña Nieto, bajo el cobijo de Cárdenas Palomino, quien tenía a su excuñado Humberto Castillejos como poderoso consejero jurídico de la presidencia, García Harfuch ascendió en posiciones. En 2014 fue el jefe de la PF en Guerrero y estuvo involucrado en la protección a narcotraficantes en el estado durante el ataque contra los normalistas de Ayotzinapa y la desaparición de 43 de ellos.[11]

[9] La autora cuenta con copia del expediente UAI/DGII/5518/12 de la Unidad de Asuntos Internos de la Policía Federal donde quedó documentado lo que aquí se afirma.

[10] *Idem.*

[11] Expediente UAID/DGII/1398/15 y su acumulado UAI/DGII/09

Pese a todos esos antecedentes, con el apoyo incondicional de Sheinbaum y una intensa propaganda en medios de comunicación, García Harfuch se presentaba como el héroe de la Ciudad de México y le gustaba el apodo que le habían dado: *Batman*.

Cuando llegó, lo primero que hizo fue poner en importantes cargos a funcionarios del equipo corrupto de García Luna, y Gabriel Regino. Colocó como su asesor a Emilio García Ruiz, quien era parte del equipo de García Luna en la corrupta SSP federal bajo las órdenes de Armando Espinoza de Benito, quien en el juicio contra García Luna también fue señalado por la fiscalía de ser cómplice del Cártel de Sinaloa.

Para completar el *dream team*, en 2021 García Harfuch anunció con bombo y platillo el nombramiento de Hermenegildo Lugo Lara, alias *el Chino*, quien también estaba señalado de vínculos con el Cártel de Sinaloa.

Fue Dámaso López Serrano, alias *el Mini Lic*, exintegrante de la cúpula del Cártel de Sinaloa y hoy testigo colaborador del Departamento de Justicia de Estados Unidos, quien reveló públicamente el *modus operandi* del exjefe policiaco en una entrevista que le hice en octubre de 2023.[12]

* * *

El Mini Lic reveló que en medio de la guerra entre los Dámaso y los Chapitos, García Harfuch buscó un encuentro con su padre, Dámaso López Núñez, alias *el Licenciado*, para ofrecerle pro-

56/16 de la Unidad de Asuntos Internos de la Policía Federal del cual la autora tiene copia.

[12] La autora publicó esta información en el artículo "Omar García Harfuch recibió sobornos, confiesa Mini Lic", *Deutsche Welle*, 26 de octubre de 2023.

tección a cambio de sobornos. El encuentro no se dio y García Harfuch, entonces titular de la Agencia de Investigación Criminal (AIC), buscó al bando contrario.

Iván Guzmán Salazar, líder de los Chapitos, pagó 800 mil dólares en sobornos a García Harfuch para detener al Licenciado. Para reunir los recursos, el Chapito mayor, a quien no le gusta soltar dinero de su bolsillo, solicitó a su socio narcotraficante Gabriel Valenzuela 2 millones de dólares. Según el Mini Lic, una parte de este dinero, 800 mil dólares, se entregó al titular de la AIC, 600 mil dólares al Pollito, quien era secretario de su padre y lo traicionó revelando su paradero, e Iván se quedó con 600 mil dólares.

Así, en mayo de 2017, la AIC arrestó al Licenciado en la Ciudad de México en un aparatoso operativo. No solo le sembraron drogas y armas, sino que además su equipo se robó al menos 2 millones de dólares. En el operativo participó el hombre de confianza de Batman, Emilio García Ruiz, quien ocupaba el cargo de director general de Investigación Policial.

"Ese dinero estaba dividido entre el departamento de mi papá y el lugar donde detuvieron a un trabajador de mi papá [Víctor Geovanni González Sepúlveda], creo que fue en Azcapotzalco. Ya cuando detuvieron a mi papá, le pidió que me entregara, que le diera mi ubicación para poder 'protegerme' porque los Chapitos me iban a matar... que les dijera dónde estaba yo, porque sabían que estaba en la Ciudad de México, que ellos me podían proteger; en cambio, si me encontraban los Chapitos, me iban a matar. Mi papá no accedió."

Después, informantes dentro de la AIC le dijeron "que la intención de García Harfuch era detener a mi papá y matarme a mí, que ese era el acuerdo al que había llegado con los Chapitos.

Que iba a hacer como que yo me defendí, que yo los ataqué, que los enfrenté y me iban a matar."

—¿Es Batman o Guasón? —le pregunté al Mini Lic sobre García Harfuch.

—Es peor que el Guasón, porque de perdida el Guasón es malo y se hace pasar por malo, nunca dice que es bueno, pero ¡¿este?! Se hace pasar por bueno y es mucho peor. Él fue el que capturó a mi papá por un soborno de los Chapitos, también detuvo a mi mamá, les sembró droga. Le robó dinero a mi papá.

Los 2 millones de dólares encontrados en el departamento y en Azcapotzalco no fueron presentados ante la PGR como parte del operativo, se los robaron.

* * *

El caso del Licenciado no era aislado. "En 2017 y 2018 teníamos colgados los teléfonos de un grupo delictivo en Michoacán, dedicado al transporte de droga y lavado de dinero. En las llamadas grabadas durante la intervención, las personas hablaron de que agentes de la AIC decomisaron el dinero, pero cuando preguntamos a la AIC sobre el dinero decomisado, dijeron que ellos no fueron", señaló quien era agente especial superior de la DEA y coordinador de investigación de laboratorios clandestinos.[13] "García Harfuch y su grupo les estaban robando los cargamentos, en este caso era dinero. Pasó dos veces y ya no les confiamos con la inteligencia. Fueron más de tres millones de dólares cada vez", detalló.

[13] El funcionario de la DEA solicitó que se reservara su nombre porque no está autorizado a hablar públicamente del caso.

"También hubo un informante que dijo que la AIC estaba robando cargamentos de cocaína y después los vendía", añadió.

Un exfuncionario de la AIC me confirmó que también supieron del robo de dinero al Licenciado.

García Harfuch repitió el *modus operandi* como titular de la Secretaría de Seguridad Ciudadana (SSC) de la Ciudad de México.

* * *

Eran las 11:09 de la mañana del 15 de marzo de 2023 cuando las actividades de los trabajadores de las oficinas de Cuvier 104, en la colonia Anzures, Ciudad de México, fueron interrumpidas por la intromisión violenta de un comando de al menos 30 hombres armados y encapuchados que intentaban derribar la pesada puerta blindada para poder ingresar. Al ver que no podían, decidieron abrir un boquete en la pared.

El lugar era la sede de la empresa Black Wallstreet Capital, dedicada a la asesoría de inversiones regulada por la Comisión Nacional Bancaria, que comenzó a operar desde 2015. El socio principal era Juan Carlos Minero Alonso, un audaz banquero que, a sus 33 años de edad, en tiempo récord había ganado renombre en el sector financiero. De 2015 a 2023, día de la irrupción, había llegado a tener un total de mil 507 clientes. Eran tan rentables las asesorías financieras que incluso jefes policiacos de la Ciudad de México iban y ponían en sus manos sus ahorros.

Tenía como socio a Guillermo Arturo Delgado Olguín, con quien ese día se había formalizado el fin de la sociedad luego de varios episodios en que "perdía" el dinero que tenían en custodia. Habían acordado el pago de sus acciones y ya se había retirado del lugar.

Minero se encontraba en su oficina en el último piso, y mientras escuchaba los golpes contra la pared con su personal, fue a la bóveda para retirar el dinero de clientes que tenían bajo resguardo: 3 millones de dólares y 15 millones de pesos, todo en efectivo. Lo sacaron en bolsas de valores y bolsas de plástico, y lo subieron al último piso del inmueble para esconderlo en la azotea. Pensaban que era un asalto.

Todo el grupo que entró era de la secretaría de García Harfuch; algunos portaban vestimenta negra y pasamontañas o bufandas cubriendo sus rostros, y otros un uniforme verde hoja con cascos sobre el pasamontañas y chalecos antibalas con la leyenda SSC Inteligencia. Eran de la unidad de Lugo Lara, *el Chino*.

Amagaron y encañonaron al personal con armas. "Somos empleados", dijo uno de ellos mientras ponían las manos en alto. Los policias dijeron que era un cateo, pero en las imágenes de las cámaras de seguridad que se encontraban en todas las salas de la empresa no se ve que hayan mostrado ni un documento.

Al subir a la oficina principal de Minero se encontraron con Juan Carlos Reynoso, de origen peruano, quien iba a ser el nuevo socio; Richard Samper, de origen argentino, que era quien los había presentado; y dos guardias de seguridad de la empresa. En el último piso quedaron unas bolsas que no habían podido esconder. "¡Aquí está!", gritó un sujeto vestido de negro cuando abrió el paquete y encontró fajos de miles de dólares, mientras apuntaba a Minero y a quienes estaban ahí. Era uno de los líderes del asalto, pero no llevaba uniforme ni insignia que lo distinguiera como funcionario. "¿Dónde están las otras maletas?".

De acuerdo con los videos, el comando tenía dos prioridades: el dinero y destruir el *site* principal donde estaban todos los registros históricos de la empresa. Extraño que en vez de conservarlo como prueba lo hubieran destruido. Cuando notaron que había cámaras registrando, también las destruyeron. Arrestaron a Minero y a sus cuatro acompañantes. Les imputaron delitos de uso de recursos de procedencia ilícita, posesión de armas de uso exclusivo del Ejército, posesión de cocaína y 165 mil dólares. Jamás presentaron ante el ministerio público los millones de dólares y de pesos que se llevaron y que por ley debieron entregar. Se los robaron.[14]

Ninguno de los delitos era real; la escena fue fabricada por la gente de García Harfuch, como si fuera un set de cine. Presentaron las armas, la droga y los pocos dólares como prueba, diciendo que los habían encontrado sobre el escritorio de la oficina principal, y presentaron fotos del supuesto lugar del supuesto lugar de los hechos.[15] Con eso, un juez decretó cárcel para ellos. Fueron llevados al Reclusorio Norte, cuya administración también depende de la SSC.

El caso por los 165 mil dólares quedó en la Procuraduría General de Justicia de la Ciudad de México, mientras que lo otro se fue al fuero federal.

Cuando el abogado de defensa, Virgilio Tanús, tuvo audiencia con la fiscal Ernestina Godoy y García Harfuch, este le dijo en tono extraño: "Amigo, porque somos amigos, no te metas en el asunto". Tanús hizo una denuncia pública sobre el robo y el montaje, acusando a la SSC, lo cual ocasionó que su cliente en el Reclusorio Norte fuera amenazado, advirtiéndole que su abogado no debía hablar mal de García Harfuch.

14 La autora cuenta con los videos que fueron presentados como prueba ante el juez.

15 *Idem.*

Fueron más de 70 días de litigio. Cuando Tanús presentó ante el juez federal las imágenes de las cámaras de seguridad y mostró que nada de lo que estaba en el reporte de los policías era real, quedó evidenciada la siembra de pruebas.

Minero y sus coacusados estuvieron detenidos por 79 días. Con las pruebas del montaje en junio de 2023, el juez federal Roberto Omar Paredes decretó el sobreseimiento y ordenó su libertad por la fabricación de pruebas, a partir del concepto del "efecto corruptor", que significa que todas las autoridades actuaron con el fin de incriminar con delitos falsos. Qué ironía, en la audiencia el juez puso como ejemplo del "efecto corruptor" el caso de la ciudadana francesa Florence Cassez, cuyo montaje para incriminarla fue fabricado por Cárdenas Palomino, mentor de García Harfuch. De tal maestro tal alumno.

"Lo que me genera un tremendo dolor de cabeza como autoridad es saber que estamos todos en riesgo de que autoridades bajo el amparo de una orden de cateo puedan sembrarnos armas… y llego a la conclusión de que hubo una siembra de armas en este caso. Si esas autoridades hubieran actuado con plena legalidad, no hubieran optado por desconectar las cámaras de video —dijo el juez en la audiencia—. Hubo violación a garantías individuales."[16] Días después, el juez del fuero común Gustavo Alfonso Ramírez Zepeda decretó lo mismo.

Cuando parecía que la pesadilla había terminado, el entonces vocero de la fiscalía habló con Tanús: "Soy Ulises Lara, quiero 15 millones de dólares, si no, estos cuates no van a salir". Al negarse, le advirtió: "Vas a ver lo que va a pasar". A los pocos minutos dio un comunicado imputando delitos al cliente de Tanús

[16] La autora tiene video de dicha audiencia.

que no habían sido señalados en la acusación ante el ministerio público. Hoy Ulises Lara es el procurador general de la Ciudad de México, la ya candidata Claudia Sheinbaum públicamente le dio todo su respaldo: "Ulises cuenta con todas las credenciales para quedarse como encargado de despacho".[17]

Del robo de los 3 millones de dólares y 15 millones de pesos, García Harfuch no ha dado ni la cara ni explicación. No se sabe quién se quedó con el dinero. En abril de 2024, Minero presentó una denuncia penal formal por el robo y pudo acreditar a la fiscalía el origen lícito del dinero. Cuando regresó a sus oficinas para sacar sus cosas, notó que no solo el sitio estaba destruido, sino también que se habían llevado los discos duros de las 30 computadoras de la empresa, los cuales tampoco fueron presentados cuando fue detenido, fue parte de lo que se robaron los policías de García Harfuch.

* * *

Cuando Delgado Olguín era socio de Minero le presentó a un sujeto llamado Marco Said Santos Pérez, quien se decía muy amigo de García Harfuch y de tener contacto muy cercano con el Mayo, líder del Cártel de Sinaloa.

En algún punto de su sociedad con Delgado Olguín, en su cartera de clientes entró una mujer, cuyo nombre no he podido ubicar, que abrió una cuenta de al menos 100 millones de pesos, cuyo beneficiario controlador era Fabián Javier García Gonzá-

[17] Salvador Corona, "Sheinbaum defiende nombramiento de Ulises Lara: 'cumple con todas las credenciales'", en *El Universal*, 13 de enero de 2024, disponible en https://www.eluniversal.com.mx/elecciones/sheinbaum-defiende-nombramiento-de-ulises-lara-cumple-con-todas-las-credenciales/.

lez, un empresario de Guadalajara. Fabián es sobrino de Omar García Harfuch, hijo de su medio hermano Javier García Morales, un político que fue asesinado en 2011. El ciclo de actividad de la cuenta ya había terminado cuando ocurrió el asalto de la SSC y cualquier antecedente o registro estaba en el sitio que fue parte del objetivo de la intromisión a la empresa financiera, además del robo de la millonaria cantidad.

De acuerdo con la investigación periodística que realicé, Javier García Morales y su hijo Fabián Javier García González, desde hace lustros, habían dado servicio de transporte de droga a integrantes del Cártel de Sinaloa. Algunos de los clientes fueron Arturo y Héctor Beltrán Leyva. Presuntamente, Fabián, a quien también le decían *Junior* o *Cuñado* en el Cártel de Sinaloa, estableció lazos familiares con un narcotraficante importante de Colombia y ahora se señala que está traficando drogas ilícitas a Europa y Estados Unidos. Una agencia del gobierno de Estados Unidos está dando seguimiento a las actividades de Fabián y relacionan el asalto contra Black Wallstreet Capital con sus actividades financieras ahí, como si el propósito hubiera sido eliminar cualquier antecedente de las actividades financieras con la mujer que abrió la cuenta.

Sobre la muerte de su hermano Javier García Morales, Omar García Harfuch aseguró en sus exámenes de control de confianza en la PF en 2011 que "fue ejecutado por negocios con la delincuencia organizada".[18]

[18] La autora cuenta con copia del expediente UAI/DGII/5518/12 de la Unidad de Asuntos Internos de la Policía Federal donde quedó documentado lo que aquí se afirma.

El 6 de diciembre de 2022 conocí a Julián García, primo de Javier García Morales y de García Harfuch. La reunión fue en una pequeña sala privada del Hotel Emporio, en la Ciudad de México.[19]

La conversación giró en torno a actividades criminales de algunos miembros de la familia del polémico general Marcelino García Barragán, el tristemente célebre secretario de la Defensa Nacional cuando el Ejército masacró a estudiantes en Tlatelolco, en 1968. Padre de Javier García Paniagua y abuelo de Javier García Morales y Omar García Harfuch.

Habló de la conflictiva vida ilegal de Javier García Morales y de sus nexos con el crimen organizado. No necesitaba el dinero porque su familia tenía recursos; pero Javiercillo, como le decían, argumentaba que lo hacía por la adrenalina.

Sobre Fabián García González, Julián fue categórico: "Él se metió en el negocio de la delincuencia organizada".

Y sobre el hombre de toda la confianza de Claudia Sheinbaum, aseguró: "La familia sabe que Omar anda con el Cártel de Sinaloa".

* * *

Ante las presiones del gobierno de Estados Unidos, se llevó a cabo la detención de Ovidio Guzmán López en el poblado de Jesús María, Sinaloa, sin que la SEIDO en México le haya fincado algún cargo por las actividades de delincuencia organizada. Fue extraditado en septiembre de 2023 a solicitud de una corte

[19] Julián García murió en abril de 2023 de cáncer. A través de su seudónimo, *Julián Hamlet*, fue un constante crítico de la corrupción en México.

federal de Chicago, donde se señala que ha comenzado un diálogo con el Departamento de Justicia para intentar llegar a un acuerdo de colaboración y tener una menor condena. De no hacerlo, corre el riesgo de, a su corta edad, ser sentenciado a cadena perpetua.

En noviembre de 2023 fue detenido en Culiacán Néstor Isidro Pérez Salas, alias *el Nini*, jefe de sicarios de los Chapitos, a quien tampoco se han fincado cargos en México pese a la estela de muerte que ha dejado tras de sí. Su detención fue con fines de extradición a petición de la Corte de Distrito Sur de Nueva York. Se afirma que antes de su arresto había establecido contacto con la DEA intentando negociar un acuerdo para tener beneficios a cambio de colaboración.

Con los arrestos y extradiciones, AMLO espera congraciarse con el gobierno de Estados Unidos, el cual a lo largo de varios años ha acumulado elementos sobre el financiamiento del crimen organizado que lo llevó a la presidencia. Pero como le sucedió a Calderón es un arma de dos filos que tiene nerviosos particularmente a sus hijos José Ramón y Andrés López Beltrán.

El sexenio de los "abrazos y no balazos" está llegando a su fin. Pronto dejará de ser un secreto la historia detrás de las decisiones tomadas por López Obrador en materia de combate al crimen organizado durante su mandato, decisiones que han contribuido a alcanzar cifras récord de violencia, con 174 mil 587 homicidios y 114 mil 681 personas desaparecidas, cifras significativamente mayores que las registradas durante los sexenios de Fox, Calderón y Peña Nieto.

Y mientras transcurren los últimos días de gobierno de López Obrador, pese a la tensión que hay en el Cártel de Sinaloa entre las facciones del Mayo y los Chapitos, entre las filas de ambos bandos corre una sola voz para la elección presidencial de 2024: "Es Claudia". Uno de los promotores más entusiastas para su llegada al poder es Leobardo García Corrales, *Don Leo*, acusado por el gobierno de Estados Unidos de ser uno de los principales traficantes de fentanilo. Dice a quien lo quiere oír: "Con Claudia vamos a estar mejor que con Obrador".

Anexo fotográfico

For information leading to the arrest and/or conviction of

CHARGED WITH CONSPIRACY TO IMPORT AND DISTRIBUTE FENTANYL INTO THE UNITED STATES

IVAN ARCHIVALDO GUZMÁN SALAZAR

Departamento de Estado de EU

Iván Archivaldo, líder de los Chapitos, junto con sus hermanos apoyó la campaña presidencial de AMLO en 2012 y 2018, así como la campaña de Rubén Rocha Moya a la gubernatura de Sinaloa en 2021.

For information leading to the arrest and/or conviction of

CHARGED WITH CONSPIRACY TO IMPORT AND DISTRIBUTE FENTANYL INTO THE UNITED STATES

JESUS ALFREDO GUZMÁN SALAZAR

Departamento de Estado de EU

Alfredo, alias *Alfredillo*, junto con sus hermanos comanda en Culiacán con puño de hierro y la complicidad de las autoridades.

Departamento de Estado de EU

Ovidio Guzman-Lopez
a/k/a El Ratón
Last Seen: Sinaloa, Mexico

REWARD OF UP TO $5,000,000 USD FOR INFORMATION LEADING TO ARREST AND/OR CONVICTION

Homeland Security Investigations

Ovidio, alias *el Ratón*, en 2014 fue punta de lanza del clan de los Guzmán en la fabricación de fentanilo. Fue extraditado a Estados Unidos en 2023 y se piensa colaborará con el Departamento de Justicia de ese país.

Departamento de Estado de EU

Joaquin Guzman-Lopez
Last Seen: Sinaloa, Mexico

REWARD OF UP TO $5,000,000 USD FOR INFORMATION LEADING TO ARREST AND/OR CONVICTION

Homeland Security Investigations

Joaquín, alias *el Moreno*, de los cuatro hermanos es quien se asume como el "más inteligente".

RECOMPENSA

HASTA

$15,000,000.00 USD

POR INFORMACION QUE LLEVE AL ARRESTO Y/O CONVICCION DE

Ismael Mario Zambada Garcia

Conocido como: "El Mayo"

MANDE PISTAS A

Telefono, WhatsApp, Signal, Telegram

THREEMA: 2VBZFZTY **SNAPCHAT:** narco_tips

+1-619-540-6912

Departamento de Estado de EU

Ismael Zambada García, alias *el Mayo*, líder invicto del Cártel de Sinaloa. Junto con sus socios Joaquín Guzmán Loera y Arturo Beltrán Leyva aportó 25 millones de dólares a la campaña presidencial de AMLO en 2006, y lo apoyó en la campaña presidencial de 2018.

Archivo de la autora

Dámaso López Serrano, alias *el Mini Lic*, exmiembro de la cúpula del Cártel de Sinaloa. Amigo y socio de los Chapitos, y luego acérrimo enemigo. Compurgó su condena en Estados Unidos y actualmente es testigo clave contra la red criminal de los Chapitos.

Agencia © El Universal

Sergio Villarreal Barragán, alias *el Grande*, el primer contacto entre el Cártel de Sinaloa y el equipo de la campaña presidencial de AMLO en 2006. Entregó dinero directamente a López Obrador. Actualmente es testigo colaborador del gobierno de Estados Unidos.

Agencia © El Universal

Carlos Montemayor, alias *el Compadre*, miembro de la facción de Arturo Beltrán Leyva. Estuvo presente en el primer encuentro con el equipo de la campaña presidencial de AMLO en 2006.

Agencia © El Universal

Edgar Valdez Villarreal, alias *la Barbie*, brazo derecho de Arturo Beltrán Leyva. Fue el encargado de coordinar la entrega de dinero a la campaña presidencial de AMLO en 2006. Financió el plantón de protesta en Paseo de la Reforma convocado por López Obrador en el conflicto poselectoral de 2006.

Archivo de la autora

Roberto López Nájera, alias *el Diecinueve*, abogado del Cártel de Sinaloa, responsable directo de entregar el dinero ilegal a Mauricio Soto Caballero, operador de la campaña presidencial de AMLO en 2006. Colaboró en operaciones encubiertas con la DEA.

© El Siglo de Torreón

Francisco León García, alias *Pancho León*, candidato al Senado por la coalición Por el Bien de Todos en Durango. Hizo el enlace entre el Cártel de Sinaloa y el equipo de la campaña de AMLO en 2006 para obtener financiamiento ilegal. El 15 de junio de 2006 fue su cierre de campaña acompañado por Andrés Manuel López Obrador. De ahí se encontraron con el Grande.

© Agencia Reforma

Mauricio Soto Caballero, operador de logística en la Jefatura de Gobierno de la Ciudad de México con AMLO y en la campaña presidencial de 2006. Recibió directamente dinero del Cártel de Sinaloa. Confesó a la DEA que lo entregó a Nicolás Mollinedo y que sí fue utilizado en la campaña. Colaboró en las campañas presidenciales de López Obrador en 2012 y 2018.

Nicolás Mollinedo Bastar, alias *Nico*, fue el hombre de mayor confianza de AMLO del 2000 a 2014, su coordinador logístico y de seguridad en la Jefatura de Gobierno de la Ciudad de México y coordinador logístico de las campañas presidenciales de 2006 y 2012. Fue receptor de dinero del Cártel de Sinaloa en la campaña de 2006.

Emilio Dipp Jones, empresario amigo de Pancho León. En 2006 estuvo presente en el primer cónclave entre enviados de la campaña presidencial de AMLO con el Cártel de Sinaloa. La DEA confirmó que el encuentro se llevó a cabo.

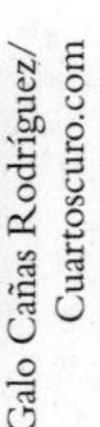

Ana Karen Val Medina, presidenta municipal de Elota, Sinaloa, por el Partido del Trabajo (2021-2024), pareja sentimental de José René Bastidas Mercado, alias *el 00*, jefe de plaza de los Chapitos, quien aportó 10 millones de dólares a la campaña del morenista Rubén Rocha Moya a la gubernatura de Sinaloa en 2021.

Presidencia

Rubén Rocha Moya, gobernador de Sinaloa por el partido Morena (2021-2026). Recibió apoyo del Mayo Zambada y los Chapitos para ganar la elección de 2021.